社会风貌

金代蒲峪路故城遗址

全省首家县级智慧养老机构——克东医养中心

国家级非物质文化遗产克东满绣生产基地

克东县第三十届运动大会

首届兢山文化节

中国共产党接收克东县敌伪政权的领导干部合影
（前排左起陈为一、刘鹏、丁子勋，后排左起李涤心、黄茂）

黑龙江省最早由民众为抗日烈士
竖立的纪念碑

1956年9月落成的革命烈士纪念塔

2013年10月新建张信屯战斗纪念碑

2016年4月新建赵忠良烈士墓

克东县首届第一次人民代表大会

时任黑龙江省省长栗战书视察飞鹤乳业　　2015年6月时任省委书记王宪魁视察海昌生物

飞鹤乳业厂区

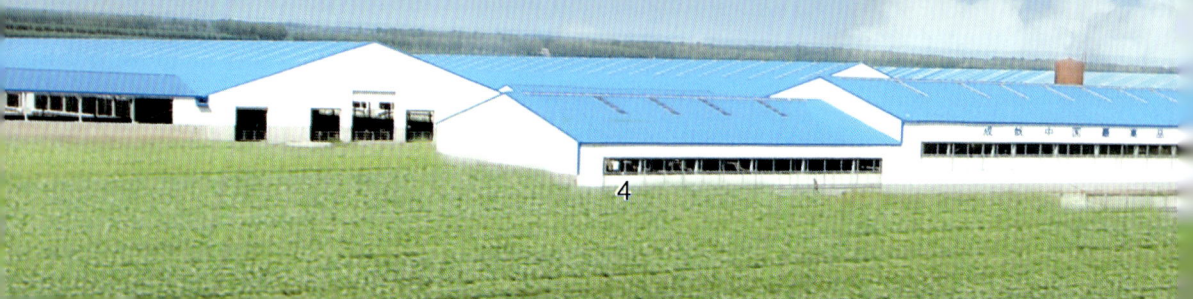

全市老区村唯一台资企业——海昌生物科技有限公司

百年企业——克东腐乳股份有限公司

禹王大豆蛋白食品有限公司

三 农乐章

2018年9月21日省委书记张庆伟走访贫困户

2017年9月2日克东县脱贫攻坚誓师大会

2017年12月20日克东县光伏扶贫电站一期并网发电

棚式化生产

机械化作业

通村公路

农业科技示范园区

革命老区乾丰镇宏升村别墅住宅小区

县城住宅小区

飞鹤广场

克东县革命老区发展史

克东县老区建设促进会 编

黑龙江教育出版社

图书在版编目（CIP）数据

克东县革命老区发展史 / 克东县老区建设促进会编
. -- 哈尔滨 ：黑龙江教育出版社，2021.5
ISBN 978-7-5709-2216-1

Ⅰ．①克… Ⅱ．①克… Ⅲ．①克东县－地方史 Ⅳ.
①K293.54

中国版本图书馆CIP数据核字(2021)第078453号

顾　　问　于万岭
丛书主编　杜吉明
副 主 编　白亚光　张利国　李树明　李　勃

克东县革命老区发展史
Kedongxian Geming Laoqu Fazhanshi

克东县老区建设促进会　编

责任编辑　高　璐
封面设计　朱建明
责任校对　杨　彬
出版发行　黑龙江教育出版社
地　　址　哈尔滨市道里区群力第六大道1305号
印　　刷　哈尔滨博奇印刷有限公司
开　　本　787毫米×1092毫米　1/16
印　　张　16.5
字　　数　200千
版　　次　2021年5月第1版
印　　次　2021年5月第1次印刷
书　　号　ISBN 978-7-5709-2216-1　　定　价　40.00元

黑龙江教育出版社网址：www.hljep.com.cn
如需订购图书，请与我社发行中心联系。联系电话：0451-82533097　82534665
如有印装质量问题，影响阅读，请与我公司联系调换。联系电话：0451-51789011
如发现盗版图书，请向我社举报。举报电话：0451-82533087

总 序

在举国欢庆新中国成立70周年前夕，中国老区建设促进会王健会长请我为《全国革命老区县发展史》丛书作序，作为一名在老区战斗过并得到老区人民生死相助的老兵，回首往事，心潮澎湃，感慨万千，深感义不容辞，欣然应允。

中国革命老区，是以毛泽东为代表的中国共产党人在领导人民推翻帝国主义、封建主义和官僚资本主义三座大山，争取民族独立和人民解放伟大斗争中建立的革命根据地，在这片红色的土地上，诞生了无数可歌可泣的革命英雄儿女，为后人树起了一座不朽的丰碑。她是新中国的摇篮，是党和军队的根。

在艰苦卓绝的战争年代，老区人民把自己的命运与中华民族的命运紧紧地联系在一起，与中国共产党和人民军队的命运紧紧地联系在一起，他们生死相依，患难与共。我曾亲历过战争年代，并得到过老区红哥红嫂的救助，切身感受到发生在身边的一幕幕撼天动地的革命故事，在那极其艰难的条件下，老区人民倾其所有、破家支前，不怕艰难困苦，不怕流血牺牲。"最后一碗米送去做军粮，最后一尺布送去做军装，最后一件老棉袄盖在担架上，最后一个亲骨肉送去上战场"，这是当时伟大的老区人民为建立新中国做出巨大牺牲的真实写照，它将永远镌刻在中国共产党、中国人民解放军、中华人民共和国的历史丰碑上。他们的光辉业绩永载史册，他们的革命精神必将影响一代又一代的革命新人，造就一代又一代的民族脊梁。

在社会主义革命和建设时期，革命老区和老区人民响应党的号召，面对落后的面貌、脆弱的经济、恶劣的生态环境，他们本色不变，精神不丢，自力更生，艰苦奋斗，干一行爱一行。始终坚持"革命理想高于天"，自觉做共产主义远大理想的坚定信仰者和忠实实践者，勇于向恶劣的自然环境和贫穷落后宣战，他们在各条战线上为国建功立业，用平凡的双手创造了一个又一个不平凡的奇迹，彰显了老区人的崇高精神和人格力量。

在改革开放的伟大进程中，老区人民解放思想，勇于创新，发奋图强，攻坚克难，老区的经济社会建设取得了辉煌成就。特别是在改变中国的面貌、中华民族的面貌、中国人民的面貌、中国共产党的面貌的伟大实践中发挥了至关重要的作用。老区人民既是改革开放的参与者，也是改革开放的推动者。

艰苦练意志，危难见精神。老区人民在近百年的革命战争、社会主义建设和改革开放的伟大实践中，孕育形成了伟大的老区精神：爱党信党、坚定不移的理想信念；舍生忘死、无私奉献的博大胸怀；不屈不挠、敢于胜利的英雄气概；自强不息、艰苦奋斗的顽强斗志；求真务实、开拓创新的科学态度；鱼水情深、生死相依的光荣传统。这是党和人民宝贵的精神财富、丰厚的政治资源，是凝心聚力、振奋民族精神的重要法宝，也是社会主义核心价值观的重要内容。

中国老区建设促进会怀着强烈的政治责任感和历史使命感，组织全国各地老促会人员克服困难，尽心竭力编纂《全国革命老区县发展史》丛书，记录老区的光辉历史和辉煌成就，传承红色基因，弘扬老区精神，是功在当代，利及千秋的一件大事。手捧这部丛书的部分书稿，读着书中的故事，倍感亲切，深感这部丛书具有资政、育人、存史的社会功能，有着重要的时代和历史价值。它是不忘初心、牢记使命的源头活水，是赞颂共产党、讴歌老区人民的一部精品力作，是弘扬老区精神、传承红色记忆的丰厚载体，是一项继承优秀传统文化、弘扬革命文化、发展社会主义先进文化，坚定"四个自信"的宏大文化工程。它必将成为一种文化品牌，为各界人士了解老区宣传老区支持老区提供一部有价值的研究史料。希望读者朋友们能从中了解并牢记这些为党和民族的利益不断奉献的老区人民，从中得到教益，汲取人生奋斗的精神动力。

　　新时代赋予新使命，新起点开启新征程。让我们更加紧密地团结在以习近平同志为核心的党中央周围，坚持以习近平新时代中国特色社会主义思想为指导，增强"四个意识"，坚定"四个自信"，做到"两个维护"，弘扬老区精神，铭记苦难辉煌。为实现"两个一百年"奋斗目标，实现中华民族伟大复兴的中国梦做出新的更大的贡献！

迟浩田

2019 年 4 月 11 日

编写说明

2017年6月，中国老区建设促进会组织全国各地老促会启动编纂《全国革命老区县发展史》丛书，按照"建立中国共产党、成立中华人民共和国、推进改革开放和中国特色社会主义事业"三大里程碑的历史脉络，系统书写革命老区百年历史，深入挖掘革命老区红色文化资源，这对于充实丰富中国革命史籍宝库、在新时代传承红色基因、弘扬革命精神、强固根本，对于激励人们在新的历史条件下夺取中国特色社会主义伟大胜利，实现中华民族伟大复兴的中国梦具有重要意义。

丛书编纂以习近平新时代中国特色社会主义思想为指导，以《中国共产党历史》《中国共产党的九十年》等重要文献为基本依据，以党的领导为核心，以老区人民为主体，以老区发展为主线，体现历史进程特征，突出时代发展特色，坚持辩证唯物主义和历史唯物主义相统一、历史真实性与内容可读性相统一的原则，书写革命老区从站起来、富起来到强起来的光辉革命史、不懈奋斗史、辉煌成就史，把老区人民的伟大贡献、伟大创造、伟大成就、伟大精神充分展示出来，形成一部具有厚重历史特征和鲜明时代特色的精品力作。这是一部培根铸魂、守正创新，既为历史立言，又为时代服务，字里行间流淌着红色血脉、催生着革命激情的传世之作。丛书的编纂出版将成为讴歌党讴歌人民讴歌时代、传播红色文化、为革命老区和老区人民树碑立传的重要载体。丛书按照编年体与纪事本末体相结合、以编年体为主的编写体例确定框架结构；运用时经事纬、点面结合的方式记述史实；坚持人事结合、以事带人的原则处理人与事的关系；采取夹叙夹议、叙论结合以叙为主的方法展开内容。做到史料与史论、历史与现实、政治与学术统一，文献性、学术性、知识性相兼容。

为编纂好《全国革命老区县发展史》丛书，打造红色文化品牌，中国老区建设促进会认真组织积极协调，提出政治立场鲜明、史料真实准确、思想论述深刻、历史维度厚重、时代特色突出、编写体例规范、篇目布局合理、审读把关严格、出版制作精良的编纂出版总要求，力求达到革命史籍精品的精神高度、思想深度、知识广度、语言力度，增强丛书的权威性和社会影响力。各省（区、市）、市（州、盟）、县（市、区、旗）老促会的同志，以强烈的使命感、责任感和紧迫感，勇于担当，积极作为，认真实施，组织由老促会成员、专家学者等参加的十余万人编纂队伍。编纂工作主体责任在县，省、市组织协调、有力指导、审读把关。各方面人员以高度负责的精神和科学严谨的态度，满腔热情地投入工作，为丛书编纂出版做出了重要贡献。丛书编纂工作还得到了党和国家有关部委、地方各级党委政府及有关部门的大力支持和积极参与，社会各界也给予了热情帮助。中共中央政治局原委员、中央军委原副主席、原国务委员兼国防部长迟浩田上将，对老区人民怀有深厚感情，对革命老区建设发展十分关注，欣然为《全国革命老区县发展史》丛书作总序。

丛书由总册和1 599 部分册（每个革命老区县编纂1部分册）组成，共1 600 册。鉴于丛书所记述的史实内容多、时间跨度长和编纂时间紧，不妥之处，敬请批评指正。

中国老区建设促进会

目 录

序　言

　　一部史书，镌刻沧桑巨变。这部《克东县革命老区发展史》，传承红色基因，讲述老区故事，弘扬老区精神，展示发展成就，勾画了革命老区人民"从站起来到富起来，再到强起来"的伟大历史进程，具有鲜明的时代特征，蕴含厚重的历史价值。

　　克东县有着光荣的革命传统。1932年5月东北义勇军打响抗日第一枪，拉开了克东抗战的序幕。抗日军民特别是东北抗联官兵的壮举，在这片黑土地上谱写了可歌可泣的英雄诗篇。抗战胜利后，克东人民在中国共产党的领导下，积极投身到建党、建政、参军、平叛、剿匪、"土改"、支前的伟大运动中，为新中国的建立做出了重大贡献。本书通过严肃的记述和生动的故事叙写，客观反映了民主革命时期克东老区革命斗争史实，彰显了不畏艰险、不怕牺牲、团结奋斗、勇于胜利的老区精神。

　　以这段革命斗争史为底色，全书以较大篇幅追溯了新中国成立以来克东老区经济社会的发展。以历史唯物主义和辩证唯物主义的观点，重点挖掘和总结了改革开放40年来经济社会发展实践，回答了改革发展中的诸多问题，探索了经济社会全面进步的有效路径，反映了克东革命老区的辉煌成就和人民群众的精神风貌。尤其是聚焦了党的十八大以来老区的新发展、新变化，以及脱贫攻坚的巨大成就；闪烁着解放思想，改革进取，开拓创新，为民福祉的思想光华；使老区精神与新时代社会主义核心价值观得到集中体现。

这部史书的历史价值和现实意义在于：她用史实证明，日本帝国主义侵略的开始，就是中国人民抗战的开始。全书启示我们，没有中国共产党领导的人民武装，没有广大人民群众的支持、奉献和牺牲，就没有抗日战争和解放战争的伟大胜利；没有解放思想和改革开放，就没有中国特色社会主义在县域的具体实践，就没有革命老区的富裕和昌盛。老区优良的革命传统和新时代奋斗创新精神一脉相承，与时俱进，必将成为我们举旗帜、聚民心、育新人的一部好教材，成为全县人民决胜全面建成小康社会、由富起来走向强起来的强大精神动力。

我们要珍视革命历史，不忘初心，深植思想根基；总结并升华改革发展经验，砥砺奋进，勇于担当。我们要站在新的历史高度，高举习近平新时代中国特色社会主义思想的伟大旗帜，全面落实党的十九大精神，全力谋求县域经济社会的高质量发展，努力实现老区乡村和全县经济社会的全面振兴全方位振兴，为广大人民群众创造更加幸福美好的新生活！

齐齐哈尔市政协副主席
中共克东县委书记

2019年3月

第一章　克东老区概况

克东县地处小兴安岭与松嫩平原过渡地带。境内二克山耸立，风光秀丽，自然资源丰富，人文底蕴厚重。克东历史源远流长，早在远古时代就有人类在此活动生息，创造了灿烂的文化。旧社会民不聊生，日本帝国主义的侵略，更是暗无天日，人民生活在水深火热之中。中国共产党带领人民赶走了日本侵略者，打倒了一切反动派，人民才得到了新生。新中国成立后，在党的领导下，经过艰苦奋斗和改革开放的伟大变革，克东逐渐走向繁荣昌盛。

第一节　自然概况

克东县位于黑龙江省中北部，齐齐哈尔市的东北部。哈黑公路（202国道）、碾北公路（302省道）、北富高速公路纵横穿过，齐北铁路横贯东西。全县有7个乡镇、10个农林牧场、98个行政村、人口近30万。有汉、满、蒙、回、朝鲜、瑶、苗、鄂温克、达斡尔、锡伯、鄂伦春11个民族。辖区面积2 083平方公里，其中耕地面积为188.5万亩。

克东县自然资源丰富。乌裕尔河、润津河2条天然河流横穿克东境地。境内有湖泊47处。地下非金属矿产资源有天然苏打水、矿泉水、玄武岩、陶页岩、红色陶土、灰黏土、天然酸性漂泊土、浮石、含高岭土长石石英砂、泥灰、河沙、火山灰岩和沙石等矿藏。林木主要有柞、桦、杨、松等。

克东县蕴藏着丰富的旅游资源，形成了以二克山风景区、蒲峪路故城遗址、钟德寺（钟灵观）古庙、朝鲜族风俗村、3个林场的天然森林公园等为主要景点的旅游区。二克山名传遐迩，系一万年前火山喷发形成的自然景观。山上留有距今四五千年新石器时代文化遗址。山内有以楞严塔、楞严寺为主体的寺庙群。蒲峪路声名远播，是距今八百多年金代省府重镇遗址，系国家级重点文物保护单位。这些自然人文景观是旅游、观光、休闲、度假的良好所在。

第二节　历史沿革

一、悠久的历史

克东有着悠久的历史，早在远古时代就有人类在此繁衍生息。据考古专家1979年考证，在克东县二克山上曾留有新石器时代遗址。在山内马鞍形熔地的水冲沟两侧采集到许多石器。这些石器是生活在这里的原古先民狩猎、刮皮、剥肉、切割等所使用的生产生活用具。同时还发现一个青铜器时代的陶鬲。上述发现证明，早在四五千年前就有人类在此活动。

居住在松嫩平原上最古老的民族是肃慎、濊貊族。先秦、两汉时期，濊貊族的一支北扶余兴起，活动于乌裕尔河流域。此间扶余建国，属汉朝中央集权封建制国家管理下的一个奴隶制地方政权，克东一带属其所辖。

魏晋、南北朝、隋唐时期，克东一带是豆莫娄族（即北扶余后裔）和室韦（鲜卑人的后裔）部落活动地区。唐代在当地设立室韦都督府，隶属河北道。

宋、辽、金时期，小兴安岭以北以西嫩江上游均是室韦部落；嫩江以南以西喇木伦流域为中心是契丹人。10世纪，契丹人建立辽国，克东一带均在辽国版图以内。

二、金代北方重镇

12世纪，女真族兴起，建立起与南宋相对峙的金政权。其建制以路为治所，上京（现黑龙江省哈尔滨市阿城区）为都城，下辖蒲峪路（蒲峪路故城遗址位于克东县蒲峪路镇古城村）、胡里改路、速频路三路。蒲峪路是金代北方经济文化中心，是我国金代东北疆界重要的地理座标。1153年金迁都燕京（现北京市）后，蒲峪路成为金代北方重镇。元代，1214年成吉思汗将松嫩平原一带划归其弟铁木哥斡赤斤分封领地，克东属其领地之内。元世祖忽必烈时期，嫩江流域划为辽阳行省，设蒲峪路屯田万户府，克东是这一地区的首府。

蒲峪路印印模

三、明清的开发

明代承袭元代对黑龙江流域的管辖。在东起乌裕尔河，西止于难河，北至外兴安岭以东广大地区设置了奴尔干都指挥使司，以卫为建制，下辖"三卫"，史称兀良哈三卫。又设了朵颜、福余、大宁三卫。福余卫即蒲峪卫（蒲峪路），克东在福余卫的辖境之内。

女真族的后裔满族人建立清朝后，开始在黑龙江设置将军衙门。乾隆年间在乌裕尔河流域安置一支厄鲁蒙古族，设依克明安旗，管地有"克尔克勒图"（二克门之意，即今二克山），旗归黑龙江将军衙门管辖。光绪三十三年（1907年），黑龙江开始施行勘放召垦，从博尔多城（现讷河市）开始设驿站数处，第四站设在克东境内的乌裕尔河北岸沃勒屯（现宝泉镇丰平村），名曰四站。距站南15公里处突兀耸立有两山，被人视为吉祥之地，于是近山聚居汉人日增，因山命地名为二克山（克东镇初始名为二克山）。遂有行商坐贾在此设店置肆，克东逐渐繁荣兴旺起来，形成了一个小的集镇。

四、克东建治及新中国成立前沿革

中华民国时期，黑龙江已为省，下设县。1913年，克东是讷河县的一个行政区，1915年5月14日，经民国政府令准，在二克山设克山设治局。同年7月改为克山县，县衙设在二克山（现克东县克东镇）。此年9月克山县将县衙迁至三站（现克山县克山镇），二克山遂改为二克山镇，归克山县管辖。

1929年1月，二克山一带由克山县划出成立克东设治局。因在克山县之东，故名克东。同年2月，省报中央政府令准，将克东设治局由二克山迁至德都，改称德都设治局，二克山复归克山管辖。同年11月22日，黑龙江省政府正式下达第6343号训令，以1929年12月1日为克东设治局成立日期。克东由此建县，属黑龙江省管辖。

1931年"九一八"事变后，日军侵占东北地区，于1932年成立伪满州国，为伪大同元年。1933年7月1日，伪满洲国撤销克东设治局，组建伪县公署，克东县仍归黑龙江省所辖。1939年6月1日设立北安省，克东划归北安省管辖。

1945年"八一五"日本宣布无条件投降后，伪县公署自行解体。1945年10月11日，苏联红军进驻克东县。11月15日，中共黑龙江省工作委员会在北安成立，并正式建立黑龙江省民主政府。11月17日，从延安来的四名共产党干部受中共黑龙江省工作委员会的派遣，由北安带领一个班的战士前来接收克东。在驻克东苏联红军和当地人民的支持下，于11月21日接管了克东县的伪政权，宣布解散维持会，成立克东县民主政府。同时，秘密组建了中共克东县工作委员会。从此共产党领导的新政权诞生，克东县归黑龙江省民主政府管辖。1946年3月，召开了第一届各界人民代表大会，选举产生了克东县人民政府。从此在共产党的领导下，克东人民翻身做了主人。

第三节　克东县革命老区的划定

1979年，国家对在革命战争时期，为国家独立和民族解放做出突出贡献的地区，审批确定为革命老区。克东县有乾丰镇、宝泉镇、玉岗镇、昌盛乡四个乡镇的65个行政村被批准为革命老区乡（镇）村。克东县被批准为革命老区县。2007年7月，克东镇万发村、润津乡建设村又被补划为革命老区村。由此，克东县老区村达67个。

克东县革命老区乡镇、村一览表

乡 镇		老 区 村	合计
老区乡镇	其他乡镇		
乾丰镇		福建、长胜、新立、庆祝、兴国、安陆、宏升、繁荣、福安、展望、双龙、自卫	12
宝泉镇		东连、丰平、保卫、四合、永发、德胜、中兴、红星、护路、长发、治安、富裕、富民、春光、平安、文昌、龙泉、河临、石山	19
玉岗镇		兴华、春和、群英、复兴、青山、双泉、北兴、忠良、永久、建国、福录、东风、新家、前进、新胜、新兴、新合、邻河、爱民	19
昌盛乡		互助、太平、安全、保国、保安、山河、翻身、保胜、民富、民主、民安、宏光、东龙、东兴、兴隆	15
	克东镇	万发村	1
	润津乡	建设村	1
合 计			67

第二章　克东老区的抗日斗争

　　克东是东北大地上的革命老区之一，有着光荣的革命传统。抗日战争时期，在中国共产党的领导下，东北抗日联军将士在克东这块热土上与日军进行了殊死斗争，给侵略者以沉重打击，有力地支援了全国抗战。在抗日的洪流中，克东人民同仇敌忾、共赴国难，配合抗联同日伪统治者进行了不屈不挠的斗争，与抗联结下了鱼水之情，创造了许多可歌可泣的英雄业绩，为后人所传颂。

第一节　日本侵略者的血腥统治

　　继1931年"九一八"事变后，1933年日本侵略者占领克东，由日本人石田茂、鹤永次出任克东县的正副参事官。同年7月，成立了伪县公署；接着又建立起协和会、警察特务机关等统治机构，对人民群众实行法西斯统治。

一、实行"十家连坐"法

　　为了加强对基层政权的控制，严格限制人民群众的言论和行动自由，日本侵略者在农村推行了一整套保甲制（后改为村屯制）和十家连坐法。在县以下分保甲牌三级，保控制甲，甲控制牌。每牌十户，牌长负责对本牌各户的监督和管理，牌内十户订立互保书，各户在互保书上签字划押，十户之间互相监督、互相保证、互相牵制。一家出事，十家受罚；一家犯法，十家受罪。来朋访友都要向牌长报告，各户周知。如有隐瞒不报，轻则处以罚金，重则抓去问罪，甚至加以通匪或反满抗日等罪名。

二、设特务组织和"讨伐"队

在克东警务科的特务股、特搜班和警察署的特务组织中，日军豢养了一批职业特务，专门从事密探、跟踪、搜捕、暗杀等特务活动。这些职业特务还在下面搜罗和发展了一批特务腿子，为特务机关提供秘密情报，从上到下形成了一个特务网。他们的主要任务是：搜集抗联的军事情报和人民群众所谓反满抗日的思想行为；监视跟踪所谓危险人物，掌握群众集会结社或书信往来的情况；监视群众的宗教活动以及上层人物的活动情况，暗中监视居住在境的外国人特别是苏联人的活动情况。这些特务人员主要活动在东山边一带，搜集抗日游击队的活动情报，破坏群众与抗日游击队的联系。日军入侵克东的第二年就搜罗了一批土匪、地痞流氓，成立一个守备队，后改为"讨伐"队。他们驻守在靠近山林的一些村屯，专门对付抗日游击队，在东岗一带收缴民枪，强迫群众归屯并户，坚壁清野，限制人民的活动自由。

三、归屯并村

归屯并村是日军切断抗日联军与人民群众联系，侵占农田制造无人区的一种毒辣手段。为了防范抗联，日军采取归屯并村的办法，把边区人民强行迁到内地，把山沟里的居民强行迁到平原地带。他们用棍棒和刺刀逼迫群众拆房毁屋，限期搬走；到期不搬，就放火烧房。这样就使不少穷人流离失所，无家可归。并屯后倒出来的土地，被日军侵占，有的划为禁区。如果发现有人进入禁区打柴放牧的，不问青红皂白，一律以通匪论处，严刑拷打，任意杀害。克东县东面和北面靠小兴安岭西麓边缘的村屯，多数被强迁至十里以外的平原地区，大片土地被日本开拓团占领。

四、设立开拓团侵占土地

伪满州国时期，日本侵略者为了进一步掠夺财富，将30余万日本人移民到我国东北，组成开拓团开发矿产，掠夺资源。他们将并屯后倒出来的大部分土地变为日本移民区。他们还大规模地侵占我国农民土地，大量垦荒。生产的大批粮食有的运回国内，有的用于日本侵略军的军粮。据查克东境内有开拓团4处，其中四撮房（现第一良种场）开拓团是最大的开拓团，占据方圆近10公里范围的土地。

五、抓政治犯、思想犯、经济犯，对人民实行奴化教育

抓政治犯、思想犯、经济犯。日军通过一整套法西斯手段把人们紧紧地控制起来，一点言论和行动的自由也没有。戏院、说书馆、饭店、旅社、理发所、浴池等公共场所，墙壁上都贴着"守口如瓶、严加防谍、莫谈国事"的标语。如果人们聚在一起，交头接耳，谈论什么，被日伪警察发现轻则拳打脚踢，重则诬为反满抗日、思想不良，以思想犯、政治犯的罪名，抓起来送到矫正辅导院（实际是集中营）进行改造。每个成年男人每年都得花钱向日伪统治机关领一片证明书，要写上本人的简历，贴上

照片，捺上手印，就像护身符一样经常带在身边。外出办事都得随身携带，以备关卡和警特检查。谁没有证明书，就以流浪者和政治犯论处。在经济上许多重要的物品和日用品实行配给制。配给的东西，如棉布、火柴、食用油、灯油等常是空头支票。有私卖者则处以经济犯罪。

实行奴化教育。日本侵略者占领克东以后，就开始对人民灌输法西斯思想，从小学一年级开始就设日语课。学生每天都要背《诏书》，念《国民训》，面向东南，向日本天皇顶礼膜拜。大肆宣扬日本军人绝对服从命令以及武士道精神，用精神鸦片麻醉人民的思想，妄图达到长期霸占中国的目的。

六、抓劳工

伪满时期，日军以建立"勤劳报国队"为名，在农村强行摊派劳工，当时规定无论穷富凡年满17岁到56岁的人，都有出劳工的义务。劳工们到了服役地，就象进了监狱一样，干的牛马活，吃的猪狗食，住在阴暗潮湿的席棚子或地窨子里。由于恶劣的生活条件，使许多劳工身染重病，不仅得不到治疗，反诬装病、逃避劳动，施以各种刑罚，还强迫带病干活。病重者未断气就往外拉，暴尸荒野，鹰啄狼叨，惨不忍睹。特别是修筑军事工程的劳工，多数在山洞里干活，长年不见天日，日军唯恐泄露军事秘密，工程竣工之日，就是劳工集体被害之时。因为出劳工，许多家庭父母与儿子难相见，夫妻不团圆，妻离子散，家破人亡。

七、征国兵和"勤劳奉仕"

日伪政权处心积虑地进行扩军备战，为加强其统治，1941年实行了征兵制度。凡年满19周岁的壮丁，年年进行体检，合格的一律当国兵，服役期3年，为日本侵略者充当炮灰。不合格的即所谓国兵漏子，编为"勤劳奉仕队"，服役期3年，实行军事编制，每年集中4个月进行严格的精神训练、肉体训练和生活训练。肉体训练就是服苦役，修筑铁路、公路、水利堤防，开荒种地等。

八、苛捐杂税

苛捐杂税是日本侵略者对中国人民实行经济压榨的又一重要手段。他们巧立名目，搜刮民脂民膏，苛捐杂税一年比一年增多，群众的负担也越来越重。仅有卷可查的各种捐税达20多种。伪满后期连狗都上"狗税"。交了捐税的狗脖子上挂个白铁牌子，否则可随意打死。此外，地方街、村也按土地、人口、门户、户屋，摊派所谓地方捐，名目繁多的捐税更是有增无减，人民苦不堪言。

在日本帝国主义统治下的十四年中，克东县的广大人民群众都生活在水深火热之中，挣扎在死亡线上。但他们并没有被日本侵略者的血腥统治所吓倒、征服，而是怀着对侵略者的深仇大恨和誓把侵略者赶出中国去的决心，冒着坐牢和被杀头的危险，同敌人进行了艰苦卓绝的斗争。为了国家的独立、民族的解放做出了积极的贡献。经过抗日军民英勇奋战，终于在中国共产党的领导下，与全国人民一道取得了抗日战争的胜利。

第二节　抗日武装的英勇斗争

一、活动在克东的抗日武装和抗日组织

1931年9月18日，日本帝国主义开始侵略我国东北三省时，在克东这片土地上，就相继有了抗日武装和群众自发的抗日组织。

东北抗日联军 从1938年开始，东北抗日联军第三军三师八团、第六军一师三团和二师十二团、第三路军九支队等抗日武装就活动在克东的土地上，打击日伪军，宣传抗日思想，建立革命根据地。在张信屯（现乾丰镇宏升村）、穷棒子岗（现润津乡建设村）、忠良村（现昌盛乡宏光村）、孝悌村（现昌盛乡东兴村）一带，有力地打击了日伪军；在乾丰、昌盛、玉岗、宝泉、润津等地开展了大规模的抗日游击战。先后有第六军一师三团团长冷绍生、第六军二师十二团团长耿殿君、第三军三师八团团长姜福荣、第三军八团一连连长陈永富等官兵的鲜血洒在克东这片土地上，为抗击日本帝国主义的侵略献出了宝贵生命。

黑龙江民军 该军原是东北军马占山部队，1931年日本侵占东三省后，由朴炳珊、邓文等人举义旗在拜泉县成立了黑龙江民军，以反抗日本侵略为宗旨，在克东和拜泉等地进行了艰苦卓绝的抗日斗争。1932年11月，邓文率领其部3 000多人，撤出拜泉县城，到青冈县屯（现克东县乾丰镇庆祝村）进行休整训练40余天，宣传抗日思想、扩大武装。后又带领所部和新参军的战士奔赴抗日第一线。

屯垦军 该军属东北军马占山部队。驻克东县的是屯垦军第一旅步兵十九团。在日军某部欲侵占克东县城时，部分爱国官兵奋起抵抗，打死打伤日军百余人，日军余部被迫逃回海伦。屯垦军共牺牲71名官兵。城南"浩气常存"碑就是为纪念他们而立。

抗日红枪会 这是群众自发的、带有一些封建迷信色彩的群众性抗日组织。参加组织人员以打击日军，保卫家乡、保卫人民群众的利益不受侵犯为原则；以不怕死的精神，抵抗侵略。在打击日军侵略的斗争中，发挥了一定的作用。抗日红枪会在原拜泉县孝悌、丰乐等村（现克东县昌盛乡、乾丰镇一带）都有活动，有效地打击了日本侵略者。红枪会每人都有一支带有红缨的扎枪，有情况时采取一种秘密的、会内的方式联系。每个红枪会组织都在六七十人以上，多达数百人。

抗日救国会　抗日战争时期，在东北抗日联军的影响和组织下，广大群众和爱国大户纷纷行动起来，以各种方式支持、支援抗日联军的抗日斗争。抗日联军在全县各地建立了许多联络点，联络人对外是日伪的维持会会长，对内是抗日救国会会长。一方面应付日伪统治下的地方政府和日伪军，以保护当地群众及财产不受损失；另一方面秘密地为抗联送粮、送物、送情报，有力地支持了抗联的斗争。克东县比较有代表性的抗日救国会会长有孝悌村（现昌盛乡东兴村）的王光庆等。

抗日自卫队　日本侵略东北之后，各地热血青年、有识之士、爱国大户都自发地组织起了抗日武装，自觉地同日本侵略者作斗争。克东县曾有几十个爱国大户，从保护村民、保护自我财产的利益出发，组织了看家护院的自卫队，专门打击日本侵略者。在玉岗镇春和、千红村（现复兴村）一带以陈老四为首的热血青年，自发地组织联络附近十几个村的青年，成立抗日自卫队，利用土枪土炮打击由北安通北向克东宝泉侵犯的日军，保护村民。

抗日联军全体官兵和自发的地方抗日武装以大无畏的精神，与日伪军开展了殊死斗争，极大地激励了人民的斗志，坚定了人民抗战的信心。

二、抗战历史事件与抗联英雄人物事迹

（一）浩气长存

在克东县城南门外，通往果树场路口的南侧，立有一座《浩气常存》的石碑，是为纪念驻克东的马占山部屯垦军第一旅十九团步兵五、七、八连为抗击日军侵占克东而牺牲的官兵所立。它

是黑龙江省最早由民众为抗日烈士竖立的纪念碑。

"九一八"事变翌年，1932年农历五月十三，日军有计划地由克山、海伦两路侵入克东。从克山来的一支由大佐平贺率领的日军首先到达。时任克东设治局的设治员徐忱康即率其衙署官员携农、商两会和地方一些头面人物，列队摇旗，走出南门，卑躬屈膝地迎接敌寇入城。驻军赵团长也率所部七连连长白天培、八连和五连的部分官兵迎向城外。当时，许多官兵对日军极大愤恨，对迎敌之举也强耐不满。手握钢枪的战士，面对日本侵略者，眼里射出仇恨的怒火。日军平贺对屯垦部队荷枪出迎，深有戒心，竟命："放下武器，向后开步走！"这时有爱国抗日主张的八连连长徐衍林高喊："兄弟们，别上当，日军在柳条通已架上机枪了。"他边喊边拔出手枪和战刀飞速冲向日军，一连砍倒三个士兵（死两个重伤一个）。于是双方便展开了一场激战。当官兵且战且向南门外移动的时候，又遭到从海伦来的日军阻截，使官兵们腹背受敌。赵金亭等71名官兵壮烈牺牲。日军因受到猛烈打击，死伤100多人，第二天全部撤向海伦。

当年8月16日，该团五、七、八连官兵和各界群众集会，追悼阵亡官兵，并在痛击日军的战场埋葬牺牲官兵的墓地立碑为念。

1933年，日军入侵克东后，立即将"浩气常存"碑毁掉，以泄仇恨。

抗战胜利后，重立"浩气常存"碑。碑文为"民国二十一年古历五月十三日，日寇平松、平贺两旅团自克山、海伦方面同时侵入，烈士等原系屯垦军，时已发兵驻防此邑，启于爱国热诚以一支部积起应战，射杀日寇不下百余，终以众寡不敌以身殉国。邑人树碑传志芳名，后为日斫梏。今兹光复，及得永垂不朽，时于中华民国三十四年国庆日补志"。

碑正面中间镌刻着"浩气常存"4个大字。左款为"公元一九三二年八月十一日立"。碑背书写着"官兵七十一人之墓碑"9个字。旁刻71人姓名：

第五连：王广月、王金堂、滕春山、王兴堂、刘春德、李祥良、宋文超、杨华臣、李奎举、华富强、杨树滨、郭风君、赵青年、刘玉和、王德林、谢子恒、吕金山、张金成、张永德、王□炎、曹康珍、徐士衡、刘付、王协玉、刘国栋、李佳山、陈延祯、马玉珠、许宗祥、宋春珲、童明山、曾振祥。

第七连：孙德山、张金、冯传和、王子笑、张景元、李福来、李尚春、李显文、赵金亭、王芳、高金才、张太山、史振南、徐殿馀、苏义胜、祖盛付、刘学田、孙安令、唐式照、刘学文。

第八连：朱振凯、王东岭、杨贤荣、翟明顺、张景来、王金平。

迫击炮连：张庭玉、耿洪涛、李文方、付凤林、庞凤山、李怀农、李秀田、刘子道、侯元华、潘风文、石玉山、郑维东、王长山。

1982年，克东县政府正式批准此碑为县级保护文物。

2004年，在此碑处建起了保护凉亭，在四周栽上了松柏，成为克东县爱国主义教育基地。

2012年9月，又在二克山烈士陵园重新修建了"浩气常存"碑及牺牲烈士墓。

（二）张信屯战斗

1939年12月间，为了集中优势兵力更有效地打击日本侵略者，东北抗日联军第六军二师十二团和第三军三师八团合兵一处，与日军展开了游击战。

12月19日夜，十二团团长耿殿君、政治部主任王钧和八团团长姜福荣率领200多人的队伍由讷河开往拜泉，准备袭击乾丰伪警察署。抗联战士顶着凛冽的寒风，踏着冰雪，一夜急行军，当走到拜泉与克东交界处的王小班店时，天已破晓，不便行军。十二团团长耿殿君命令部队在此住下。王钧仔细地观察了一下地形，感到敌人在此可以从三个方向向我军进攻，对我军不利。就对耿团长说："咱不如再往东走，到上岗的张信屯去住。"耿团长同意，立即命令部队开拔。八团是前卫团住在张信屯，十二团住在离张信屯东边不足一里地的蔡家屯，以便相互策应。

张信屯西有个小马架，紧挨着三个相连的大院套，高高的院墙用土垡子砌成。抗联战士到达后，打通了各院之间的院墙，搭建了马棚，以防不测。这时，太阳已升起有一竿子高，战士们正准备吃早饭。岗哨陈明突然发现，有三辆满载全副武装日伪军的汽车由西面向张信屯方向急驶而来，

张信屯战斗，八团指挥所旧址

立刻报告给了八团首长。八团团长姜福荣和政治部主任赵敬夫一边派通信员到蔡家屯报信，一边做出了迎击敌人的战斗部署。

敌人是怎么知道抗联部队行踪的呢？

原来，十二团和八团往东南进发，途经克山时，被克山县南部的莽奶区警察署发觉。莽奶区警察署立即报告给了克山县警务科。克山警务科接到情报之后，立刻组成了以日本守备队和伪警察参加的近百人"讨伐"队，由日本指挥官加留布知人和伪警务科长董祥林带队，分乘三辆汽车（其中伪军20多人乘一辆汽车），急速赶往莽奶区方向。待到达莽奶区时，得知抗联队伍已

东去，"讨伐"队又向克东方向追来。当追至张信屯西北的一个小屯时，仍不见抗联的踪影。伪警务科长董祥林便下车问老乡："东南岗上那个屯是否有队伍和车马路过？"

老乡说："没有。"

董祥林又追问："往日这里也没有队伍车马路过吗？"

老乡说："往日早过去了，就今天没有过车马。"

狡黠的董祥林据此推断，抗联部队不会走远，可能就在张信屯。他和日本指挥官加留布知人合计了一下，让伪军的汽车在前面，加留布知人率日本守备队乘汽车跟在后面由西面向张信屯推进。当汽车行进到离屯西不远的一座小桥时，在前边开路的伪军汽车撞在了桥上的木桩上，不能前行。日军的汽车只得绕过伪军的汽车，从桥下的沟里往上坡开来。

八团团长姜福荣在屯西的小马架里对敌人的行动看得清清楚楚，他告诉战士们要沉住气，等敌人靠近了再打。在大院内柴草垛上的陈连长手握机枪，眼睛死死地盯着敌人。此时，住在本大院的农民张海堂也爬上了柴草垛来帮忙。在敌人快要进村时，张海堂说："打吧！"

陈连长说："先别忙，再靠近点儿。"

当敌人的汽车离陈连长他们20多米时，敌人的眼睛、鼻子都看得一清二楚了，陈连长果断地扣动了扳机，顿时，枪声大作。由于日军在明处，加之又无防备，遭到抗联部队的突然打击，便乱作一团，鬼哭狼嚎。一时间就有数十人被击毙。陈连长抱着机枪，一边打，一边推张海堂："赶快下去，这里危险。"话音刚落，陈连长突然被敌人击中，当即牺牲。敌人由于伤亡惨重，不得不退至沟下。见正面进攻不成，敌人便弃车迂回到屯南，咆哮着向抗联战士反扑过来。他们抢占了对面的场院和一座小庙，封锁了抗联所住的院套大门。用小炮和机枪向抗联战士射击。

抗联官兵一面英勇还击，一面组织群众趴在窗户下和炕沿下就地隐蔽。这时伪警务科长董祥林带着伪军从北面摸进抗联西边的院套，从侧面攻击。日军和伪军一南一北对抗联形成了夹击之势。抗联战士毫无畏惧，顽强抵抗。战斗异常激烈，枪炮声响成一片。院套土堡墙较薄的地方被子弹穿透，有的战士受伤，鲜血直流，他们顾不上包扎，忍着剧痛，继续作战，硬是打退了敌人一次又一次的进攻。

八团姜福荣团长勇猛果敢，指挥沉着。他以院墙为依托边指挥边向敌人射击，不幸中弹，但他仍不下火线，咬紧牙关，坚持指挥战斗，直到流尽最后一滴血。

听到枪响之后，住在蔡家屯的十二团团长耿殿君即刻带领战士由蔡家屯增援过来。英勇善战的耿团长，敢打敢拼。为解张信屯之围，他奋不顾身，冲在队伍的最前面。他带领战士几次欲冲过平川地带夺下场院，却未成功。最后一次冲锋时，由于场院四周地势开阔，又无沟堑屏障，抗联部队完全暴露在敌人的火力之下，耿团长不幸被敌人的子弹击中。他手捂着伤口大声说："一定要夺下场院，救出八团。"说完之后就壮烈牺牲。

耿团长牺牲后，场院久攻不下，而且伤亡很大，十二团有个连长便要求撤退。代替耿团长指挥的政治部主任王钧同志严厉地批评了这种退缩的想法。他说："撤，院里八团的同志不要啦？必须保住八团。"于是他指挥十二团在外围牵制敌人，以分散敌人的火力。同时，准备马匹以接应八团同志突围。

战斗持续了两三个小时，敌人见久攻不下，便把汽油浇到老百姓的房上，开始放火烧房子，情况十分危急。为使老百姓免遭伤害，同时考虑到拜泉等地的敌人还会前来增援，那时八团就有陷入更大困境的危险。为避免更大损失，八团决定撤退。八团以八九个人为掩护，在政治部主任赵敬夫和指导员金佣贤的率领下，把后院墙扒了个豁口冲了出来，与带着马匹接应的十二团骑兵会合，然后向东北方向撤退。随后阻击敌人的同志也骑马跟了上来。敌人追了一阵儿没追上只好返回。

日伪军撤走后，当地群众掩埋了牺牲的抗联英雄。事后，克山"讨伐"队听说牺牲的人中有抗联的团长，就又派人到张信屯把抗联部队牺牲同志的尸体挖出，逐个进行拍照，并残忍地割去了三个人头，向他们的主子邀功领赏去了。

这次战斗给敌人以重创，打死日伪军40多人。但抗联部队损失也很大，牺牲了两位团长、一位连长、14名战士。这次失败的主要原因是：八团缺少在冬季里开展平原游击战的经验，没有占据有利地势。如果占领场院壕和大院套，形成犄角之势，一左一右相互呼应，会是一个很漂亮的大胜仗。

（三）抗联英雄冷绍生

1937年"七七"事变后，日本帝国主义为把东北变为其发动全面侵华战争的后方，对东北境内的抗日联军进行大规模的"围剿"，使抗日联军活动受到极大限制，是极其困难时期。抗联往往与多于自己几倍、十几倍的敌人进行残酷的战斗，因长期得不到休整和补充，加之恶劣的自然条件，部队大量减员。为保存实力，1938年5月，中共北满临时省委做出了"突破敌人围剿，到小兴安岭西麓开辟新的游击区"的决定。同时决定抗联第三路军主力实施战略转移，进行西征，到日军统治相对薄弱的小兴安岭西麓的嫩江平原过渡地带开展游击战。1938年7月，由团长冷绍生率领的抗联第三路军六军一师三团部分官兵作为西征的先遣部队，率先越过小兴安岭，进入了西征松嫩平原的克拜地区。

1.夜袭忠良村公所

1938年7月，抗联西征先遣部队刚一进入嫩江平原，即深入群众，了解敌情。为寻机歼敌，冷绍生带领三团战士来到拜泉县东部一带。当时敌人已实行并村归屯，设立了中心屯伪村公所，以加强统治和监视阻止东山抗日联军的活动。有个叫忠良的伪村公所（1937年设），位于拜泉县朱家岗（现克东县昌盛乡宏光村）。这个村公所东部靠山（小兴安岭余脉），南部邻河（润津河），北面是漫坡漫岗的丘陵地带，地域偏僻。有伪职员11人、伪警察5人、伪自卫团兵12人。这些人以伪村长石克全为首，对百姓欺诈勒索，仗着日本人的势力，无恶不作，百姓对其恨之入骨，敢怒不敢言。了解到这些情况后，为打击敌人的嚣张气焰，冷团长下决心打掉这个伪村公所，给老百姓撑腰。冷团长派人详细侦察了伪村公所的地形和人员、火力配置等情况，制定了作战方案，选拔了20名战士组成了精干的小分队。

1938年7月12日晚，夜深人静的时候，20名抗联战士化装成伪警察，在冷团长的指挥下，悄悄地包围了伪村公所。自卫团哨兵发现有人，打了一枪便跑回了屋里。冷团长边指挥边还击边向院内喊话："我们是抗日联军，你们被包围了，中国人不打中国人，缴枪不杀，你们赶快投降吧！"正在酣睡的伪警察和自卫团兵被喊话惊醒，顿时乱作一团，仓促地拿起枪就往外打。抗联战士开始猛烈还击，枪声大作，压制住了敌人的火力。这时，冷团长率抗联战士从侧面进入院内，少数分子还在负隅顽抗，继续从屋内往外打枪。抗联战士前后夹击，并点着了房子。敌人一看大势不好，赶快将枪从窗户扔了出来，全部缴械投降。冷团长将他们集合在一起，对他们进行了抗日救国的宣传教育，告诉他们："中国人要有中国人的骨气，不能为日本人卖命，日寇马上就要完蛋了。"并严厉警告他们不许欺压百姓，不许为日伪办事，给自己留条后路，否则被抗联抓住，绝不宽容。

此时，天已破晓，冷团长带领抗联部队和缴获的6支枪、弹药及衣服等战利品迅速撤回东山根据地。当伪县公署得知消息后，派3名日本人带领警察、自卫团前来"围剿"时，冷团长和小分队早已无影无踪了。

2.穷棒子岗突围战

夜袭忠良村公所的胜利，有力地打击了日伪军的嚣张气焰，激发了广大人民群众的抗日热情，冷绍生团长也名声大振。各伪村公所的反动活动有所收敛，为抗日游击战的开展创造了有利条件。

1939年夏季的一天，冷绍生团长找来一连连长慕景祥，商量制定以青纱帐为掩护，开展夏季攻势，进而夺取克东县城的计划。为了实施好这一计划，扫清外围障碍，冷团长率慕连长一行20余人，转战于克东县城至东山根据地之间，活动在栾家沟（现润津乡吉利村）、吕二爷店（现润津乡人和村）、穷棒子岗（现润津乡建设村）一带，消灭了小股的日伪军，打击了伪村公所。

一天，冷团长率部行至穷棒子岗下坡刘屯（现润津乡建设村）时正值中午，冷团长和战士们来到刘玉胜家吃午饭。饭后，有人将抗联小分队到下坡刘屯的消息报告了栾家沟伪警察署。伪警察署接到密报后，一面派人前往追捕，一面报告伪县警务科。早就急于寻找抗日联军踪迹的伪县警务科科长薛维伦（外号薛大肚子）急忙命令"讨伐"队长董连科带领200多名"讨伐"队员向下坡刘屯火速开进。当走到徐子千屯（现润津乡光荣村）北马家高粱地时，发现了许多进地的脚印，"讨伐"队立即包围了这块高粱地，并猛烈地开枪射击。冷团长带领战士们早就挖好了工事，利用高粱为掩护，沉着应战，迂回射击，使敌人不敢贸然挺进。战斗从下午2点一直打到日落西山，夜幕笼罩大地，双方僵持着，不时发出零星枪声。冷团长将战士召集到一起，说："敌人经过长途跋涉，又经过一下午的激战，现在已疲惫不堪，咱们现在要集中火力，从防守薄弱的西北方向突围，然后向东南方向转移。"冷团长布置完毕，对慕连长说："你带队伍走，我断后。"慕连长说："不，你带队伍冲出去，我断后。"说罢将冷团长推了出去。

冷团长向"讨伐"队猛烈射击，带领战士们冲出了包围圈，慕连长也带领1名战士随后赶了上来。突围时，打死敌人2人，打伤1人，抗联战士有1人负了轻伤。突出重围后，冷团长和战士们沿着小毛道向西北方向撤去。气极败坏的薛维伦带着"讨伐"队紧追不放，逐地块进行搜捕，蹲守了一夜。同时，派人到拜泉伪警务科去送信，请求支援。

第二天，拜泉县乾丰（现克东县乾丰镇）伪自卫团团长王维奇带领七八十人奉命前来支援。敌人会合之后，采取了拉大网式的搜捕；当搜到吕二爷店（现润津乡人和村）西南山的高粱地时，与抗联小分队再次遭遇，抗联战士在挖好的掩体里，打得敌人抬不起头来，伪军只是胡乱地无目标地向地里开枪。战斗持续到下半夜2点多钟，冷团长率领小分队又悄悄地向东南方向转移，弄得敌人蒙头转向。抗联小分队突围向西北撤退，后又返回向东南方向转移，敌人被牵着鼻子走了一天一夜，弄得人困马乏。当小分队再次进入穷棒子岗时，当地群众给战士们送去了熟鸡蛋、香瓜等。在休息后的小分队刚刚转移到东南山的高粱地时，气喘吁吁的"讨伐"队又赶了上来，早有准备的小分队一阵猛烈地射击，打退了200多敌伪"讨伐"队的围攻。枪声停了好一阵，"讨伐"队才试探着进入高粱地，只发现了一些鸡蛋皮、子弹壳和挖好的掩体，抗联战士早已没有了踪影。此时，抗联战士正在东山姜洪的小窝棚里吃饭呢。临走时冷团长跟给姜洪看窝棚的长工孙凤山说："告诉你家东家一声，我们过去了。"

突出重围的抗联小分队迎着初升的太阳，向东山根据地奔去。姜洪接到报信后，又拖了一段时间，才叫儿子姜万义骑马到东南山高粱地报告抗联已走的消息。气极败坏的薛维伦大骂"讨伐"队是饭桶，骂姜洪私通抗联。冷团长带领20余人的小分队在不到三天的时间里，以少胜多，两次巧妙地突出敌人重围。气焰嚣张的薛大肚子狼狈而归。

3.英勇顽强壮烈牺牲

穷棒子岗突围后，稍作休整的部队在冷团长的带领下又袭击了栾家沟（现克东县润津乡吉利村）伪警察署，并对50多名大排兵进行了抗日教育。然后带领部队奔赴嫩江开展游击战，开辟新的抗日根据地。

1939年深秋，冷绍生率三团第二连官兵从嫩江转战到张大房子屯（现北安市通北镇），与从讷河转移到这里的慕景祥率领的一连会合。当两队人马行至张大房子屯附近时，侦察员报告说屯内有"讨伐"队。冷团长命令部队转向孙家粉房，并在那里住下吃饭。其间，冷团长冷静地分析了形势，决定紧急向腰窝棚屯（现北安市通北镇兴东村）转移，宿营在这个屯。

部队来到腰窝棚屯时天将放亮，安顿下后，奔波一夜的战士们很快就睡着了；此时在屯东的一个屋子里，部队正在召开党员会议。会上，冷团长向党员们传达了中共北满省委关于争取伪军、扩大抗日力量的指示，大力宣传中国人不打中国人的策略。会议研究了敌情，认为敌人已经知道了部队的行踪，必定会很快追来。慕连长提出了把部队的四挺机枪分设在由南往北的大路两侧，伏击"讨伐"队。冷团长说："我们面对的'讨伐'队，据侦察员报告说是拜泉县乾丰警察署和自卫团，都是中国人，中国人不打中国人，把'讨伐'队的械缴了就行了。"慕连长说："我们和乾丰警察署没少较量，打了不下20多仗，他们匪气十足，特别顽固和反动。"冷团长说："是啊，我们注意就是了。"

　　按照冷团长意见，对作战方案进行了修改。将四挺机枪分设在住房西南、东北两个墙角和老侯家之间的房山处，并在场院等处设立了步枪埋伏点。研究部署完毕后，冷团长又把一些乡亲召集到一起讲形势、讲抗日，宣传我们党的主张。老百姓看到是自己的部队回来了，心里特别高兴，纷纷来到抗联部队的驻地，有给喂马的，有给做饭的，一片鱼水深情。

　　上午10点钟左右，100多人的"讨伐"队从张大房子屯西山上直奔腰窝棚而来。11点钟左右，"讨伐"队逼近腰窝棚屯。就在这时，抗联部队的马脱缰跑出了屯外，"讨伐"队看到屯子里跑出的战马，走在前面的"讨伐"队员掉头就往回跑，其他"讨伐"队员马上散开，呈战斗队形包抄过来，一部分"讨伐"队躲到了东北的大坑里。原本想将先头"讨伐"队诱进屯内缴械，这下不行了，双方打了起来。打了一个多小时，双方都无伤亡。这时，慕连长在院墙里高喊："中国人不打中国人。"枪声停了下来。冷团长站在靠墙的一辆车辕子上，将头露在墙外，慕连长也上了车辕子。冷团长开始对"讨伐"队喊话："中国人不打中国人，日寇就要完蛋了！不要再为日本人卖命了，要爱国，要抗日。"

　　这时"讨伐"队在团长王维歧、警尉刘兴汉（外号刘小胡子）的指挥下，已经占领了麦垛等有利地形。"讨伐"队教官王化义躲在麦垛后面，瞄准了正在喊话的冷团长，一枪击中了冷团长的头部，冷团长当时就从车辕子上掉了下来。这下抗联战士急了，将火力全部集中到东侧，向"讨伐"队进行猛烈射击。

　　这时，有战士报告说埋伏在场院里的两名战士已经牺牲了。战士们将冷团长抬到屋里，大家看着伤势严重、昏迷不醒的冷团长，都哭了。天渐渐黑了，敌人不断地向大院逼近，苏醒过来的冷团长已经不能讲话了，他用手比画着，叫慕连长领着战士快撤，不要管他。这时敌人的火力越来越猛。冷团长的警卫员任德福将冷团长抱上马背，由两名战士保护着。慕连长带领战士推倒院套大墙，冲了出去……冷团长怕连累部队一挣扎，便从马背上摔了下来，昏了过去。警卫员以为团长牺牲了，就将团长掩藏在柴火垛空里。他擦干了眼泪，骑上马，一边扫射，一边冲出了包围圈。这一仗打死敌人2人，打伤2人，抗联战士牺牲2人。

抗联部队走了很久，"讨伐"队才胆战心惊地进了院套，找到了身负重伤的冷团长，用大车押解到乾丰伪警察署。时而昏迷，时而清醒的冷团长，忍着钻心的疼痛，拒绝医治。拜泉伪警务科接到令其闻风丧胆的冷团长受伤被俘的消息后，如获至宝，赶紧向日本人报告。日本人小田、三浦立即带着翻译赶到乾丰伪警察署，看到冷团长头部受伤，已不能讲话，请示北安警务厅特务股，令其速将冷团长押送北安，在押解途中冷绍生团长不幸牺牲。

抗日英雄冷绍生的英雄事迹，克东人民永远不会忘记，将世世代代地传下去。

（四）抗联游击队智勇斗顽敌

1941年农历闰七月，抗联第三路军九支队队长边凤祥率30多名战士跋山涉水，披荆斩棘，穿过层峦叠翠的群峰和浩瀚无际的林海，横越哈北铁路，一直向西挺进。九支队此次出山，一是为抗日英雄冷绍生团长报仇，二是解决部队的给养问题。当部队进入克东境内，天刚蒙蒙亮，隐隐约约地看见山沟里的残垣断壁。边队长对宣传科张科长说："这是日寇烧房毁屋、并村移户的罪证。他们妄想用这种毒辣的手段，隔断革命群众与抗联的密切联系。须知，民心不可违，斗志不可移；军爱民，民拥军，军民一家人的深情是烧不断、毁不掉的！"

部队来到王家油坊（现昌盛乡山河村）附近的一片高粱地，

战士们悄悄地钻进去隐蔽起来。一夜的急行军，大家既饿又累，有的坐在垄台上轻声地聊天，有的索性躺在垄沟里睡着了。边队长命令张科长派两名战士到村里找点吃的。他们沿着地边进村，找到一个叫宋万福的农民，他一听抗联来了，爽快地答应给予帮助，并向两名战士说："这几天风声很紧，'讨伐'队常常走村串户，到处盘查来往行人，你们先回去，告诉部队领导多加小心。等一会儿饭好了，我一定给你们送去。"隔有两袋烟的工夫，宋万福和倪万山各挎一个大筐，沿着地边一前一后地走来。战士们吃着热乎乎的饭菜，十分感谢他们。张科长说："假如没有人民的支援，我们的仗是打不赢的，日寇是不会自动退出中国的。"

抗联九支队神机妙算，时而出现，时而隐蔽，忽南忽北，声东击西，躲避敌人的锋芒，让狡猾的敌人摸不清抗联的去向和活动规律。

农历闰七月二十八，九支队又风尘仆仆地来到勤俭村（现拜泉县国富镇自治村），他们仍是隐蔽在路旁的高粱地里。夜幕降临，一片漆黑，伸手不见五指。抗联战士坐在垄台上休息。他们与敌人周旋多日，太累了，但是每个人的脸上都露出了欣慰的笑容。9点多钟的时候，就听到马蹄声响，由远而近，越来越清晰，他们往大道上看，什么也看不见。只听得哇啦哇啦地说话，这显然是日本兵，肯定是向勤俭村分所去的。当马队过去之后，边队长命令金指导员和孙副官带5名战士攻打勤俭村分所，消灭日本兵，为冷团长报仇。

这个马队里确有3个日本兵，到分所执行任务。他们进所后就脱掉了外衣，把枪挂在墙上，并让分所所长翟万福弄点鸡蛋，准备喝酒。翟万福刚出大门往屯里走去，抗联战士趁岗哨还未关大门之机，就闯到院里，用枪顶住岗哨，命令他不许动，不许声张。其他队员一脚踢开正房的房门，跨进去大声喊道："中国人靠边站。"日本兵吓得魂不附体，无处躲藏。靠墙的那个日本兵刚要摘枪反击，被一名抗联战士一枪击中，紧接着那两个日本兵也都做了枪下鬼。抗联战士又到厢房去搜日本兵，其实真有一个叫鸟岛的日本兵，他头几天来村分所执行任务，饭后躺在炕上睡着了，听到正屋枪响，从后窗溜出，翻墙逃走了。金指导员和孙副官等5名战士，带着缴获的钱、军衣和十余支大小枪支，连夜撤走了。

翟万福刚走进屯里，听到枪声就藏在一家的马棚里，一动也不敢动。当他得知抗联队伍走了，才回到所里。进屋一看，当时就傻了眼，3个日本兵躺在地上，其他的伪军都不见了，只有一个看屋的人钻在桌子底下，吓得全身发抖。翟万福把他拉出来，告诉他看着，别叫野狗把尸体啃了，并急忙向拜泉伪警务科报告。拜泉伪警务科接到消息后又向北安省警务厅报告。一时间，这两处就像炸了营一样，慌乱成一团。北安省警务厅厅长大畑苏一和警防科长官（日本人）立即到乾丰伪警察署去找一村率领的"讨伐"队。他们到了一看，署里连个门岗也没有，"讨伐"队员在街上闲游；一村队长正在梁署长的宅院里，像死猪一样呼呼大睡；署长梁国治领着几个队员，正在平整自家的房基地。这下可把厅长他们气炸肺了。不一会儿，一村队长被人唤醒，睡眼惺忪，打着呵欠，站在那里，大气都不敢出。梁署长急匆匆地赶回来，全身颤抖，脑袋耷拉着，不敢睁眼看。只见大畑苏一喘着粗气，怒目严厉斥骂："酒囊饭袋的，统统的废物。"他走到梁国治跟前，伸手紧紧地抓住衣领子，左右开弓，啪啪地抽了几个协和嘴巴；转身用枪托子对准一村的前胸，用力一推，一村仰面朝天摔在地上。大畑苏一当即免去一村"讨伐"队队长职务，由间浦菊次接替，并指派山家全志坐阵指挥。"讨伐"队增至千人以上。又让村公所下令每村出壮丁若干名，组成棒子队。"讨伐"队和棒子队交叉排列，从东到西拉成大网顺着垄沟搜捕……

敌人的"讨伐"队、棒子队不停歇地搜捕，除了个别小的地块以外，柳条通、深草丛、乱坟冢、水打沟，凡是能藏人的地方，一处也不落。与此同时，他们又派出一些警察特务，扮成农民、屠夫的模样到各处探听消息，侦察抗联的行踪，结果一无所获。就这样他们折腾了半个多月，弄得无精打采，疲惫不堪，最后只好听凭上司的处罚。

（五）抗联烈士刘春喜

刘春喜，1917年出生于克东县玉岗村头井子屯（现玉岗镇新兴村）一个贫苦的农民家庭。幼年时，父亲因生病无钱医治而病故，只剩下母子二人艰难度日。为了养家糊口，他从12岁起，就起早贪黑、顶风冒雨地给地主家放猪。稍大一点儿后，又给地主扛活当长工，每天起五更爬半夜。他从小就尝尽了人间的苦难，对地主老财怀有深仇大恨。

1937年，抗日联军第六军一师三团在团长冷绍生的带领下，经常在克东县东南部山区刘春喜家乡一带开展抗日活动，打击日军和敌伪的反动武装，为民除害，并经常对广大人民群众进行抗日救国的宣传教育。刘春喜每次都积极参加，从中懂得了许多抗日救国的道理。抗联将士那种为民族的独立和国家的解放甘愿抛头颅、洒热血的大无畏精神给刘春喜留下了良好的印象，激发了他的抗日救国热情。于是，他积极主动地为抗联部队带路、送信，成为一个秘密的联络员。

冷绍生团长又来刘春喜家乡开展抗日活动时，刘春喜觉得这次机会来了，便毅然决定参加抗联，当天晚上就随着队伍出发了。他的母亲听说儿子随队伍走了，因舍不得唯一的儿子离开她身边，便去追赶队伍想叫儿子回来。当时，冷绍生团长也答应了他母亲的请求，让刘春喜随母亲回去。可他说啥也不肯回去，还劝解母亲说："冷团长给我们多次讲抗日救国的道理，我们不打败日本侵略者，穷苦百姓就没有好日子过，我一定要参加抗联打日本人。"他终于说服了母亲，参加了抗联。在刘春喜随抗联部队走后，只剩下他母亲一个人无法生活，只好投奔到花园屯（现润津乡富饶村）娘家居住。

刘春喜在部队干得很好，每次打游击的时候，都把生死置之度外，表现得非常勇敢机智，多次受到部队首长的表扬。1940年夏季，部队首长派他回到家乡一带搜集日伪情报，并顺便看望母亲。当他从游击队回花园屯时，不料被该屯的汉奸廉玉明、廉玉成发现。刘春喜到家后，把廉玉明、廉玉成看见他的事向他舅母说了。他舅母说，廉家兄弟是大坏蛋、大汉奸，廉玉成还企图霸占她。他听后就觉得情况不妙，不敢在家久留，当即准备返回部队。可是廉家兄弟早已对他进行了监视，刘春喜前脚刚走，他们两人就手持木棒和绳子随后紧追。当刘春喜走到离屯子2里多地的西沟子时，被廉家兄弟追上，用绳子绑回屯子。由于廉家兄弟是臭名远扬的大汉奸，群众都敢怒不敢言，眼看着他们把刘春喜扭送到花园伪警察所。后来又被转送到栾家沟（现润津乡吉利村）伪警察分署、克东县伪警务科、北安省伪警务厅，最后被关进哈尔滨监狱。刘春喜面对敌人多次的严刑拷打，坚贞不屈，表现了视死如归的大无畏革命精神，后惨遭日军杀害，牺牲时年仅23岁。

（六）抗联英雄于天放、赵忠良牢门脱险

1945年7月抗日战争胜利前夕，东北抗联第三路军军政特派员兼宣传科长于天放和第二路军教导旅副政委赵忠良于北安监狱越狱成功，当时轰动了整个伪满。于天放脱险后，回到了抗日斗争第一线。赵忠良则被爱国群众茹大娘所救，后被敌人抓

回杀害。

1944年，为配合全国总反攻，受党组织委派于天放在绥棱、庆安等地发展抗日组织。由于叛徒告密，于天放在绥棱被捕后被押解到北安警务厅特务分室秘密监狱（现北安市财政局路南）。在狱中，于天放经受住了敌人的严刑拷打和威逼利诱的考验，坚贞不屈。

为了和敌人作最后拼死的斗争，他决定越狱。1945年7月5日左右，正在他秘密地做越狱准备的时候，分室监狱宪兵突然紧张起来，看守们个个横眉竖目，窗户用黑布帘挡住，不准"犯人"往外看。于天放以为到他的执行日了，就悄悄地把预备越狱时用的炉门放在手边上，准备提他时和敌人一拼。可是等了一天也没动静。大约在晚上10点钟，几个日本兵押进一个戴手铐脚镣的人。这人被卸下手铐脚镣后，在"犯人"名册上填写了名字，就被关在和于天放的二号监室仅一墙之隔的三号监室。

几天后，气氛松缓下来，趁看守不在，三号监室的"犯人"开始低声对二号监室问话："于天放同志在这里吗？"

开始于天放以为是敌人安排的奸细，没有理睬他。

后来这个人见于天放不吱声，就报了姓名："我是抗联第二路军的赵忠良，奉周保中的命令，从牡丹江来侦察齐北线敌人军运情况，在克山被捕的。早知道你关押在北安，没打听确实。你若在这里，咱们谈谈吧。"

如此说了几遍后，于天放就试探着问："国内外形势怎样，外面青草长多高啦？"

他回答说："德国失败，苏联可能要出兵。野草和庄稼已能藏住人了。"

就这样，于天放和抗联第二路军的赵忠良接上了头。一对从未谋面的同志成了互相鼓励的难友。于天放把越狱计划说给了赵忠良，赵忠良很同意。他说："这监狱容易跑，牡丹江的监狱最牢固，我还是脱了险！"

赵忠良当年26岁，多年的侦察经历使他非常机智勇敢，遇事沉稳果断。他在牡丹江越过狱，还劫过狱，救出不少抗日同志。有了他的帮助，更加坚定了于天放越狱的信心。经过周密的谋划，他们把越狱的时间定在了7月11日午夜，并约定如果跑散了，就到铁路西大桥工人宿舍处会合。当晚，于天放和赵忠良一心盼着9点放风时动手。可是已到9点，日本看守石丸兼政还没有回来。桌子上的座钟嘀嗒嘀嗒地走着，他们焦急地等待着。半夜1点，石丸兼政才失魂落魄地走进分室，他伸着脖子向于天放监号问："于先生，你的睡了吧？不大便吧？"

于天放急忙说："我要大便！"

石丸兼政打开监号门，于天放赶快到厕所去了一趟。回来对石丸兼政说："石丸先生，永井股长布置我画的地图，他着忙要，号里光线太暗看不清，我需要在走廊里画。"

石丸很快就答应了。于天放从监号里往外拿图和笔的时候，把炉门子掩藏带了出来。

这时，赵忠良敲门了。石丸也给赵忠良开了门，他趴在桌旁脸向着赵忠良监视着。于天放恰好处在石丸没有防备的位置上，见此机会他拿起炉门子向石丸的脑袋猛砸下去。只听噗嗤一声，打上而没有致命。石丸跳了起来。在这千钧一发之际，赵忠良一个箭步冲上来，三个人扭在一起，翻上翻下，不可开交。大约拼争了20多分钟，终于把石丸打倒在看守睡觉的床上。他的脑袋变成了一个血葫芦。石丸知道自己不行了，为了求救就鬼声鬼气地哼叫起来。这设有五个监号的秘密监室里，当时只关押着于天放和赵忠良，加上看守石丸只有三个人。如惊醒隔壁睡觉的看守，后果不堪设想。于天放急中生智，把自己的手指插到了石丸的嘴里，另一只手掐住他的脖子，让他哼不出声来。赵忠良连续打石丸的脑袋，石丸哼了一声，终于咽了气，尸首从床上滚到石灰地上。

于天放迅速从石丸兜里掏出钥匙，他们顺利地打开了头两道铁门，第三道走廊门弄不开，于天放和赵忠良焦急万分，就顺着走廊往西走，发现有一个窗子开着，赵忠良和于天放先后跳了出来，奔向七八尺高的板杖子。赵忠良年轻，先攀到顶上一下子跳出牢笼。于天放登着板杖子的横木随后跳出。于天放跳出板杖子后，急忙向事先约好的地点奔去，来到铁路西大桥工人宿舍时，没有见到赵忠良。这时，枪声四起。他想，准是越狱被发现了，敌人开始大搜捕了。无奈，于天放只好沿着铁路向克山方向奔去。后几经周折，在老百姓的掩护下，躲过了敌人的搜捕，又重返抗日斗争第一线。

赵忠良跳出北安警务厅特务分室监狱的板杖子，只见夜色茫茫，静悄悄，空无人影，街上只有微弱的光。本来他对北安这个地方就不熟，加之天黑不辨方向，情急之下，他只有顺路疾跑。他深一脚浅一脚地跑出了北安城。这时天已大亮，他才知道是往西南方向。此刻街里人声嘈杂，犬吠鸡鸣，他料定越狱已被发觉，想再折回往西去找铁路大桥工人宿舍会合地已来不及了。为了尽快脱离险境，他只好沿路南行。一直走到乌裕尔河边，河水暴涨，过不去。他索性钻进附近的一个草堂子里隐藏起来。待天黑，河水渐落，才挑浅的地方趟水过河继续往南走。为了不引人注意，他不走大路走小路，不走顺路走沟塘。最后，赵忠良跑到克东县玉岗村短岗屯（现玉岗镇新家村）。村民茹大娘冒着坐牢、杀头的危险，收留了赵忠良，把他藏在屯北的瓜窝棚里。茹大娘每天风雨不误地给赵忠良送饭、送衣服，对他体贴入微，关怀备至。后来，由于坏人告密，赵忠良又被抓回北安监狱，不久残遭日军杀害。茹大娘也被抓入狱，直到日本投降后才被解救出来。

（七）抗联七战士被害公司村

1931年"九一八"事变，日军魔爪伸入克东之后，一些土匪、官僚、地主即投靠日军认贼作父，摇身一变成为汉奸、伪官吏。他们帮助日军到处抓"政治犯""思想犯""经济犯"，抓"劳工"，催"出荷"，归屯并村，制造无人区，使广大人民群众生活在苦难深渊之中。克东玉岗区（也称东大岗）公司屯（现玉岗镇前进村）大恶霸地主乔文斌，积极效忠日军，充当伪屯长多年，依仗敌伪势力，欺压群众，勒索民财，掠夺土地800垧、房屋80余间，设置地窝堡10余处。大恶霸地主苏佐臣，"九一八"事变时结匪30余人，报字"镇东侯"，在玉岗和通北交界一带抢夺民财，后投靠日军。因效敌有功，被日军委任为伪克东县警备队队副、伪玉岗村自卫团团长、伪村长等职。在此期间，苏佐臣依仗敌伪势力掠夺土地130余垧和大量的牲畜及房屋。1945年"八一五"东北光复后，这伙恶霸地主、土匪趁人民政权未建立之机，相互勾结，狼狈为奸，到处奸淫抢劫、开设赌场，继续欺压盘剥农民。

为彻底消灭这伙反动势力，建立人民民主政权，解脱受苦人民，1945年9月29日（农历八月二十四），东北民主联军北安卫戍区司令部派朱振山等7名战士到玉岗区公司村，收缴大恶霸地主、伪屯长乔文斌等人枪支。7名战士到屯之后，向乔文斌的长工了解乔文斌的家庭情况和住址，这时乔文斌的二弟乔文汉走过来，听后便躲藏起来。7名战士问明情况之后，3名战士到乔家大院搜查，4名战士去屯后边树林中捉拿正在"出会"（赌博一种）的乔文斌。4名战士来到"出会"地点时，"押会"者看来了穿军装的人，顿时大乱四处奔跑。4名战士将乔文斌捉住戴上手铐，押至其家中正房西屋，随后将大院门关上，开始对乔进行审问。审问不久，乔的二弟乔文汉带领于德富、孙老疙瘩、张喜廷等人手拿洋炮（土枪）和钩杆铁齿、扎枪围住其家院墙。乔文汉不断向屋内开枪射击，屋内抗联战士停止审问，开枪还击。此时，惊醒了睡在下屋的更夫郭某，郭某立即手持大棒夺门而出，口喊抓活的，直奔上屋。抗联战士急忙出屋开枪将更夫击毙。这时，狡猾的乔文斌大喊："快卧倒！"新参军的战士没有战斗经验，听到喊声不知所措。乔犯便乘机窜到东屋，他大姑娘当即把板门闩上，乔从窗户爬出跳到墙外，令他人将手铐打开，便指挥其弟和同伙继续向屋内开枪射击。孙老疙瘩手持单筒枪（土枪），徐聋子拿着单刀跳进院内，双方打得非常激烈。这时朱振山挺身而出，从屋内走到房门口，向这伙土匪宣传党的政策，没等讲完话，孙老疙瘩便开枪射击，朱振山应声倒下，光荣牺牲。恶霸地主乔文斌又到屯内纠集多人，手持扎枪陆续把大院围了起来。这时，东屯的地主苏乃芳，伪自卫团团长、土匪头子"镇东侯"苏佐臣闻声赶来增援。"镇东侯"苏佐臣接过苏乃芳手中的"二八匣子"（手枪）越墙跳进院内，爬至窗边，用砖将窗户玻璃砸碎，便向屋内开枪射击，边打边喊："你们把枪扔出来，缴枪留命……"我军战士庄重声明，我们是红军。土匪头子苏佐臣又说："是红军也得把枪交出来，到维持会讲话。"屋内的6名战士在内无弹药、外无增援、寡不敌众的情况下，把仅有的两支小枪（匣子和撸子）扔出来。战士把枪扔出后，苏佐臣继续叫嚷："把衣服脱光，举手出来。"这时有一名小战士趁机从后门越墙而出，向北安卫戍区司令部去报告情况，当跑到二里多地时，被叫吴山东子的人追上，这个惨无人道的土匪，竟用扎枪向手无寸铁的战士身上刺了数十下，这个不知道姓名的小战士不屈地倒在血泊中。屋内的5名战士走出屋之后，即被乔文斌、苏佐臣等人用绳子绑在一起，带到屯西南沟子。乔文斌接过他人手中的扎枪，将5名战士一一杀害。天黑之后乔文斌带人将牺牲同志的头颅割下，装入麻袋，于翌日套上马车到玉岗区公所邀功领赏。当得到7名战士牺牲的消息后，抗联部队和驻北安的苏联红军立即出动，包围了公司屯，捉拿凶手乔文斌。群众说乔已去区公所，抗联战士随即追赶。当追上乔时问看没看见乔文斌（因抗联部队战士不认识乔文斌），狡猾的乔文斌却说在屯内。抗联战士又返回屯内，乔文斌趁机将车扔下骑马逃跑了。

乔文斌仓皇逃跑后，抗联把朱振山等遇害同志的尸体挖出来运往北安。为了使死难的烈士的英灵得到慰藉，并向国民党、汉奸、大地主等反动势力示威，抗联战士把朱振山烈士的陵墓建在北安省维持会办公大楼（现黑龙江省第三医院院内）的前面。让所有的维持会、国民党人员都能看到烈士陵墓，让朱振山烈士永远屹立在他们的面前。同时，让后人知道，抗战胜利、人民的解放，都是无数像朱振山烈士这样的共产党人抛头颅、洒热血换来的。陵墓落成后，抗联为死难的烈士举行了隆重的追悼大会。苏联红军省卫戍司令官阿里耶夫参加了追悼会，并致悼词。为表示对烈士的景仰，抗联战士和苏联红军战士一起向空中鸣枪10响，并唱起了追悼的歌："抗日兮战争！烈士兮英勇！抛头颅洒热血，黄沙血染红……"

乔文斌这伙地主恶霸、土匪、杀人凶手，有的逃往外地投靠国民党，有的匿名隐居。但不论他们逃到天涯海角，隐藏多深，仍逃不出人民的法网。参与杀害7名战士的土匪孙老疙瘩、地主苏乃芳在土地改革运动中已被处决。土匪头子"镇东侯"苏佐臣、大恶霸地主杀人凶手乔文汉、乔文斌也分别于1959年、1962年和1966年在吉林、新疆和内蒙古被捕归案，依法处决。

第三节　人民群众的大力支援

日伪统治时期，克东广大人民群众和爱国人士，积极主动支援活动在克东境内的抗日武装，他们冒着生命危险秘密地为抗联送粮、送物、送情报，支持抗日斗争。

一、支援抗联义无反顾

1941年夏季的一个晚上，抗联第三路军九支队在边凤祥队长的率领下，来到拜泉县山河村（现克东县昌盛乡山河村）的王家油坊屯。该屯农民宋万福极力帮助掩藏队伍，并和倪万山等人给抗联队伍送饭。第二天，受边队长委托宋万福到东兴屯王光庆小铺买烟、食品、黄胶鞋和布匹等。宋万福回来后，把积极支持抗日的王光庆的一些情况向边队长作了汇报。

王光庆是当地十里八村有名的人物。他为人诚实、忠厚、正直、深明事理、主持正义。他家在东山边的140多垧土地被日本人霸占去设了开拓团，他同样受日伪警宪的气，对此，他恨之入骨。

当宋万福到王家小铺掏出几张10元大票买了不少东西时，王光庆有些犯疑："这是自家用吗？"顾客都走了，王光庆把宋万福让到里屋坐下。他说："宋大哥，说老实话，这些东西到底给谁买的？你千万不要骗我。抗联是打日本人的队伍，我也希望抗联早点把日本人打出去！"宋万福听后，琢磨了一会儿，觉得不像是套话向日本人告密。于是，向外屋看看，关上门，贴近王光庆的耳朵小声说："是他们来了，他们的队长和蔼可亲，平易近人，真是人民自己的队伍。"然后，又向王光庆补充说，"他们了解你的为人，还想找你想办法支援他们呢！"临走的时候，王光庆嘱咐宋万福：

"回去告诉他们，最近孝悌村（现克东县昌盛乡）警察分所所长胡振武给各大户开会，说抗联队伍下山了，各屯要严加防范。最好让队伍回东山隐蔽，缺什么，我一定尽力帮助解决。"

当天夜里，边队长叫开王光庆家的大门，问道："你就是王光庆吗？""是，我就是王光庆。"边队长小声说："不要怕，我们是抗联队伍，我就是队长边凤祥。"王光庆仔细端详边队长，见他身材魁梧，大团脸，浓眉下的两个大眼睛炯炯有神，身披一件黄呢子大衣，头戴一顶褪了色的黄呢子军帽，大约有30岁，为人挺和气，说话虽慢声细语却铿锵有力，十分感人。他把王光庆的手紧紧握住，指着身旁的小战士说："他叫朱福臣，是我的警卫员。"然后，他就讲抗日救国的道理，以及抗日联军的严明纪律，他讲得句句有理。王光庆当即表示，一定竭尽全力，不惜一切地支持抗联的斗争。边队长让王光庆把全屯的人召集到东院，让宣传科张科长开大会做宣传。他们忙活了半宿，吃完饭准备走，王光庆看见战士们的鞋子都坏得不能再穿，就告诉家人把铺子里的黄胶鞋都拿出来让战士们换上。边队长再一次握住王光庆的手，连声道谢。因王光庆态度诚恳、明朗，积极支持抗联，经过支队研究，决定在此地秘密建立抗日救国会，委任王光庆为会长，宋万福为联络员，发给了委任状，并给他们一些抗日宣传材料。

临别时，边队长怕王光庆和乡亲们受迫害，告诉他明天一早必须向伪警察署报告。第二天，乾丰伪警察署警尉王振羽领着另一名警尉来王小铺了解情况，王光庆告诉他们，这帮"土匪"特别厉害，小店的东西几乎被他们抢光了。王警尉听后半信半疑没有说什么就回警署了。此后，拜泉伪警务科日本人带领"讨伐"队和乾丰伪警察署自卫团拉大网，逐地块搜捕抗日联军，折腾好几天一无所获。

农历八月上旬一天夜间，九支队又来到王光庆家，边队长了解到附近屯都驻有"讨伐"队，不敢多待，王光庆也明白边队长的意思，就急忙把上次托付的：刻一个篆字手戳、修好的怀表、买好的匣枪爪——交给了边队长，并从腰里掏出770元钱，又从小铺里拿出布匹和衣物送给他们。边队长临走低声地向王光庆说："你给我们的财物摊给各大户，不要你一家出。"接着又说，"跟我战斗七年的警卫员朱福臣叛变投敌了，这回日本人不会饶过你的。"他含着眼泪带着队伍走了。王光庆想起来了，边队长的警卫员长得胖胖的，20多岁，他怎么投敌了呢？真是知人知面不知心。这样一来，会把支援抗联的事情向日本人告密，后果不堪设想啊！

果然，八月中旬的一天，北安特务科的张警尉、拜泉县警务科外勤警尉张全义、石泉镇警尉刘兴汉带着警察和自卫团兵20多人闯进王光庆家，不由分说把他抓起来。又到王家油坊把宋万福、倪万山等人也抓起来，一同送到拜泉监狱。四五天后就进行审讯，问王光庆救国会长的事，王光庆宁死也不承认。日本人急了，打他一顿嘴巴，下脚拌把他摔晕过去，等他苏醒过来，才知道手腕被摔折了。接着又审，他还是一口咬定根本没有那回事。这时，日本人说："叫朱的进来。"他一听心里翻了个个儿，这下可完了。叛徒将秘密做救国会会长的事详细地说了一遍，他仍是不承认，日本人逼着画押，就定罪判他无期徒刑。宋万福、倪万山也都被判了刑。后来把他们转移到哈尔滨道外监狱。宋倪二人被折磨致死。王光庆于1945年"八一五"光复后获释回家。

二、鱼水情深一家人

1943年，克东玉岗村福禄屯（现玉岗镇福录村）来了一位做生意的陌生人，经别人介绍，他在本村大户老李家落了脚。老李家的李春贵是村小学的教员，晚间没事就跟他唠嗑，一来二去，李春贵喜欢上这个陌生人。有一天，这个陌生人偷偷地告诉李春贵，他是抗联战士叫王永昌，由于腿受了伤，行动不便，就离开了队伍，隐姓埋名来到此地。李春贵多次冒险到药店为抗联买药，再由王永昌利用去北安进货之际，送到联络站。在王永昌的教育下，李春贵后来跟随他参加了革命工作。

日本侵略者从1933年3月到1945年"八一五"光复期间，统治克东县长达12年零5个月。在这漫长的岁月里，许多村屯的革命群众为抗联战士做军鞋（牛鼻子鞋）、送衣物、运粮食、晒干菜等不计其数，有力地支持了抗联的斗争。

三、茹大娘冒死救忠良

抗联第二路军教导旅副政委赵忠良于北安监狱成功越狱后，来到了克东县玉岗村短岗屯（现玉岗镇新家村）后身的一个大草甸子里。此时由于不断奔走，又没有进食，赵忠良已筋疲力尽，就一头扎进草丛里面睡了起来。醒来时，只见齐腰深的青草茫茫一片，水草肥美、风光秀丽；太阳已近中天，远处的村落炊烟袅袅。这时他感到肚子里叽哩咕噜乱响，他已两天没吃东西了。他心里合计着，还是先进屯子找点吃的再做打算，或许遇见好人还能得到帮助。想到这里他起身踉踉跄跄地朝屯里走去。

恰好屯边有一个破旧的小马架，他估摸着，是个穷苦人家，就推门进去。正赶上人家吃午饭，一个老太太在外屋起黏豆包，里屋炕上坐着一桌子吃饭的人。那时，男人怕抓劳工，白天都不敢在家，看着"官像"就跑。赵忠良穿着黄军装，大家以为是来抓劳工的，都借故开溜。这个起黏豆包的老太太，人称茹大娘。她看了几眼这个风尘仆仆却满脸英气的年轻人，就把他让到屋里，让他坐在炕沿上，问："老总，吃饭了吗？"

赵忠良没有马上回答，见吃饭的人都走了，屋里只剩下茹大娘时，就笑着说："大娘，这附近有日本兵、警察吗？"

茹大娘见他如此问话，想必不是坏人，就说："没有，六分署和村上离这儿还远着呢，这块儿没有警察。"

说话间，赵忠良打量着这位大娘：个子稍高，头发花白，眼睛里透着刚毅，一脸慈祥。他感到这个老大娘是可以信赖的，就向她吐露了实情："大娘，别害怕，我不是什么老总，实话跟你说，我是抗日联军，刚从北安大狱里逃出来，想在你这儿躲一躲，你怕不怕？"

茹大娘一听，先是一惊，没有做声。

赵忠良见此，起身说："我不能连累你们，我得走了。"

茹大娘一把将赵忠良按住："你把我看成什么人了，我也实话跟你说，我老家在五常，早年见过赵尚志的队伍，知道抗联是打日本人救国救民的好人。"她停了停又坚定地说，"我知道隐藏抗联不得了，我不怕！信得过我你就留下。"

这番话让赵忠良十分感动，他向茹大娘投去信任的目光。

茹大娘接着说："你放心，我一定想办法把你安顿好。别着急，先吃饭。"茹大娘把自家舍不得吃的鸡蛋拿出来，又到后园割了两把韭菜，摘了几个辣椒，炒了两盘菜，端上了黏豆包。赵忠良美美地饱餐了一顿。吃过饭，茹大娘把赵忠良的衬衣洗干净，让他换上了老伴的夹袄，又把赵忠良带着血迹的黄军装藏到后园子地里。当晚赵忠良就在茹大娘家住下了。赵忠良又给茹大娘讲了一些抗战打日军的事。也知道了茹大娘一家五口人：她和老伴，还有两个儿子、一个儿媳，靠租种本屯地主常志义（外号常三麻子）几垧地勉强度日。儿子、媳妇都很孝顺，一家主事靠的是茹大娘。

到半夜，只听窗纸响，有人说："大嫂，不好了，我们前屯来了一帮日伪警察，正各家各户地搜查，说是抓北安监狱逃跑的抗联大官于天放和赵忠良。赶快躲躲吧！"这人叫茹喜，是茹大娘的小叔子，白天帮工在茹家吃饭时，看见了赵忠良。所以，一听动静就马上跑来告诉信儿。

茹大娘赶快喊起赵忠良，领着他摸黑来到了北甸子边的一个地窖子形状的瓜窝棚里。茹大娘对看瓜窝棚的刘贵说："这个人是从黑河逃出来的劳工，没有证明书，在这儿住几天。"刘贵是个忠厚老实人，二话没说就让赵忠良住下了。这样，赵忠良就在瓜窝棚里隐藏了起来。

茹大娘天天以去挖野菜为掩护，风雨不误地给赵忠良送饭。这天，下着蒙蒙细雨，茹大娘挎个小筐来到瓜窝棚时，浑身都湿透了。赵忠良感激万分，他眼含泪花动情地说："大娘，你救了我，还风里来雨里去地天天给我送饭，叫我怎样报答您啊！"

茹大娘拍着赵忠良的肩膀说："孩子，你们打日寇、蹲监牢，命都豁出去了，我能为你们做点事，算个啥，不要老是挂在嘴上。"

刘贵在一旁说："茹大娘心眼好，是个爽快人，敢做敢当，你遇见好人了。"

赵忠良说："你们都是好人。"

在瓜窝棚和刘贵相处期间，赵忠良感到刘贵为人憨直，对日伪统治恨之入骨。赵忠良白天帮他打柴草，晚上就给他讲一些抗日的道理。一来二去，渐渐地刘贵心里也明白了赵忠良是干什么的，对他产生了敬佩之情。瓜窝棚附近一有风吹草动，就给赵忠良知会儿，默默地保护着赵忠良。

几天来，还有一件事是赵忠良始终放心不下的，那就是一直惦记着一起越狱的难友于天放，他是逃脱了，还是被抓了？他多么想见到这同生死共患难的战友啊！

可现在风声越来越紧，赵忠良也是心知肚明。为了尽快和党组织取得联系，早日脱离危险，他就和茹大娘说："能找个可靠的人送封信吗？"

"送信？送什么信？"茹大娘问。

"和我们的人取得联系。"赵忠良说。

茹大娘寻思了片刻说："还是我去吧，现在五步一岗十步一哨的，查得特紧，求谁送信也靠不住，我去！"

赵忠良既感动又高兴。他告诉了茹大娘去克山留置场（地下党组织联络点）的路线和要找的人。茹大娘又从家找来纸笔。赵忠良向茹大娘问清了瓜窝棚左右的屯名，画好了图，写了封信，交给茹大娘带好。第二天，茹大娘想办法凑齐了路费，把信和图缝在衣服里，临走时还煮了一些鸡蛋给赵忠良送去。一切安排妥当后，才动身去北安，准备坐火车去克山。茹大娘求人买了火车票，说是去走亲戚。

虽然刘贵的瓜窝棚地处偏僻，离屯子较远，瓜还未成熟，很少有人去，但赵忠良隐藏的事还是走漏了风声。就在茹大娘在北安火车站候车的时候，短岗屯一个叫张玉文的人突然出现在她面前，他谎称，有人来救赵忠良，赵忠良要她回去。

原来，伪牌长、大地主常三麻子在克东县城看到悬赏捉拿于天放和赵忠良的布告，骑着自行车往回走，路经二克山后屯的董老七家，听说赵忠良就隐藏在自己所管辖的短岗屯的一个瓜窝棚里，他就骑自行车急急赶回。听说茹大娘去了北安，他一边打发狗腿子张花马（张玉文）去北安找回茹大娘，一边派人把她的老伴茹珍叫来，不容分说，就给了一耳光，大骂了一顿，不让他走动。然后派人去瓜窝棚把赵忠良监视起来。

茹大娘到家一看，常三麻子领着几个人已等在她家。常三麻子吹胡子瞪眼睛，劈头就说："茹老婆子，你胆子不小哇，敢窝藏抗联！"

一切全明白了。茹大娘也不遮掩，她大义凛然地说："我藏赵忠良，这事我一个人承担，就说是一个跑劳工的，吃点饭就走了，咱放他走不行吗？"

常三麻子一下了跳起来说："你糊弄鬼呢？私藏抗联是死罪。"

茹大娘蔑视地看着常三麻子说："常三麻子，你要修好积德呀！你还没儿子呀！"

常三麻子气急败坏地说："你等着，有你好瞧的。"他求功心切，叫人把茹大娘一家看起来，急忙领着人去后屯向正在搜捕的伪警察报告。

此时，茹大娘知道赵忠良要遭殃，心急似火，想给他送个信，无奈被人看着，无法脱身。

7月的天，小孩的脸，说变就变。这天下午，忽然刮起风来，跟着浓云密布。赵忠良和刘贵怕下雨，把晒干的草个子撮了起来，又把晾好的被子拿进瓜窝棚里。霎时间，风雨骤至，他们赶紧跑进瓜窝棚里。刘贵点上一袋烟，抽了起来，赵忠良在整理被褥。不一会儿，瓜窝棚顶上的茅草被风卷起几绺儿，雨水滴嗒滴嗒地渗了下来。赵忠良急忙去往瓜窝棚上压草，刚一走出瓜窝棚，几把冰冷的刺刀对准了他……

原来，正在后屯搜捕的伪特务、警察关亚光和王维州接到报告后，遂带领搜查队赶往刘家瓜窝棚。为了防备赵忠良逃跑，敌人借着雨声，偷偷地包围了瓜窝棚。这样，赵忠良再次落入敌人的魔掌。

残忍的敌人怕赵忠良再跑，从玉岗伪警察署押往克东时，把他的双手用钉子钉在车箱板上，又把双足大筋挑断。后送往北安省城监狱，不久就被日本人杀害了。

赵忠良在被玉岗伪警署送往克东前，对围观的百姓们说："父老乡亲们，德国法西斯已被打败，苏联红军一出兵，小日本也就完蛋了。可惜，我看不到那一天了。请你们在祖国光复之日，向我们的人转达我的情况。死并不可怕，怕死就不当抗联了！"在场的群众都被赵忠良悲壮的话语感动得流下了眼泪。

赵忠良被捕后，敌人将茹大娘和她的老伴茹珍及刘贵抓到北安警务厅，进行了审讯和拷打。茹大娘受尽折磨，但宁死不屈服。直到1945年8月15日日本投降后，茹大娘等人才被解救出来。

光复后，茹大娘冒死救抗联的事，在黑龙江大地上广为传颂。

第四节 抗日斗争英雄谱

王钧

王钧（1914.5.10—2000.7.23），出生于黑龙江省汤原县。1932年参加东北抗日联军，曾任东北抗日联军第六军二师十二团政治部主任、三支队参谋长、党委书记兼政治部主任、中共东北党委委员、接收黑龙江省党政军负责人、省政府参谋会议长、省军区第一副司令兼参谋长、省剿匪总指挥。新中国成立后授大校军衔，历任省体委主任、省委视察室主任、省顾问委员会委员。1939年12月20日，时任第六军二师十二团政治部主任的王钧和十二团团长耿殿君及第三军八团的官兵一起，在拜泉县张信屯（现克东县乾丰镇宏升村）和尾追的日伪军进行了一场激烈的战斗，打死日伪军40余人。在耿殿君团长牺牲后，王钧指挥部队策应八团冲出重围，回到东山根据地。1955年克东县修建革命烈士纪念塔时，王钧同志为其题写了碑文。2000年7月23日病逝于哈尔滨。

冷绍生（？—1939.9），生年、籍贯不详，又名冷绍青。曾任东北抗日联军第六军一师三团团长。1938年，冷绍生率领东北抗日联军西征一师三团部分官兵进入克东和拜泉一带。曾在克东县的乾丰、昌盛、玉岗、宝泉等地坚持开展抗日游击活动。先后指挥了下坡刘战斗和穷棒子岗突围战，领导了袭击忠良、栾家沟等伪村公所和伪警察署的战斗，有力地打击了日伪军。冷团长的部队在克东一带令日伪军闻风丧胆。1939年9月，冷团长率部活动在忠良（现昌盛乡宏光村）、孝悌（现昌盛乡东兴村）等村，宣传抗日思想，打击日本侵略者。在与乾丰伪警察署"讨伐"队的战斗中，冷团长在宣传"中国人不打中国人"的抗日思想时，被冷枪击中，壮烈牺牲。

耿殿君（1903—1939.12.20），化名张山东子，代号老伯代，绰号耿破烂。出生于山东省掖县（现山东省莱州市），1932年参加抗日队伍，1933年加入中国共产党。曾任东北抗日联军第六军一师八团（留守团）团长、十一团团长、十二团团长。耿殿君为部队筹粮，搞棉衣、药品等物资做出了很大贡献。1939年耿殿君率部活动在讷河、德都、北安、克山、克东、

耿殿君（画像）

依安、拜泉等县，多次与日伪军鏖战，消灭了大量敌人。因此，耿殿君的十二团获得了"英雄团"的称号。1939年12月19日晚，耿殿君率领十二团、姜福荣率领三军八团一起由讷河县向拜泉方向转移，当行至乾丰王小班店（现乾丰镇宏升村）时，天已放亮，姜福荣所部住在张信屯，耿殿君所部住在张信屯东边不到一里地的蔡家屯。刚开始吃早饭，日伪军乘三辆汽车追到张信屯西沟，八团与日伪军展开了激战。耿殿君团长闻讯前往支援，在冲

过平川地带抢占场院有利地形时，不幸中弹牺牲。

姜福荣（？—1939.12.20），生年、籍贯不详。曾任东北抗日联军第三军八团团长。1936年11月，第三军三师八团团长姜福荣与三军一师政治部主任许亨植率领的第三军西征先遣队、第三军六师张光迪部一同在阁山（位于绥棱县城东北35公里）脚下的郝大干屯同日伪军展开了激烈的战斗，获得了较大胜利，这场战斗的胜利在抗联第三军历史上写下了光辉的一页。此后，姜福荣率领八团在海伦、通北、朝阳（现五大连池市朝阳山）一带活动。1939年2月袭击了龙镇飞机场。5月和8月，两次攻陷龙门火车站，歼灭了大量日伪军。1939年12月19日晚，第三军八团和第六军十二团一起由讷河向拜泉方向转移。20日，八团团长姜福荣将部队带至张信屯准备吃早饭时，尾追的日伪军乘三辆卡车追至张信屯西沟。当敌人弃车进屯时，姜福荣团长指挥全体官兵投入战斗，给敌人以沉重打击。后来敌人迂回进攻，姜福荣团长在指挥战斗中，不幸中弹牺牲。

赵敬夫（1916—1940.7.19），原名白长岭，出生于黑龙江省桦川县悦来镇西解放村（现敬夫村）一个小商人家庭。1932年参加抗日救亡活动，1935年加入中国共产党，1938年7月参加东北抗日联军。为建立敌后抗日组织做出了贡献，曾参加过解放讷河县城、智取克山县、奇袭北兴镇等著名战斗。历任第三军第五师宣传科长、第三师八团政治部主任、第三路军三支队政治委员。1939

赵敬夫

年12月20日，时任第三军八团政治部主任的赵敬夫和团长姜福荣及第六军十二团的官兵一起，在拜泉县张信屯（现克东县乾丰镇宏升村）与尾追的日伪军进行了战斗。姜福荣团长牺牲后，赵敬夫指挥部队冲出重围，转移到东山根据地。1940年7月19日，在护送李兆麟将军及北满军政干部训练班转移的一次战斗中牺牲。

赵忠良

赵忠良（1919—1945.7.20），原名赵恩全，出生于辽宁省法库县依松牛堡子赵家庄一个贫苦农民家庭。1933年参加革命，1934年10月加入中国共产党。历任抗联第五军直属队侦察排排长、第二路军警卫旅侦察连连长、第二路军教导旅副政委，是抗日联军的侦察英雄。赵忠良参加过上百次战斗，十几次负伤，三次入狱，两次越狱成功。1937年10月，一次战斗中，赵忠良不幸在被捕入狱，四十多天后成功越狱。1945年1月，在一次侦察日伪军运情况时，他再次被捕，关押在北安伪警察厅特务分室。在狱中他受尽酷刑，承受着常人难以忍受的折磨，但仍坚持与日军进行殊死较量，秘密谋划越狱。7月11日，赵忠良与关在同一监狱的抗联第三路军特派员于天放一起成功越狱。脱险后于天放辗转回到了抗日队伍。赵忠良来到克东县玉岗村（现玉岗镇）短岗屯，被具有爱国思想、痛恨日本侵略者的茹大娘隐藏起来。后被地主狗腿子发现告密，赵忠良再次被抓入北安伪警务厅监狱。日军怕赵忠良逃跑，砸上十几斤的脚镣，又将其脚后筋割断。不久赵忠良被日军残忍杀害。为缅怀赵忠良烈士，克东县人民政府将玉岗镇短岗屯命名为"忠良村"，并在二克山烈士陵园建起了一座赵忠良烈士纪念碑。

王永昌（1901—1952），曾用名王德，山东省寿光县人。曾任汤原县抗日救国会主席、中共绥滨县委书记、中共北安中心县委书记，新中国成立后任黑龙江省农业厅秘书科科长、黑龙江省监察委员会秘书科科长等职。青年时代投身抗日救亡活动，并加入中国共产党。1938年11月，随抗日联军第六军第二批西征部队到达北安通北李殿芳屯开展抗日活动，并在李殿芳屯成立了抗日救国会。该组织遭到破坏后，王永昌转入地下工作。1942年冬至1945年秋，王永昌化名曹续民先后在克东县新农乡（现玉岗镇）新民村四十五户屯和福禄村李万昌屯，以养伤和打短工、挑"货郎担"为掩护，传播抗日思想，从事地下抗日活动。抗战胜利后，主动与组织联系，继续为党工作。

王永昌

边凤祥，生卒年、籍贯不详。曾任东北抗日联军第三路军九支队队长。组织参加解放克山县城战役、夜袭伪警察所、袭击森林警察护林队和武装移民团等战斗。1940年至1941年间，活动在克东县玉岗、孝悌村（现昌盛乡）一带，开展抗日游击斗争。同时开展宣传抗日、扩大武装、建立根据地的工作，受到当地农民和爱国大户的拥护。

慕景祥（1907—1974），出生于黑龙江省宾县。曾任第六军一师三团交通员、三团一连连长、拜泉县大队参谋长。1936年参加抗日联军，1937年10月加入中国共产党。1938年，在冷绍生团长率领下，从抚远县越过小兴安岭到海伦、克东、拜泉、嫩江等地开展游击斗争。1939年夏季，慕连长配合冷绍生团长率部队转战克东境内，先后参加了夜袭忠良伪村公所、下坡刘战斗和穷棒子岗突围战，有力地打击了日伪军的嚣张气焰。解放后，慕景祥曾担任北安县（现北安市）长水河农场党委书记等职。

邓文（1893—1933.7.31），字宪章，辽宁省梨树县（现属吉林省）人。曾任东北军骑兵连连长、骑兵第一旅二团团长、抗日救国义勇军第一军军长、抗日同盟军第五路总指挥兼左路军副总指挥。1932年2月与马占山部队驻海伦城防司令朴炳珊共商联合抗日。1932

年10月，在拜泉县成立黑龙江省民军，誓师抗日。10月下旬，先后攻下克山、泰安（现依安县）两座重镇，并切断了铁路运输线，给日军以沉重打击。11月，日伪军分兵七路围攻拜泉，拜泉失守后，邓文率兵退守到青冈县屯（现克东乾丰镇庆祝村）进行休整训练、宣传抗日、扩大武装。40余天后奔赴抗日前线，率3个师7 000余骑兵活跃在热河（现河北省）一带。1933年7月31日，在张家口福寿街18号被人杀害。

邓文

刘春喜（1917—1940），出生于克东县玉岗村头井子屯（现玉岗镇新兴村）一个贫苦农民家庭。1939年抗联第六军一师三团在这里开展抗日活动，刘春喜主动为抗联部队带路、送信，允当秘密联络员。同年参加抗联部队。1940年夏，组织派他回到老家秘密搜集情报，并顺便看望已搬回娘家花园屯（现润津乡富饶村）的母亲。当刘春喜和游击队取得联系，得到情报返回花园屯时，被该屯地痞恶霸廉玉明、廉玉成发现。当刘春喜从家出来，走到离屯子二里多地的西沟时，二恶霸手持大棒和绳子将手无寸铁的刘春喜抓住。刘春喜先后被送到伪栾家沟警察署、县警务科、北安警务厅，最后押到哈尔滨监狱。刘春喜在狱中受尽了种种酷刑，但他始终坚贞不屈，日军无可奈何，将其枪杀。牺牲时年仅23岁。

王光庆（1908.1.26—1973.10.22），生于拜泉县孝悌村东兴屯（现克东县昌盛乡东兴村）。1939年，王光庆用卖土地的钱在屯子里开了一个小杂货铺，经营布匹、鞋帽等日用品，买卖比较兴隆，成了东大荒一带有名的王小铺。王光庆虽是较富裕的大户，但对日伪统治十分不满，曾冒生命危险支援抗日联军。1941年，抗联第三路军九支队队长边凤祥带领40多战士在孝悌村东兴屯一带活动，他

王光庆

从自家拿出700余元钱和部分鞋帽衣物送给抗联，并到拜泉县为抗联刻手戳、修怀表、买枪爪等，表现出了一个中国人的抗日热情和英雄气慨。边队长委任他为当地的抗日救国会会长。后来由于叛徒告密，王光庆被拜泉伪警察署逮捕，敌人刑讯逼供，王光庆拒不承认。后王光庆被关押在伪哈尔滨监狱长达四年之久。1945年光复后获释回家。1956年县人民委员会表彰了他的抗日爱国行为，并妥善安排了他的生活。1973年10月22日病逝于克东县。

王保英，生卒年、籍贯不详。1932年，王保英带领七八个在山里当胡子的人，在克东县四站（现宝泉镇）附近将伪克东县"讨伐"队二中队全部缴械后，率众带着枪械上山投奔了红军（东北抗日联军）。1934年夏，任抗日联军第三军某部连长，在通北柳毛沟一带活动。1937年和日军作战时负伤，在下山到克东县永利村王大神屯亲叔伯妹妹家养伤的途中，经过姚家店屯（现玉岗镇复兴村）被反革命分子赵井春发现，将其抓获。后在北安被日军杀害。

孙河（1918—1939.10），绰号"孙二乐子"，生于克东县四撮房（现第一良种场）的一个贫苦农民家庭。1939年7月，参加了由冷绍生团长率领的抗联队伍。由于抗日条件艰苦，身患大骨节病的孙河行军作战都有困难，于同年9月退伍还乡，到克东镇内的龚家木匠铺当炊事员。后被地主刘永河发现，向克东县伪警务科告密，孙河被捕后被枪杀在克东县西门外。

姜洪，生卒年不详，克东县穷棒子岗（现润津乡建设村）人。抗战时期，在抗联教育下，多次为抗联部队送物资、送情报。1939年，在东山抗联根据地比较艰苦的时候，姜洪派李磨拐子等人往山里运送粮食、胶鞋等物资。后被敌人发现，将姜洪及其家人抓到县伪警务科，又是拷打，又灌辣椒水，可姜洪及其家人拒不承认，敌人无奈只好将其释放。回来后，姜洪继续为抗日工作，直到光复。

陈老四，生卒年不详，克东县玉岗镇春河村人。1931年日本侵略东北后，陈老四曾组织附近几个村屯的热血青年成立了抗日自卫队，用土枪、土炮同敌人展开游击战，狠狠地打击了日伪军。后来，日军调集部队利用重机枪、迫击炮将这支队伍打散。

　　李春贵，生卒年不详，克东县玉岗镇福录村人。1944年，抗联地下工作者王永昌在其家中养伤，宣传抗日思想，李春贵深受教育，多次帮助掩护党的地下工作者；又多次到北安为抗联买红伤药品，辗转送到抗联根据地。后来李春贵在王永昌的带领下参加了革命工作，在接收北安伪政权时，担任秘书，后因身体原因回乡任教。

李春贵

　　宋万福（？—1941.12），生年不详，克东县昌盛乡山河村王家油坊人。1941年，抗联第三路军九支队来到王家油坊，宋万福积极帮助部队宿营、隐蔽，并同倪万山等人给抗联部队送饭。当时，宋万福受部队领导委托，到东兴屯王小铺为部队购买烟和食品，并打听是否有胶鞋和布匹等准备购买。富有爱国心的王小铺掌柜王光庆心里明白这是给抗联买的，就告诉宋万福，缺什么咱们送什么。当晚，抗联九支队队长边凤祥来到了王光庆家，了解了王光庆的为人后，经研究决定成立秘密抗日救国会，任命王光庆为会长，宋万福为联络员。后来，由于叛徒出卖，王光庆、宋万福等被捕入狱，先后关押在克东、克山、哈尔滨监狱。1941年12月，宋万福于狱中被迫害致死。

　　茹大娘（原名赵淑清，又称茹赵氏），生卒年不详，克东县玉岗镇忠良村短岗屯人（现玉岗镇新家村）。1945年夏，抗联第二路军教导旅副政委赵忠良从北安越狱，跑到克东县玉岗村短岗屯北甸子隐藏起来。第二天晌午，赵忠良走进短岗屯的茹大娘家。当茹大娘知道了赵忠良的身份后，马上为他准备了饭菜，换下带血迹的衣服，晚间将赵忠良隐藏在屯北的瓜窝棚里。茹大娘天天以挖野菜为掩护，风雨不误地为其送饭。为尽快和组织取得联系，茹大娘拿着赵忠良画的路线图和信件去北安，再坐火车到克山联络。茹大娘隐藏赵忠良被坏人发现，赵忠良被抓，押回北安监狱，不久被日军杀害。茹大娘和其丈夫等人也被捕入狱，受尽了非人折磨，但茹大娘坚贞不屈，直到日本投降后，茹大娘和丈夫等人才被救回家。

第五节 克东老区在抗日战争时期的历史贡献和地位作用

一、打击了日伪军的嚣张气焰，扰乱了敌人的殖民统治

克东县地处小兴安岭西麓与松嫩平原的过渡地带，境内有一百多公里与小兴安岭相连，为抗日联军开展游击战提供了天然屏障。特殊的地理位置成为东北抗日联军进行战略性西征进入嫩江平原地区的第一站。当时，在克东县活动过的抗联部队有第六军一师三团、一师十二团、第三军三师八团、第三路军九支队等。曾发生过"张信屯战斗""穷棒子岗突围""夜袭忠良村公所"等战斗，打死打伤很多日伪军，给侵略者以沉重打击。此外，克东还有黑龙江民军、屯垦军、抗日红枪会、抗日救国会、抗日自卫队等很多抗日武装和群众自发的抗日组织，在抗日联军的带领和影响下，坚持与日伪军展开斗争，不同程度地给侵略者以打击。如城南战斗一役就打死打伤日军一百多人，给敌人以重创。

在与日军展开游击战斗的过程中，曾在克东县乾丰、宝泉、玉岗、昌盛4个乡镇和67个村发生过大小战斗数十起，极大地袭

扰了日伪的统治。

克东的抗日斗争是东北抗日斗争的重要组成部分，融入了全国抗日斗争的洪流之中，对日军南下入关起到了牵制作用，对整个抗战胜利做出了一定的贡献。

二、鼓舞了广大人民群众的斗志，有力地支援了全民族抗战

日本侵略者入侵克东后，气焰十分嚣张，实行残酷的法西斯统治，人民生活在水深火热之中。就在这时，东北抗日联军奋起抗战，极大地鼓舞了人民群众的抗日斗志。特别是冷绍生、耿殿君和姜福荣等抗日将士在战斗中展现了顽强的斗志和英勇牺牲的壮举，激起了人民群众抗战图存的坚强信念，人民群众纷纷以各种形式与日军进行了不懈的斗争，直到取得最后胜利。

三、东北抗联和人民群众的血肉联系，建立起抗战的后方堡垒

中国共产党领导的东北抗日联军，来自于人民、根植于人民，与人民群众鱼水情深，无论敌人采取什么手段都无法割裂抗联和人民群众的血肉联系。在克东大地上曾涌现出临危不惧、冒死掩护抗联战士的茹大娘，帮助掩护我党地下工作者的李春贵，为抗联送粮、送药、送物、传递情报的王光庆、宋万山、倪万福和姜洪等英雄人物，为支援抗战做出了重大牺牲和贡献。正是在人民群众的无私支援和大力帮助下，抗联才建立起许多根据地，成为有效打击敌人的坚强堡垒。

第三章　克东老区光复后的革命斗争

抗战胜利后，克东人民在中国共产党的领导下，积极投入到建党、建政、建军、平叛、剿匪、"土改"、参军、支前和大生产运动中，开始了人民当家作主的新生活。

第一节　新生政权的建立及巩固

一、克东的接管和民主政权的建立

1945年8月15日，日本宣布无条件投降后，日本侵略者一手扶持的伪满洲国彻底垮台，克东县的伪县公署及其所属机构也随之自行解体。但伪县长吴增喜等一小撮儿反动派并不甘心退出历史舞台，在共产党未来接收之前网罗一些伪官吏、警察、汉奸、特务等，于8月19日策划成立了克东县"地方维持会"，吴增喜为委员长，行使伪县公署的一切职权，等待国民党军队来接收，企图东山再起。接着又成立了保安队，蒋庆轩为队长。9月下旬到10月初，潜伏在海伦县和克山县的地下国民党王守本和田万福先后来到克东发展党员，分别建立了国民党黑龙江省党务专员办事处克东县支部（简称党专支部）和国民党黑龙江省党务复兴会克东县党部（简称三省党部），这两个国民党组织和维持会相互勾结，狼狈为奸，成为克东继敌伪政权之后的又一反动势力。

10月11日，苏联红军进驻克东。11月17日中共黑龙江省工作委员会派黄茂、丁子勋、刘鹏、李涤心4名同志带领一个班的战士到克东接收敌伪政权，建立民主政府。黄茂等到克东后及时和苏联红军取得联系，在苏军的支持下，接管了伪政权，解散了维持会。国民党党专支部和三省党部也自行散去。21日成立了克东县民主政府，丁子勋为县长。同时将县保安队改编为东北人民自治军克东县大队，刘鹏为大队长，黄茂为政治委员，李涤心为公安局长。同日，党的组织克东县工作委员会也秘密组成，黄茂、丁子勋、李涤心、刘鹏为县工委委员，黄茂任书记。在县政权建设初步走上正轨之后，于1946年初，对基层政权进行了改组，废除了伪满时街村制，全县新组建克东、金城、润津、乾丰、孝悌、玉岗、宝泉7个区公所。

1946年8月17日，省委决定克东县工委改称中共克东县委，黄茂任县委书记，李瑞山任县委副书记。县委秘书处、组织部、宣传部等职能机构也陆续建立。从1947年到1948年，全县七个区级党的组织相继建立。1948年12月28日到1949年1月30日，全县134个行政村的民主建政工作也全部完成。党和人民政权的建立，使处在水深火热之中的劳苦大众获得了彻底解放。

二、保卫新生革命政权

党和人民政权的建立，摧毁了反动政权的统治，但敌伪残余势力、恶霸土匪、地方汉奸和国民党反动派不甘心失败，他们仍然暗中串联，秘密勾结，企图推翻革命政权。为保卫新生政权，克东县委、县政府与反动派进行了一系列的斗争。

（一）反奸除霸

1945年12月上旬，将大肆贪污掠夺、为非作歹、欺压百姓的伪县长吴增喜逮捕公审后枪决。1946年1月又将滥杀无辜、罪行累累的大汉奸、伪警务局局长蒋庆轩处决。极大地鼓舞了城乡广大人民群众的革命斗志，打击和震慑了敌人。

（二）县城保卫战

在人民政权刚刚建立，苏联红军即将撤出时，被国民党收编的孙吴、龙镇、讷谟尔等地叛匪，纠集在德都县（现五大连池市）境内组成了国民党东北挺进军第一军第六旅，密谋攻打克东县城。此时，克东县保安大队机枪排和一个中队在刘鹏大队长带领下，已随军区主力部队支援泰安（现依安县）战役，留守兵力不足两个连。省委得到这一情报后，派德都县委书记曲常川、县长边敬同志带领三十多名战士于1945年12月27日来到克东，传达省委指示并协助克东做好备战和保卫工作。12月30日县工委召开紧急会议，成立了作战指挥部，制定了作战方案，进行了兵力部署。

12月31日凌晨1时，敌军六旅的三个匪团包围了县政府大院，他们手持机枪、步枪、掷弹筒等武器，向县大院猛烈攻击。面对数倍于我之敌，全体指战员沉着迎战，打退了敌人的一次又一次进攻，战斗一直持续到下午4点。此时，苏联红军从克山赶到克东火车站支援，向县城方向开炮。敌匪见久攻不下，又听到苏军的炮声，只好仓皇逃窜。县城保卫战的胜利，使党和人民政府的威望更高，新生的革命政权更加巩固。

（三）清剿土匪

共产党接管克东后，活动在克东一带的"六合""四海""青山好""花蝴蝶"等土匪组织仍然很猖厥，社会秩序很混乱。1946年3月，号称"四海"的土匪近百人在乾丰区刘小铺一带骚扰掠夺，县大队三中队出动马队连夜进行围剿，打死土匪40多人，活捉20多人。经过十几次的清剿，克东境内的土匪尽被清除。从而稳定了社会秩序，保护了人民群众的生命财产安全，为新生政权顺利地开展各项工作创造了良好的社会环境。

第二节　轰轰烈烈的土地改革运动

一、新中国成立前克东的土地关系和土地占有者对农民的残酷剥削

克东一带在1906年以前，仅有少数蒙古族人游牧在乌裕尔河沿岸。1907年，黑龙江巡抚派东布特哈（现讷河市）总管陈福龄施行勘放召垦，先后从吉林、辽宁、山东、河北等地迁来一些贫苦农民来克东垦荒。至1910年江南一带的富户及吉林、海伦等地的大地主纷纷来克东与当时的地方统治者相互勾结，到处插标划段，跑马占荒，从而使大量官荒地和熟地成为少数大地主的私有。

1931年"九一八"事变后，除大大小小的地主垄断土地外，日本侵略者又通过武力掠夺、低廉收买和强行驱逐等手段，侵占了大量土地。这样，克东的土地尽被地主、富农、军警、汉奸和日本人所占有，他们利用手中的权力和土地对农民进行残酷的政治压迫和经济剥削。由于农民所创造的劳动价值绝大部分被地主所攫取，自己仅得极少报酬，难以养家糊口，生活极其困难。加之高利贷、苛捐杂税等，使广大劳苦农民生活更是雪上加霜，许多农户被逼得妻离子散，家破人亡。

二、克东县土地改革运动的开展

1946年5月4日，中共中央发出《关于清算减租及土地问题的指示》（亦称《五四指示》），指出："解决解放区的土地问题，是我党目前最基本的历史任务，是目前工作的基本环节。"并决定把抗日战争时期的减租减息政策改变为没收地主土地分给农民的政策，实行耕者有其田。根据中央的这一指示以及中共黑龙江省工委有关精神，克东县于1946年6月开始了轰轰烈烈的土地改革运动。

（一）清算分地，反霸除奸

1945年11月，克东县民主政府成立后，没收了敌伪政权的所有资产，并发放伪满的义仓粮4 020石，救济了生活特别困难的农民3 265户，共19 893人。1946年初，没收了日伪的张文封、四撮房（花园）、前桥、北山四个开拓团和大汉奸蒋庆轩、大恶霸乔文斌等人的土地12 430垧，分配给3 904户无地农民。同时没收房屋532间分配给农民。

1946年5月，根据中共黑龙江省工委土地改革会议精神，克东县工委、县民主建国联合会和民主政府于6月组成"土改"工作队，先后到润津、乾丰、孝悌等区开展土地改革运动。工作队进村后深入农民家中宣传中央《五四指示》，访贫问苦，发动群众揭发地主压迫和剥削农民的种种罪行，提高了广大农民的阶级觉悟。同时，通过串联和办训练班等方式，在广大贫雇农中培养积极分子。在此基础上，以乡（后改为村）为单位，建立农会，妇女和儿童团等群众组织。在农会的领导下，向大地主、大汉奸进行清算和分地斗争。并没收了他们的土地、青苗和其他财产，分配给农民。重点区乡的土地改革运动以星火燎原之势迅速扩及全县，至同年10月，全县共没收大中小地主土地70多万亩，房屋

1 800多间，牲口1.6万匹（头）和大批衣物、粮食等。广大农民有了土地、房屋和农业生产工具，初步解决了生产、生活上的困难。与此同时，全县各区、乡都对当地罪大恶极的大地主、大汉奸进行了镇压。

（二）煮"夹生饭"，将运动推向高潮

经过前段工作，克东县的"土改"运动取得很大成绩，但由于缺乏经验，许多地方运动进行得不彻底，出现了"夹生饭"。1946年10月31日，中共黑龙江省委在《关于深入发动群众问题给各地党委的信》中提出今后运动总的方针应该是"继续深入发动群众，进行查田斗争，改变'夹生饭'"。1947年初，克东县委认真总结了前段工作的经验教训，在培训一大批干部的基础上，从思想发动、检查分地入手，充分发动贫雇农与地主展开了面对面的斗争。工作队采取个别走访、扎根串联和召开座谈会等方式，查找了前一段清算土地搞得不彻底的原因和问题，克东县委、县政府主要采取了三项措施：即进一步加强思想动员，坚定广大贫雇农跟共产党闹革命，彻底搞"土改"的决心；开诉苦会，激发广大贫雇农对地主的仇恨；对农会组织进行整顿，纯洁农会队伍。经过半年多的时间，大部分"夹生饭"问题得到了解决，前一阶段地主、富民隐瞒假报的土地和部分财产被清算，将土地改革运动推向了高潮。

（三）砍大树，挖财宝

"大树"指大地主，砍大树挖财宝简称"砍挖"运动。前一段，通过煮"夹生饭"，把地主的土地搞清了，没收了，表面财产拿出来了，但一部分地主把金银财宝、粮食衣物及牲畜车辆等转移出去或隐藏起来。县委根据东北局《关于挖财宝的指示》精神，提出了"砍倒大树，挖净财宝，打垮地主，消灭封建，让财宝、土地、牲畜、粮食、衣物大还家"的口号，并组织

各区先后开了数百人、上千人参加的贫雇农代表大会，进行斗争动员。许多区提出了"查阶级挤敌人、割封建尾巴"和"报仇出气挖财宝"的口号。在"砍挖"运动中，县委负责人以宝泉区真家乡（现宝泉镇丰平村）和中兴乡（现中兴村）为点，摸取经验，指导全县。主要方式是：对没有"靠楞"的地主继续斗争，政策攻心；让地主的狗腿子和亲信悔过立功；组织落后乡去先进乡学习，互查互帮。由于措施得力，"砍挖"运动开展得如火如荼，大批被地主转移或藏在地下和衣服里、枕头里、炕洞里、雪堆里、粪堆里、鸡架狗窝里、柴垛里的财宝被挖出。据不完全统计，仅宝泉区25个乡中就挖出牛马1 212匹（头）、粮食2 200石、大车327台、金镯子7只、金疙瘩4块、金镏子52个、金钳子108副、银镯子155副、现大洋220块、现款（东北流通券）500万元、布2 000尺、衣服1 900件、被褥毡子1 400床、珠子19粒，另有长短枪50多支及子弹等。

（四）划定成分，平分土地

1947年10月10日，中共中央颁布了《中国土地法大纲》后，县委召开了区乡干部大会，深入学习《土地法大纲》，进行平分土地的思想动员，并制定了平分土地的计划，以点带面，交错进行。

划分成分。学习贯彻上级有关划分阶级成分的规定，对阶级成分在第一次划分的基础上进行最后评审。评审中一般以剥削关系和土地占有情况两个基本条件为依据，先划出每种成分的标准户，然后再逐户对照评比，反复衡量，先由群众大会划定，再由乡农会进行审查，最后报区政府批准。在划定成分的同时进行人口调查和统计，为平分土地提供数字依据。当时全县农民为2.7万户，其中：地主、富农1 686户，占农户的6.3%；中农6 141户，占农户的22.7%；贫雇农19 170户，占农户的71%。

丈量勘查土地。在乡农会的直接领导下，普遍成立了有农会干部、贫雇农代表、文书、会计等人参加的土地评议委员会，对所有土地逐地逐块进行实地丈量，评定等级。一般按土地优劣定为上中下三等，也有划一至五等的。

分配土地和资财。在土地分配上采取打乱统分的做法，根据不同的阶级成分和土地等级，不分男女老幼一律平均分配。每人分的数量相同，但质量不一样。贫雇农分一、二等好地，中农分二、三等地，地主富农分四、五等地。土地分三等的乡，则按贫雇农、中农、地主富农分别分一、二、三等地。也有好坏地搭配分的，贫雇农好地多坏地少，地主富农坏地多好地少。在财务、牲口、车马等分配上也按照分地方法分配。

（五）复查纠偏，发放地照

克东县的土地改革运动取得了伟大胜利，但在斗争中，特别是在"砍挖"运动阶段也出现了一些偏差，特别是侵犯了中农利益，把不该斗的中农也给斗了，混淆了地富与中农的界限。还存在打人杀人过多的问题。据不完全统计，全县共枪决239人，打死234人，自杀121人，打后死亡98人，这其中也有少数人被误打误杀的。通过复查，对这些问题都根据党的政策规定和上级指示精神做了纠正。对侵犯中农利益或错划成分的都实事求是地进行了纠正，在经济上给予了相应的补偿。同时，对个别财宝没挖净的，又进一步发动群众挖净。对在"土改"后期反攻倒算的地主进行了严肃追查，对罪大恶极者进行了镇压。

经过一系列的工作，在土地已经查清、平分土地全部结束的基础上，1948年10月18日，根据黑龙江省政府《关于发放土地执照的指示》精神，向土地所有者发放了土地执照。全县发放地照27 466张，领照户20 445户。至此，克东县轰轰烈烈的土地改革运动胜利结束。

这次土地改革运动，在经济上、政治上彻底消灭了封建半封建的剥削制度，彻底砸碎了压在农民头上的枷锁，实现了耕者有其田；改变了生产关系，解放了生产力，广大农民焕发了前所未有的劳动热情和生产积极性，农村经济出现了空前的发展。土地改革运动的完成，对全县政治局势的安定，经济的长远发展产生了重大影响。

第三节　支援解放战争

一、参军支前

解放战争时期，克东县各阶层人民在克东县委、县政府的领导下，踊跃参军支前，广泛热烈地开展拥军优属工作，以实际行动保卫胜利成果，支援全国解放战争。

在组织和动员广大群众参军支前过程中，各级党组织和政府采取文艺演唱、出黑板报、召开忆苦思甜会和座谈会等多种形式，密切结合广大群众的切身利益，广泛深入地进行爱国保家的思想教育，大张旗鼓地宣传革命战争的大好形势和打倒蒋介石、解放全中国的光明前景，激发广大群众的爱国热情，把群众的眼光由本家本村本县引向解放全中国。同时打造一人参军全家光荣的舆论，对参军入伍的战士披红戴花，层层举行欢送会，给军人家属挂光荣灯、送光荣匾，使参军光荣的气氛遍布城乡。在提高广大群众思想觉悟的基础上，各级组织还认真注意培养典型，树立榜样，动员和组织干部、积极分子带头行动，从而使全县的参军支前工作不断向深广方面发展。广大翻身群众为了保卫胜利果实，保卫新生的人民政权，踊跃报名，争上前线，涌现了许许多多父送子、妻送郎、兄弟相争上战场的动人事迹。据统计，从1945年到1948年，全县参军的青壮年共达6 034人，占全县青壮年总人数的36%还多。他们当中许多人参加了解放四平和辽沈、平津等重大战役，不少战士还从东北一直转战到祖国南部边陲的海南岛，为打倒蒋家王朝、解放全中国立下了汗马功劳，部分战士为祖国的解放献出了宝贵的生命。

在参军支前的热潮中，除有一批又一批青壮年参军参战以外，县委、县政府还积极动员大批民工组成担架队参加战勤工作，支援解放战争。1947年至1948年，全县前后两次出动了400多人的担架队，由县负责同志带领，到四平、八面城、三江口、郑家屯、彰武等地担负运送伤员、给养和军用物资。他们冒着敌人的枪林弹雨，不顾个人安危。如在四平战役中，一次下来大批伤员，担架不够用，兵站临时动员一部分当地民工，因没有干部，委托克东县担架队小队长魏尊负责。在运送伤员途中遇到了敌机，当地民工把伤员放在大道上，自己跑到别处隐藏起来。这时敌机正在伤员上空盘旋，魏尊把生死置之度外，一个人抬着担架的一头，把伤员拖往沟里进行隐蔽。伤员感到危险，劝他说："我已经这样了，你不要管我啦，赶快走吧。"而魏尊坚定地说："没关系，有我就有你，愿怎么的就怎么的（指敌机）。"最后他终于将伤员隐蔽起来，脱离了危险，因而受到了领导机关的表彰。担架队员王荣，他一个人既抬担架又当小队管理员，放下担架还得搞伙食。运送伤员时，途中别人要互相换班，而他不论远近不用别人换，最远一次抬伤员走过70公里，为此立了特等功，受到了西满军区的嘉奖。

为慰劳子弟兵，鼓励他们在前线英勇杀敌，县委、县政府还多次动员和组织城乡广大群众晒干菜、做军鞋等，捐赠大批生活物品送到前线，以表达全县人民对子弟兵的关怀和慰问。1948年9月，根据上级通知要求，组织农民仅用5天时间，就收割乌拉草4万斤，并及时送到前线，保证了部队的急需。在10月份以前，又将8 000多斤干菜和一些慰问品送到军营。11月沈阳解放时，全县一次运去生猪143头、鸡600多只，以及鸡蛋、粉条、黄烟、毛巾、香皂等大批慰问品，还捐送慰问金400多万元。

二、拥军优属

在搞好支前的同时，克东县认真开展了拥军优属工作。当时拥军优属是全县各级党政组织的一项重要政治任务。除县党政军领导及时检查和指导拥军优属工作外，还经常组织民政、武装等有关部门深入基层，到军烈属和荣复军人的家里，进行走访慰问。通过各种形式给予军烈属以优待和照顾。

开展对军烈属和荣复军人慰问活动。特别是逢年过节，县区村各级领导干部，亲自带队，领着秧歌队，吹着唢呐，载歌载舞，到军烈属家拜年，赠送贺年片、对联、年画，挂光荣灯。有些区村还通过举办座谈会、慰问会等形式，热情招待军烈属。在会上总结优属工作，介绍前方打胜仗的大好形势，征求军属的意见，使拥军优属工作搞得有声有色。对立功军人的家庭及时送喜报，召开庆功会，给立功军人的家属披红挂彩，有的还给挂上光荣匾。

给予军烈属和荣复军人以物质优待。每逢年节，县区村各级组织及时送去猪肉、大米、白面、鸡、鱼等节日用品。对立功和生活比较困难的军烈属更是关怀备至。如1946年春节时，仅玉岗、润津、城关等5个区的不完全统计，优待军烈属大米8 222斤、白面1 047斤、猪肉3 251斤，还有鸡、鱼等近3 000斤。平时谁家生活遇到了困难，及时给予帮助，保证军烈属的生活不低于一般群众。

对军烈属的耕地给予代耕。从春种、夏锄一直到秋收，都由村里给包下来，一包到底。并且规定军烈属的地，优先耕种，优先铲趟，优先收获，把粮食、柴草及一切农副产品送到家。

解放战争时期，克东人民以高昂的革命斗志、无私奉献的精神，倾全县之力支援全国解放战争，做出了重要贡献和巨大牺牲，为解放战争的胜利建立了功勋。

第四节　发展党组织

1945年11月21日，正式组建了人民民主革命政权——克东县民主政府。同时，中共克东县工作委员会也秘密建立。

一、中共克东县工委（县委）的建立

黑龙江省工委任命黄茂同志为县工委书记，丁子勋（县长）、李涤心（公安局长）、刘鹏（县大队长）3名同志为县工委委员。由于当时的政治形势，没有对外公开。黄茂同志的公开身份是县大队政治委员，其余3人皆以行政职务的身份对外交往和开展工作。不久，又有陈毅（后改为陈为一）转来克东，为县工委委员，公开身份是克东县民主建国联合会（简称民建会）主任。以后结合各项革命斗争，秘密发展了部分党员。1946年8月15日，中共中央东北局西满分局决定，中共黑龙江省工委改为中共黑龙江省委员会。17日，黑龙江省委通知，将县工委一律改为县委，从此中共克东县工委正式改为中共克东县委员会，黄茂任县委书记，李瑞山任县委副书记。县委秘书处、组织部、宣传部等职能机构也陆续建立起来。随着党员的发展和增多,从1947年到1948年,全县7个区一级的党组织也相继成立,配备了区委书记(对外称指导员),部分区还配备了区委副书记和组织、宣传等党务工作干部。

二、秘密发展党员与公开建党

1945年末至1948年7月处于秘密建党阶段。一开始主要由县工委的几名领导同志通过在日常工作中个别观察了解和物色对象,进行有意识地教育培养和考验。基本成熟后,由工委同志介绍,县工委讨论批准,成熟一个发展一个。1945年12月,县工委直接发展的第一个共产党员叫杨春和(旧保安队副队长),当时他是县保安大队的副队长。此人会俄语,在我党接收伪政权时起了一些作用,对党比较靠近,表现较好。县工委考虑,当时发展他入党虽然尚不够十分成熟,但在当时那种特殊环境下,出于掌握和发展人民武装力量,保卫和巩固新生政权的需要,吸收进来有利,称他为"策略党员"。这样既便于进一步对他进行培养和考察,又有利于促进发挥他的积极性。后来事实证明,他入党后确实表现不错,后又被选送到省军区。1946年,在县政府、公安局、县大队以及民建会等处陆续发展了一批党员,他们当中大多数是共产党接收敌伪政权后新参加工作的青年人。随着党员的增多,在县政府、民建会、公安局、县大队等处建立了党支部。

农村的秘密建党工作是从1946年下半年,伴随着反奸清算、土地改革运动逐步进行的。在反奸清算、土地改革中发现和培养了一批贫雇农出身的积极分子,他们经受了斗争地主恶霸、推翻封建势力的阶级斗争的严峻考验。县工委本着"在斗争中发现、个别考察、秘密发展"的原则,到1948年7月公开建党前,共发展了77名农村党员，建立起6个党支部和零星的党小组。

1948年7月，中共黑龙江省委发出了《关于公开建党的指示》，并召开工作会议，确定建立政权，进行公开建党试点，加强组织建设等任务。根据省委会议精神，县委本着大胆的、公开的、积极的建党方针，于8月14日至24日召开了7个农村区的党与非党干部共130人参加的大会，进行为期10天的学习和训练。贯彻传达了省委关于公开建党的指示和省委工作会议精神，着重学习了党的基本知识，讨论研究了公开建党的准备工作，拟定了公开建党的行动计划，选配了44名建党的组织员。8月28日，由县委4名同志率领48人的工作队，到孝悌区（现昌盛乡）的翻身、团结、胜利、保安4个村进行公开建党的试点。中途因忙于秋收停止下来。这次试点由于准备工作不足，加之夹杂着划分阶级、补偿中农、确定房权等一些"土改"遗留问题，因此分散了精力，影响了试点工作质量，没有取得成功的经验。县委认真总结和吸取了这次试点失败的教训，经过周密安排，又组织县区委做党务工作的干部，在县委黄茂、贾章同志的带领下，于10月16日至11月1日，到克东区的6个村再次进行公开建党的试点。通过大小会议、走访漫谈等多种形式，广泛深入地进行了建党的目的、意义、党的基本知识和阶级斗争等方面的宣传教育工作，采取自愿报名、群众评议、党组织批准的方法，共发展了51名党员。其中雇农38名，占74.5%；贫农12名，占23.5%；中农1名，占2%。在51名党员中，有女党员7人占13.7%；担任村干部的24人，占47.1%。建立起6个党支部。通过这次试点，培养了一批建党骨干，取得了公开建党的经验，为在全县大面积进行建党创造了有利条件。

试点结束后，县委用4天时间进行了认真总结，分析了全县的形势，认为在全县农村进行公开建党的条件已经成熟。

县委研究决定用两个多月的时间开展发展党员工作。11月12日，县委组成17个建党工作组，分赴6个农村区，开展公开建党工作。12月12日全部结束时，共发展新党员354名，新建党支部35个。到1949年上半年，全县7个农村区134个行政村，共建立党支部97个，党小组18个，党员发展到1 044名。同时在县城建立起3个工厂党支部，1个街道党支部，党的基层组织初具规模。

经过秘密发展党员与公开建党，使全县党的组织逐渐发展壮大，成为全县人民进行革命斗争和经济建设的领导核心。

第五节　克东老区在解放战争时期的重要贡献

一、为支援解放战争做出了重要贡献和牺牲

克东人民在解放战争中，积极响应党和政府的号召，踊跃参军支前，谱写了一曲曲壮丽的凯歌。全县参军的子弟兵在战斗中英勇杀敌，不怕牺牲，涌现出许多战斗英雄，为解放全中国建立了不朽功勋。在解放军与敌人顽强作战的同时，全县广大人民群众组成了浩浩荡荡的支前大军，参加抢救伤员和运送军用物资等行动，并与解放军一起作战，杀敌立功。克东人民参军上战场和支援前线的壮举，为夺取解放战争的伟大胜利填写了浓重的一笔。

二、老区的革命斗争精神和光荣传统，永远激励人们奋进

回顾历史是为了昭示未来。老区人民永远铭记红色江山是无数革命先烈用鲜血和生命所换来的，永远铭记日本帝国主义的侵

略和欺辱给中国人民带来的深重灾难。

　　老区波澜壮阔的革命斗争史，给人们留下了一笔宝贵的精神财富。老区精神始终是凝聚人心、战胜困难、开拓前进的强大精神动力。我们要继承先烈的遗志，弘扬老区的光荣传统，把老区精神世代发扬下去，"不忘初心、牢记使命"，为实现中华民族伟大复兴的中国梦不懈奋斗。

第四章 新中国成立后至改革开放前克东老区经济社会的发展变化

　　新中国的建立，开辟了新纪元，中国人民从此站了起来。在中国共产党的领导下，克东老区人民发扬革命的光荣传统，坚持独立自主、自力更生、艰苦奋斗的革命精神，以前所未有的热情和干劲，进行了改天换地、气壮山河的社会主义建设，工农业生产迅速发展，商业贸易繁荣兴旺，社会事业不断进步，老区人民生活得到了明显改善。但由于受"大跃进""文化大革命"等"左"的思想影响，克东经济社会发展受到了很大挫折，老区人民仍然没有彻底摆脱贫困的状况。改革开放揭开了历史的新篇章，克东老区逐步走上健康快速的发展道路。

第一节　工业的恢复和发展

　　解放后，随着国民经济的恢复，克东县工业逐步建立和发展起来，并不断壮大，对克东经济的发展起到了支撑作用。

一、地方国营工业的创建与发展

1946年，在没收地主和官僚资本家私营工业的基础上，建立起制油、制酒、制米、制粉和木器加工等6个公营工厂。并由县政府投资与私人合办了7个小型副食品加工厂。但这些工厂都不是真正意义上的国营性质的企业，只是一个过渡时期的产物。新中国成立后，又先后建立了造纸厂、印刷厂和油米加工厂，使地方国营工业企业发展到6家，职工达200多人，年工业产值94.5万元，占工农业总产值的7.01%。这些企业是克东地方国营工业的雏形，为克东工业后来的发展奠定了基础。

"一五"时期，在过渡时期总路线的指引下，克东县地方国营工业发展迅速，1953年至1957年，县委、县政府加强了对企业设备的更新和技术改造。将铁工厂改造扩建为农具修造厂，将酱油厂扩建为食品厂；还新建了制砖厂、粉条厂；扩建了酒厂、铁工厂。基本上改变了地方国营工业原有的状况。同时，技术革新硕果累累，5年间仅试制成功的新产品就有数十种之多，如起土豆机、水车、包装纸、围枪、黏土瓦、新式农具零件、糖果机、家具等，使地方国营工业产品由原来的十几种增加到几十种，产品质量大幅度提高。

"二五"期间，受到"大跃进"的影响，克东工业有很大损失，但1961年调整后还是有所发展的。主要表现在：生产能力增强，产品质量有所提高。其中，克东腐乳年平均产量163吨，产品质量标准超过了省级水平。

二、手工业的发展壮大

新中国成立初期，克东县的手工业生产规模小、产量低、数量少。1950年至1952年，县政府从资金、原料和物资等方面给手工业以大力扶持，使全县手工业得到了较快的发展，形成了铁业、木业、皮革、编织、打棉、五金、薄铁、缝纫、麻纺、制盆、榨油和采石等33个手工业行业，各种手工业作坊发展到232户，从业人员达490多人。第一个五年计划开始后，手工业进入了新的转折和发展时期。全县广大个体手工业劳动者积极组织起来，走集体生产道路。1953年，首先在木工行业组织起第一个集体生产组织——木业生产合作社。1954年皮革业和薄铁业相继迈进了集体生产行列，入社职工达90多人。1955年又在编织、铁业、被服和缝纫等行业组建起4个手工业合作社，全县手工业合作社发展到7个，入社职工增加到150多人，年实现产值27万元，上缴利税3万元。1956年在全国合作化高潮的推动下，全县一举实现了手工业合作化。手工业合作社发展到14个，入社职工达到670人，较好地完成了手工业的社会主义改造。1957年，手工业企业产值占工业总产值的35%。手工业合作化的实现，为手工业生产的发展开辟了广阔道路。

"文化大革命"时期的克东工业是在治与乱的交替中曲折发展的。主要表现在企业管理混乱，技术水平落后，经济效益下降，尤其是1972年至1973年工业总产值下滑到"四五"时期的最低点，亏损严重。而1975年由于坚持了邓小平整顿和调整的方针，使克东工业生产得到了一定的回升。

第二节 农业稳步发展

解放后，经过土地改革，极大地激发了农民的生产热情和积极性，农业生产出现了一个又一个高潮。农业的发展为克东经济发展奠定了基础。

一、生产能力逐渐提高

1950年，全县广大农民响应毛主席"组织起来"的号召，开始组成互助组。通过实行换工互助，提高了生产效率，当年就完成了全县145万亩的生产任务。1952年，在互助合作的推动下，全县农村开展了群众性的爱国增产竞赛运动。当年全县粮食总产量达23 746万斤，创造了前所未有的高产记录。第一个五年计划实施后，农业生产进一步发展。1953年，全县农村由互助组发展到初级社。初级农业生产合作社的劳力、畜力、农具实行统一调配，促进了生产的发展。1955年秋收时，初级社比社外农民平均增产15%~20%，有47个社增产30%。根据党中央的指示精神，全县于1956年建立了高级农业合作社。由于依靠农业合作组织和广大农民群众的力量，大力推行各项增产措施和进行农田基本建设，增强了战胜各种自然灾害的能力，因而农业生产取得了前所未有的成果。1957年，在遭受特大自然灾害的情况下，还是完成了计划的66.7%。5年间新建了新生农场，扩建了第一、第二示范农场。同时，组织移民、农场职工和合作社社员开荒3 038垧，移民678户。在国家扶持下，5年间共发展水田933垧。

二、畜牧业逐渐壮大

1954年，为促进畜牧业的发展，县里为农业生产合作社培养了15名畜牧技术人员。1956年，全县普遍实行了"定额管理、计驹、评膘、超产奖励"的制度，部分农业社对社员私有牲畜还采取了"私有、私喂、私用"和"私有、公助、伙用"以及每头耕畜种植2亩地饲料，每头母猪留1亩饲料地的饲养办法，促进了畜牧业生产的发展。1957年，全县马（驴、骡）已达到21 417匹、牛7 358头、猪36 693头。

三、林业逐渐兴盛

新中国成立后，克东县加强了对林业生产的领导和管理，坚持"营林为基础，采育结合，造管并举"的林业生产方针。1950年至1952年每年造林1 500亩以上。1952年实行了全面的封山育林，开始采种、育苗、栽培等项工作，促进了林业的发展。"一五"期间，共造林1 681垧，为计划的109.6%，成活率达到71%。5年间还先后建立了爱华、发展、东兴3个国营林场，新建和扩建苗圃各一处。1959年至1961年，共造林81 229亩。"二五"期间，通过采取封山育林等措施，保护了森林资源的安全，使幼林得以生长成才。

"大跃进"和"文化大革命"时期，克东农业遭到了极大的破坏，农业生产增长缓慢。

第三节　商业日趋繁荣

解放后，克东县开始建立了国营商业。1946年县政府为活跃城乡物资交流，保证人民生活用品的供应，在没收敌伪资财的基础上，成立了克东县贸易管理局，开始建立地方国营商业。到1948年县城已先后有3个经营门市部和1个粮食转运站开张营业。当时虽然国营商业还处于萌芽状态，但它的出现改变了解放前私营商业独霸市场的局面。"一五"时期，1953年到1956年在大规模的经济建设中，克东县的国营商业进入了繁荣发展的新时期。为加强领导，县委、县政府分别成立了财贸部和商业科，在已有4个专业公司的基础上，又先后设立烟酒专卖公司、食品公司、花纱布公司、福利公司（后改为服务公司）和药材公司。截止到1956年，全县国营商业发展到7大专业公司，下设基层网点25处，国营商业已成为整个商业经济的主导力量。

1956年全县完成了对私营商业的社会主义改造，将私营商业和个体商贩分别引向了公私合营与合作的道路。"二五"时期商贸比较活跃，购买力增强。

"文化大革命"时期，商业贸易陷入了困境，商品供应紧张，经营管理不善，经济效益下降。

第四节　各项事业日益发展

建国后，随着工农业生产的发展，各项社会事业也逐渐进步，促进了人民生活质量的提高。但"文化大革命"时期，教育、文化、卫生等社会事业受到严重冲击和破坏，教训十分深刻。

一、文教、卫生、广播事业全面进步

（一）教育

解放后，县委按照"把教育转向与生产相结合的"指示精神，对发展小学、中学教育做了全面规划。截止到1949年新中国成立前夕，全县小学校由解放初期的28所增加到113所，教职员工由98人增加到140人，在校学生由1 495人增加到4 800人。新中国成立后，教育事业发展迅速。到1957年，全县初级小学达116所，229个班（民办24个班，企业3个班），在校生达12 447人。高级小学达22所，99个班（民办6个班），在校生达2 455人。1958年小学发展到145所，在校学生增加至25 529人。

新中国成立之前，克东县没有中学。高小毕业生升学基本上是到克山、北安等地的中学或师范学校就读。1950年5月，克东县成立了初级中学班，选配了3名教师，招收学生50名。1952年发展到3个年级，校名改为黑龙江省克东县初级中学。招收学生200名，共5个班，有教师12名。1954年发展到8个班，在校生达到660人。1957年，在金城、润津两个乡所在地各建1处民办耕读中学，计2个班，116名学生。1958年将县城的初级中学升格为完全中学，改名为克东县第一中学。全县公办和民办中学已达到17所。初、高中共有29个班，在校生达1 150人，教师增加至55人。

（二）文化

解放后，在"百花齐放、百家争鸣"方针的指引下，克东县的文化事业有了很大的发展。行政管理机构和文化团体逐步建立起来。1949年成立了克东县文化馆。馆内设大众俱乐部，放映电影；设播音站，播送纪录新闻；设图书室，有图书和报纸供阅览；办一处职工夜校、两处市民夜校。到1957年全县已建立了文化馆、电影院、书店等文化机构，成立了电影放映队3个，图书室38个，收音站7个。

解放初，克东县的业余剧团十分活跃。1947年至1950年，这些业余剧团结合"土改"、解放战争、大生产运动、抗美援朝等运动和宣传《婚姻法》等活动，先后演出了《白毛女》《为谁打天下》《土地还家》《黄继光》等剧目，对启发群众觉悟、参军参战、生产支前等起到了重要作用。1949年全县业余剧团有14个，1957年发展到120多个，农村俱乐部130多个，有业余演员820人。还有二人转、太平鼓、曲艺等艺人50多名。

"二五"期间，克东县文化事业发展很快。新建文化馆、文化宫各1处，新华书店2处，建立了1个专业剧团——克东评剧团，成立了2个电影放映队。在农村建立民办文化站134个、农村俱乐部432个、业余剧团137个、文艺创作委员会8个、创作分会

432个、创作小组203个。在全县形成了星罗棋布的文化网络。文艺演出和创作在"双百"方针的指引下，出现了繁荣景象。1958年克东评剧团先后演出了《秦香莲》《包龙图》《收租院》《夺印》《党的女儿》等140多个传统剧目和现代优秀剧目，丰富了人民群众的文化生活。但也有一些歌颂"大跃进"的诗歌，是浮夸风的产物。过度夸张，反过来又助长了"浮夸风"的漫延，给工农业生产和各项事业的发展带来了不良的影响。

（三）卫生

解放后，克东县大力发展卫生事业，逐步建立了城乡卫生医疗网络，缺医少药的现象有所改变，传染病和地方病得到控制。

医疗机构逐步建立健全。1945年"九三"光复后，在接管旧医院的基础上，成立了克东县县立医院。1951年改为克东县卫生院，设内科、外科、药房和处置室，有医护人员21名，病床25张。当时医疗水平很低，只能作疝气、阑尾炎、外伤缝合等小手术。1951年，根据国家卫生部《关于联合医疗机构实施办法》的指示精神，县委、县政府开始在全县部分乡镇兴办联合诊所。到"一五"时期，医疗机构发展迅速。成立了卫生防疫站、妇幼保健站，建立起中西医联合诊所14处，成立企业卫生所3处。在县卫生院增设了手术室和中医科，病床发展到35张。1953年，在县卫生院举办两期西医学习班，使医生初步掌握了西医理论和技术，基本上能用中、西医两种方法诊断和治疗常见病。到1957年，全县卫生技术人员发展到160人，其中医生109人，护理人员15人，检验药剂等技术人员36人。1958年，克东县宝泉公社首建公社卫生院。到1961年，全县农村11个公社卫生院全部建成。共有病床110张。1962年将县卫生院中医科与克东镇卫生院合并，成立了县中医院。1964年又新建了规模较大的县人民医院，设门诊部、住院处、院部等机构，增设了科室，增添了医疗设施，各医院的医疗水平也大大提高。

传染病和地方病得到控制。1950年10月，根据中央人民政府发布的《人人种牛痘的暂行办法》的规定，给在校学生和学龄前儿童接种牛痘疫苗达1.4万人份。1951年对全民进行牛痘接种，全县共接种10万多人份，占总人口的91.8%。1952年以后开展了伤寒、破伤风、霍乱、四联菌苗的接种，通过接种防疫，较好地控制了各种传染病的发生。早在1957年就将1956年建立的克东县地方病防治站改为卫生防疫站。1961年，又在全县12个公社卫生院设了防疫医生。在县保健院和各卫生所设防疫员，形成了县、社、大队三级卫生防疫网，有效地开展了疾病防治工作。1957年到1966年初，全县共接种牛痘10次，接种人数达12万人份；接种伤寒菌苗2.4万人份；接种麻疹疫苗2.2万人份；投服小儿麻痹糖丸3.8万人份，使各种传染病得到了有效控制。1958年县里成立防盲防沙工作委员会。1959年全县抽调45名医务人员，组成医疗队，深入到各公社实行包宣传、包治疗、包培训的三包救治措施，对患各种眼病的患者对症施治。经过手术治疗，有1 659名患者被治愈。到1960年全县沙眼发病率下降到25%。克东县是克山病流行高发区，县委、县政府对此十分重视。1951年至1954年，每年秋收结束后，县卫生科都举办防治克山病医师培训班，并在重点发病的玉岗、宝泉等区设立了克山病防治指挥所，在10个重点村建立了抢救站。还在县城设立2个机动抢救队。截止到1955年，抢救成功率达73.9%。"二五"期间，县委对地方病的防治更为重视。1958年，成立了中共克东县委防治地方病领导小组，公社党委也设专门领导机构，生产大队有防治医生，生产小队有防治员，各医疗单位都有急救药品。由于各卫生医疗防疫员采取了一系列预防措施，使全县克山病、地甲病、大骨节病的发病率大大减少。其中，1962年克山病发病人数为零。

妇幼保健工作成绩突出。解放前，广大妇女儿童的健康没有保障。新中国成立后，1950年8月，全国第一次卫生工作会议作出了"减少婴儿破伤风和产褥热，推广新法接生，改造旧式接生"的指示。根据这一精神，县委、县政府在宣传教育的同时，培训、改造旧产婆187名，使全县134个行政村都有新法接生员。1954年成立了克东县妇幼保健站，大力推广新法接生和无痛分娩法。到1955年，全县已有接生站109处，接生员228人，城镇新法接生率达95%，农村新法接生率达45%，城镇基本消灭了产褥热和初生儿破伤风。新生儿死亡率由敌伪时期的40%~50%，减少到5%左右。儿童保健从1950年开始，每年都给不同年龄的适龄儿童接种各种疫苗，以预防传染病的发生。"大跃进"中广大妇女走上生产第一线，县里开始注重妇女劳动保护。1959年，县委批转县妇联提出的"三调三不调"（经期调干不调湿、孕期调轻不调重、哺乳期调近不调远）的劳动保护措施，使妇女劳动保护制度化。同时注重妇科病的防治，从1960年开始普查普治，到1965年共治愈子宫脱垂99人。为解决妇女参加生产劳动的后顾之忧，县妇联帮助农村建立托儿所634处。县妇幼保健院负责培训保育员，帮助建立托儿保健制度，指导开展"三浴"（水浴、空气浴、日光浴）锻炼；推行一人一巾一盆一杯的洗浴和饮水等防病保健措施。由于妇幼保健工作成绩突出，1960年县保健院被评为省先进单位，并出席全国妇幼卫生工作会议，受到国务院表彰奖励。

爱国卫生运动成效显著。新中国成立后，县委、县政府积极改善群众的卫生条件。1950年至1953年，先后开展了四次爱国卫生运动。1950年6月，县里组织起机关、团体、学校、企事业单位的职工和医务工作者，开展了大搞环境卫生和个人卫生活动。1952年，为了粉碎美帝国主义的细菌战，根据黑龙江省《关于反对美帝细菌战宣传工作的紧急指示》精神，县委、县政府号召全县人民紧急行动起来，广泛深入地开展爱国卫生运动。在全面开展反细菌战和灭菌知识宣传教育的同时，全县掀起了全民性的卫生防疫高潮，有1万多人参加了捕鼠、灭虫活动。1953年，为响应毛主席"动员起来，讲究卫生，减少疾病，提高健康水平，粉碎敌人的细菌战争"的号召，全县开展了以"四净"（人、家、院、街）为内容的全民性爱国卫生运动。1955年，根据国务院提出的"除四害、讲卫生、移风易俗、改造国家"的号召，全县开展了以"五有"（家有厕所、鸡鸭有架、猪羊有圈、牛马有棚、院院有灰仓）、"三勤"（勤起、勤垫、勤扫）为内容的爱国卫生运动。"二五"期间，全县人民树立了讲卫生光荣、不讲卫生为耻的新风尚。在爱国卫生运动中，各级党政机关、人民团体和广大居民普遍订立了爱国卫生公约。为实现县委提出的"7网、50有、12化、20勤、27无"等彻底改观全县卫生面貌的措施，1958年，全县突击一个月，基本实现了"7网"。修建马棚2 817个、猪圈15 344个、鸡鸭鹅架27 240个，修建卫生水井976眼，有74%以上的户有痰盂、暖水瓶，有21 450户糊棚糊墙，有8个人民公社的95个耕作区实现了门窗油漆和玻璃化，有23 120户的食具有防蝇防尘设备、灶具加防尘袋。为扫除"四害"还组织了500多个突击队（组）。仅半年时间就捕杀老鼠5.2万多只，堵鼠洞9.3万多个，打麻雀65万余只，灭蝇挖蛹60公斤，疏通沟渠7.4万米，填平污水坑647个，试搞泥封堆肥15.3万立方米。家家户户基本达到了"窗明几净、四壁无尘、物见本色、铁器放光"的卫生标准。由于全县人民的不懈努力，使全县卫生面貌焕然一新。1959年10月16日，全省改善农村环境卫生现场会在克东召开。会上，克东镇人民公社致富耕作区作了关于除"四害""讲卫生"的情况介绍，宝泉人民公社向阳区作了关于改善卫生面貌的经验介绍，还有"十年如一日"的卫生模范家庭——名山公社石头井子屯李春芳家作了典型发言。1960年，克东县被黑龙江省人民政府授予卫生红旗县的光荣称号，并受到中央爱国卫生运动委员会的表彰。

（四）广播

新中国成立后，克东县广播事业不断发展。1949年在县文化馆设立收音站。1954年，收音站有1台50瓦扩大机，县城内设50只喇叭。1956年正式建立广播站，增设了1台125瓦的扩大机，并在全县电话杆上架设农村20个乡的广播线路150公里，在各乡所在地和50个较大的自然屯安装广播喇叭1 000个。

广播节目。1949年的收音站，只抄收纪录新闻，在俱乐部播放。1954年8月开始转播中央台和省台节目，还播诵一些广告和通知一类的节目。1956年开始搞自办节目，每天早、午、晚各播放一次，每次20分钟。节目内容有"克东新闻""天气预报"等。

"二五"时期，克东县的广播事业有了较大的发展。广播节目内容更加丰富，质量不断提高。1958年除转播中央台和省台节目外，自办节目内容逐渐增多，开始自办录音报道、配乐广播，还配合党的中心工作开辟了"评论"和"讲座"等专题节目。同年为了实现社社通广播，县里增加了对广播线路设施的投入，还动员社员筹集资金11万元，购置铁线950公斤、线杆650棵，新架设线路200公里，年内全县8个公社133个管理区和253个小队通了广播，入户喇叭2 300只。县广播站的电力输出功率发展到1 500瓦，并安装了柴油发电机组。

二、民政事业不断加强

县委、县政府历来对民政工作十分重视，解放初期就开展了各项有益于民生的工作。1945年，县里设立了民政科，主要负责政权建设、优抚救济、荣复军人的接收、社会福利和支前工作。新中国成立后，克东县民政工作不断加强，人民生活福利不断增加。

新《婚姻法》的贯彻实施。为改革旧的婚姻制度，中央人民政府于1950年5月1日颁布了《中华人民共和国婚姻法》。新《婚姻法》公布实施后，县委遵照中央和省委的指示，用一年多的时间，在全县进行了学习、宣传、贯彻，做了大量的思想工作和组织工作，使新《婚姻法》达到了家喻户晓，深入人心。通过《婚姻法》的宣传、贯彻，提高了广大群众的思想政治觉悟，增强了同封建婚姻制度进行斗争的信心和勇气。为保护自主婚姻，县委、县政府加强了婚姻登记和婚姻案件处理工作。同时，大力表彰奖励和睦家庭和为争取婚姻自由敢于向封建婚姻制度挑战的典型。对虐待妇女、干涉婚姻自由造成严重后果的案件，进行了严肃地处理。从《婚姻法》公布到1951年末，全县受理各种婚姻案件312起，其中经调解离婚的256起，解除包办婚约的36起。按照新《婚姻法》经过自由恋爱登记结婚的青年871对，从而有效地推进了妇女解放和社会家庭的变革。社会风气有了很大的转变，实现了婚姻自由男女平等，保护了妇女儿童的合法权益，提高了广大妇女的地位。

优抚和复转军人的安置。新中国成立前后，克东县对农村缺劳动力的烈军属和病残体弱的荣复转业军人的优抚方式，主要是"代耕地"。同时，按照政府规定，合理发给子女学费和抚恤金。对城镇优抚对象，本着"生产就业为主，物资补助为辅"的方针，对有一定劳动能力的组织他们参加力所能及的劳动或安排工作，并辅以必要的生活补助；对没有劳动能力的，由政府发给全部生活补助费和子女上学费。在复员转业退伍军人安置上，从1946年至1952年的6年间，克东县就安置了1 500多人。

社会救济和社会福利。解放后，克东县开展了多种形式的社会救济和社会福利工作，使困难户和鳏寡孤独人员得到了及时救济和妥善安置。农村的五保户的生活都由各区、村负责安排，保吃、保穿、保烧、保教、保葬，使他们的生活水准不低于当地群众生活水平。对因人口多劳力少或因疾病、自然灾害造成的贫困户，由民政部门发放救济款和村里予以及时救济。对城镇无生活来源的市民，由民政部门按月发给定期生活补贴。

三、交通、电力、邮电事业发展较快

（一）交通

克东县的交通运输业发展迅速，在1949年至1952年的经济恢复时期，因财力有限，只能对公路进行修护和改造。主要是对克东通往宝泉的干线土公路和通往农村的大道进行季节性的修护，解决了货运畅通的问题。为提高客货运输能力，1948年，县民政科组织个体运输户杜宪仁等人组成了马车运输行，承担县城到宝泉火车站的客货运输。有畜力车20多台，年货运量1.7万多吨。1949年，马车运输行增加了一辆汽车，专搞客运。1952年，县里成立了运输公司，运输路线有所增加，客货周转量大为提高。在桥梁建设上，新中国成立后，县委、县政府对桥梁建设进行了统一规划。1949年至1953年，在技术力量和物资缺乏的情况下，在克宝公路干线上改建与新建木桥13座，共计220米。其中，架设在乌裕尔河主河道上的建设桥为8孔47.85米。后又在其他干线上陆续架设了一些木桥。

"一五"时期新建克宝公路17公里，改建和恢复公路429公里，新建与改建桥梁48座，增加营运路线99公里，营运路线已达198公里。1957年公路货运周转量为1952年的279.95%，超过五年计划的34.48%。旅客周转量为1952年的282.74%，完成五年计划的93.34%。特别是克宝公路的建成，对沟通城乡、扩大物流、促进工农业生产的发展起到了很大的作用。

"二五"时期，公路干线里程增加，运输能力增强。1958年至1962年，重点修建了克东至拜泉干线（县城至乾丰公社）沙石路34公里，克拜线正式通车。并新修了润津经团结（现昌盛乡）到通北、玉岗经新农（现属玉岗镇）到北安、玉岗到赵光3条土面公路，全长76公里。1963年至1965年，修建克拜干线中乾丰至拜泉县界的沙石公路36公里、宝泉至北安县界沙石公路24公里。使全县县级公路全部实现了沙石化。同时，县城至各农村公社的公路也提高了路面标准。此间，大客车台次和客运人数逐年增加，货运量不断增加。1959年货运汽车增加到7辆，畜力车增加到637辆，年货运量增加到18.5万吨。桥梁建设也有新发展。随着机动车辆的增多和运输业的不断发展，木桥已越来越不适应需要。为此，从1957年开始改修石台木面的半永久性桥。到1962年，全县共架设桥梁18座，计49孔240米。1963年，开始在主干线公路上修筑永久性的石拱桥，从而结束了架修木桥的历史。

（二）电力

新中国成立后，克东县的电力事业逐步发展。修建变电塔两座，主变容量100千伏安，供电线路延长到49.34公里，除向所有机关和部分工厂供电外，居民照明用电南北延伸到二道街，东西延伸到三道街。到1956年，县城电力主变容量增加到150千伏安，绝大部分居民区都有了照明电。供电方面，在1957年大部分城镇居民都安上电灯的基础上，1958年开始向农村发展。1959年，由北安电业所管辖的克东营业所变为克东县电业所。同年，建造了第一个农村变电所——名山变电所。1960年，处于经济困难时期，但县里还是克服了重重困难，对电力进行了较大规模的增容改造，使全县主变量增加到1 310千伏安。

（三）邮电

新中国成立后，随着经济的发展，克东县的邮电事业发展较快。1949年邮路通往8个区政府所在地，总长度为110公里。1952年邮路长度延伸到400公里，其中自行车邮路40公里。1956年邮路总长度延伸到1 056公里，各乡政府设亦工亦农邮递员，供销社设信箱、邮票代销处，信件报刊送到各村和大的自然屯。1949年县城内安装电话交换机两部60门，用户电话3台，1952年增加到76台，大部分机关和企事业单位都有了电话。1957年，县城内电话交换机增加到3部210门，电话机增加到180台，线路总长度达96公里。在农村，1949年只有8个区政府通电话。1953年至1957年增设农村电话交换点3处，交换机4部80门，电话机28台，杆路长140公里，线路214公里。不仅各区政府都通了电话，各区的部分下属单位也安装了电话。长途电话，解放后只通往克山、北安等地，1957年长途电话线路增加到5条。

"二五"期间，邮电事业也发展很快。1960年邮路总长度达1 270公里，其中自行车邮路1 208公里，县局有5台自行车投递信件。同年，金南（现属蒲峪路镇）、东升（现属润津乡）、爱国（现属昌盛乡）、新农（现属玉岗镇）等公社和建业农场设立了邮电所，开通了自行车邮路。农村电话比"一五"期间有所拓展。1958年各公社和农林牧场设交换点13处，交换机18部，安装电话305台，全县从公社到各大队都通了电话。

第五节　抗美援朝和保家卫国运动

1950年6月25日，朝鲜内战爆发。9月中旬，美帝国主义公然向朝鲜发动了侵略战争，并把战火烧到鸭绿江和图们江边。面对帝国主义侵略和威胁，为援助朝鲜反侵略战争，维护祖国的安全，中共中央做出了"抗美援朝，保家卫国"的决策。克东县委、县政府迅速发动广大人民群众，积极响应党中央号召，掀起了轰轰烈烈的抗美援朝、保家卫国运动。

一、开展抗美援朝、保家卫国宣传活动

为使全县人民了解美帝国主义入侵朝鲜的真相，认清其侵略本质，在全县开展了声势浩大的宣传活动。县里成立了抗美援朝分会，区、村分别成立了抗美援朝支会和抗美援朝小组。并召开了全县宣传动员大会，县委书记作动员报告，阐述了国内外形势和抗美援朝的重大意义，号召全县人民积极行动起来，全力支持抗美援朝。同时组织宣传队伍，选拔57名县、科级干部为报告员，挑选1 116名党团员、工会会员和基层干部为宣传鼓动员，分别进行短期培训后，组成强有力的宣传队伍，深入到农村、工厂、学校、基层单位、街道，通过作报告、广播讲话、开诉苦会、开座谈会、开讨论会等形式进行宣传。全县共作宣讲报告130多场次，听众达2.1万人次。在宣传中，认真宣讲党中央领导有关讲话和省委下发的宣传提纲，讲抗美援朝的重大意义、中朝两国悠久的兄弟友谊和唇齿相依、唇亡齿寒的道理，揭露美帝侵朝的狼子野心和外强中干的纸老虎本质，使广大群众进一步树立爱国主义和国际主义精神，坚定了抗美援朝、保家卫国的必胜信心。还通过标语、宣传画和图片展览、黑板报、墙报等形式进行宣传教育，在全县发行有关抗美援朝宣传教育的图书4.9万余册。在城乡组织文艺团体和文艺宣传队，编排有关抗美援朝的文艺节目，在城乡剧场、街头巷尾、学校、场院进行演出，开展生动形象的宣传教育。通过各种形式的宣传教育，使全县人民受到了深刻的爱国主义和国际主义教育，认清了美帝国主义的反动本质，

大大激发了人民群众抗美援朝保家卫国的政治热情。广大青年纷纷要求参军支前。

二、踊跃参军支援前线

在全县人民都积极行动起来为抗美援朝贡献力量的同时，广大青年纷纷要求参加中国人民志愿军和担架队赴朝参战。克东县委、县政府于1950年11月成立了新兵动员委员会，各区成立了相应的征兵机构。在征兵过程中，县委提出"反对美帝国主义侵略、保卫世界和平、爱国保家、踊跃参军"等口号。在县、区动员的基础上，11月20日开始报名，仅8天时间就有2 728人报名参军。经政审、体检、挑选，最后批准442人参加中国人民志愿军，奔赴朝鲜战场。

克东县还派出运输队、医务人员和后勤人员赴朝参战。并组织了120人的担架队，被编入黑龙江省第七担架大队第四中队，赴朝进行战地救护。1952年10月，修"八五三"飞机场，克东县出民工20多人。在征兵和组织运输队、担架队的过程中，有的一家兄弟二人同时入伍，有的儿子当兵父亲参加担架队，有的结婚第二天就参军入伍。当时"父送子、妻送郎、抗美帝、上战场"的动人场面到处可见。克东县赴朝的志愿军战士和战勤人员不畏艰苦，不怕牺牲，英勇奋战，为抗美援朝的伟大胜利做出了重要贡献，立下了赫赫战功，其中有84人壮烈牺牲在朝鲜战场上。出现了许多可歌可泣的英雄壮举，如克东县退休干部付德志，1947年参军并在火线上入党，1950年赴朝作战，任某部一营的卫生员。在著名的松骨峰阻击战中，他在负伤的情况下连续救护伤员30多名，荣立一等功。20天后他又带伤参加了江南战役，在阵地上冒着敌人的枪林弹雨，连续救助包扎伤员110人，直到左腿和右脚被炸成重伤。战斗结束后，部队再次为他记了大功。中朝两国人民永远不会忘记英雄的不朽功绩。

三、掀起声讨美帝的高潮

1951年春，中国人民抗美援朝总会发出通知，号召全国人民积极响应世界和平理事会关于五大国缔结和平条约宣言的签名和反对美帝武装日本的投票活动。县委发出号召，县人代会作出决议，要求在全县城乡掀起签名和投票的活动。在县抗美援朝分会的组织下，组成了52名报告员和538人的宣传队，深入城乡进行宣传动员。县文化馆举办了漫画展览会，展出图片漫画142幅。县里还组织收听了省抗美援朝分会召开的声讨美帝的广播大会。据统计，全县参加和平签名和投票的有6.5万人，占全县人口的60%以上。还在"五一"国际劳动节举行了声势浩大的抗美援朝、反对武装日本、保卫世界和平的示威游行，参加示威游行的达7万多人，占全县人口的70%，充分显示了全县人民反美爱国的决心和力量。

四、订立爱国公约和开展捐献活动

1951年6月，中国人民抗美援朝总会发出了"订立爱国公约、捐献飞机大炮、做好优抚工作"的三大号召，黑龙江省委也发出了《关于推行爱国主义公约运动》和《广泛宣传、普遍修订爱国主义公约运动》的要求。克东县人民热烈响应这一号召。1951年9月22日，克东县召开第三次人民代表大会并作出决议，指出爱国公约是每个部门、每个单位、每个村屯、每个家庭抗美爱国的具体行动，也是推动各项工作的有效形式，要求全县各行各业都要订立爱国公约。县抗美援朝分会迅速组织城乡各地广泛进行了宣传教育和组织发动工作，迅速形成了各行各业、家家户户主动自觉地订立爱国公约的群众运动。在爱国公约中，既有抗美援朝的政治内容，也有搞好工作和生产的实际内容。例如县城私人工商业订立的爱国公约中提出：认真执行党和政府的各项决议，响应上级的一切号召，积极参加社会活动，遵纪守法，保证不偷税不漏税不欠税，切实执行劳资合同，为抗美援朝多做贡献。爱国公约的订立，进一步提高了全县人民的思想觉悟，增强了爱国热情，激发了搞好生产、支援前线的积极性。各行业纷纷开展爱国增产竞赛，千方百计地增加农副业收入和提高工业产品产量，尽一切可能减少损失浪费。

在订立爱国公约的同时，克东县抗美援朝分会根据全国抗美援朝总会的号召，动员全县人民开展捐献飞机大炮活动。全县从6月10日开始了捐献活动，广大干部职工和农民都努力生产，厉行节约，加班加点，起早贪黑地进行生产和工作，力争为抗美援朝多做贡献。在工厂，县印刷厂工人定出捐献计划，除了增加工作时间减少废品外，还用业余时间找活做，把收入的5万元（东北币）捐给了国家。在农村，广大农民除搞好生产多打粮食外，还积极从事副业生产增加收入作捐献款。在学校，学生（包括校外儿童）也都捡废品、打柴火卖钱捐款。经过全县人民的共同努力，到1951年末，全县共捐款14.4亿元（东北币）。用这些捐款给志愿军购买战斗机一架。此外还捐送了大量的生猪、粉条、干菜、炒面等物资，有力地支援了抗美援朝前线。

五、挫败美帝发动的细菌战

1952年1月，美帝国主义不顾国际公法和世界人民的正义谴责，公然在朝鲜战场上使用细菌武器，并在我国东北地区投下大量带有各种病菌的毒虫和物品，如老鼠、蚊蝇、跳蚤和手绢、铅笔、小刀等。3月初，在克东县二克山东道桥的草甸子上、润津区的部分村屯了发现蜘蛛、黑苍蝇、蜻蜓、棉花球等毒物，经检验皆为美帝细菌战所为。为粉碎美帝用细菌毒害中国人民的阴谋，克东县根据上级有关部门的紧急指示成立了防疫委员会，各区、村、街道也都成立了防疫组织、防疫队和扑灭队，并培训卫生防疫员，准备了药品和防疫工具。对发现毒虫、毒物和可疑物的地方进行严格消毒，对带菌物品进行火烧深埋处理。同时在全县开展广泛宣传，使人人都明白美帝发动细菌战的罪恶。各学校的课程都加上了反对细菌战的教学内容。全民开展爱国卫生运动，纷纷清理街道、打扫房屋、捕鼠灭蚤。全县共捕鼠22万余只、灭蝇3 359斤，填平了积水坑，疏通了沟渠，清理了垃圾粪便。并于5月16日开始，在县城开展了"爱国卫生防疫运动月"活动，共有2.2万人注射了鼠疫活菌疫苗、8 338人接种了牛痘、6 772人注射了五联疫苗。经过一年多的反细菌战，彻底粉碎了美帝国主义妄图用病菌来毒害中国人民、破坏和平的阴谋，有力地支援了抗美援朝，保证了祖国经济建设的顺利进行。

六、大力开展拥军优属工作

抗美援朝期间，克东县委、县政府带领各级党政组织和人民群众开展了轰轰烈烈的拥军优属活动。全县各界群众纷纷给志愿军写慰问信、寄贺年片，表达敬仰之情，鼓励他们杀敌立功。为了让子弟兵安心作战，英勇杀敌，各级党组织和人民政府根据《黑龙江省关于深入开展优抚工作实施办法》的规定，认真开展拥军优属工作，妥善安置军烈属、民工和战勤人员家属的生产和生活，各级领导经常走访慰问，及时为他们排忧解难，保证军烈属的生活不低于群众的水平。对7个农村区中的2 470户志愿军家属、随军民工、战勤人员及烈属的6.5万亩耕地实行代耕。对代耕的土地，做到先种先铲先收获，精耕细作，秋收时把农副产品送到军烈属家，受到了军烈属的欢迎。对城镇的优抚工作贯彻了以生产就业为主、物资补助为辅的方针，给镇内135户军烈属中没有工作的68人安排了工作；帮助有一定劳动能力的军属搞起了小型建筑队；到郊区参加力所能及的农业生产劳动，使军烈属的生活得到了保障。每逢年节，各级党组织都到军烈属家走访慰问，特别是元旦、春节，县委、县政府都给军烈属发慰问信，县领导带领秧歌队挨门逐户给军烈属拜年，送贺年卡、年画、对联等。为烈属和立功人员的家属送光荣灯、挂光荣匾，还送去白面、猪肉等年节生活物资。军烈属、支前人员家属有特殊困难的，各级政府都千方百计地帮助解决。召开军烈属座谈会，谈形势讲前线胜利消息，征求意见以改进优抚工作，进而大大激发了全县人民的爱国主义和国际主义热情。由于拥军优属工作做得好，军烈属的生活有了保障，家家欢喜，户户满意；前方战士无后顾之忧，人人奋勇杀敌，个个争先立功。

抗美援朝的伟大胜利，是中国人民在中国共产党的领导下书写的抗击帝国主义侵略、保卫世界和平的不朽历史篇章。克东县的广大人民和全国人民一样，在抗美援朝、保家卫国的过程中，在财力、物力、人力上都做出了突出的贡献，无论是后方的支前拥军，还是战场上的流血牺牲，都涌现出了许许多多可爱可敬的英雄人物，谱写了一曲曲可歌可泣的英雄赞歌，历史不会忘记。

第六节　人民生活的改善

新中国的成立，使劳动人民从根本上改变了受压迫受剥削的境地。随着国民经济的恢复发展，生产力水平不断提高，城乡人民收入逐年增加，生活不断改善。

城镇职工工资逐步提高。新中国成立初期，干部实行供给制，后改为工薪分制。1956年实行工资改革，由工薪分制改为工资制，职工人均月工资为40.3元，人均年工资484.1元。1957年职工平均工资比1952年增长26.3%。

农民收入不断增加。随着城乡经济的发展，农民生活水平逐年提高，温饱问题得到了基本解决。

穿衣、饮食、居住状况有了很大改变。人民大众的衣着面料也从过去的粗布、土布、更生布，向纯棉布、机织布料方向发展；色泽也呈现出了多样化，款式也由手工缝制的便服，向机器缝纫的制服转变。吃的也丰富多了，除玉米、高粱、小米外，每年都可吃上一定数量的面食。食用油每月都能按计划得到供应。农忙时节，农村男女劳动力的口粮都能得到充分的保证。城镇住房开始有了公房，农村的马架、厢房也逐渐变成了正房，居住条件有了一定的改善。

"二五"期间，随着"大跃进"的深入，经济发展受阻，人民生活水平开始下降。直到渡过了三年困难时期，经济形势发生好转，人们生活逐渐好起来，购买力不断上升。1961年克东县农民平均每户收入247元，平均每人收入58元，劳动日值0.92元，平均每人口粮224斤。到1965年平均每户收入422元，平均每人收入92元，劳动日值1.41元，平均每人口粮499斤。职工工资，1959年职工年均工资470.7元，职工月均工资39.2元。1963年40%职工调资，职工年均工资563.5元，职工月均工资47.7元。

"文革"期间，由于经济发展缓慢，人民生活水平提高的幅度甚微或下降。

第五章 伟大历史转折揭开了克东老区发展的新篇章

党的十一届三中全会，揭开了新的历史篇章，以经济建设为中心，坚持改革开放成为时代发展的主题，克东迎来了发展的春天。在党中央的指引下，克东人民在县委、县政府的带领下，以改革为动力，冲破一道道难关，一步一个脚印，推动克东经济社会登上一个又一个新台阶。改革给克东带来了翻天覆地的发展变化，社会生活呈现出崭新的面貌。人们的物质生活丰厚，精神生活充实，幸福指数提升，获得感不断增强，也使克东走上了强县之路、富裕之路、小康之路，经济社会开启了新的时代。

第一节 工业改革与发展实现历史性突破

改革开放后，克东工业的发展一直是在改革的引领下扎实推进的。经过扩大企业自主权、实行经济承包责任制等一系列改革，激发了企业的活力，转换了经营机制，经济效益不断攀升。随着社会主义市场经济的建立，企业竞争愈加激烈，工业发展面临严峻挑战。克东县迎难而上，对企业实施了改组、改制、破产、重组等产权制度改革，企业重现了生机。特别是县委、县政府紧紧抓住弱县脱困、东北老工业基地振兴的机遇，把招商引资和项目建设作为壮大克东经济的重要突破口和长远发展保障，培育发展了一批优势产业，扶持壮大了一批骨干企业，摸索出了一套适合县域工业发展的路径，使克东工业企业走上了稳步快速发展的轨道，起到了领跑克东经济腾飞的火车头作用。

一、工业企业改革迈出新步伐

党的十一届三中全会以后，根据中央"调整、改革、整顿、提高"的方针，克东县对工业企业进行了一系列改革，调动了企业的积极性，转换了企业的经营机制，使企业增强了活力，促进了克东工业经济的快速发展。

（一）扩大企业自主权

1978年7月，国务院颁发了《关于扩大国营企业经营管理自主权的若干规定》和《关于国营企业实行利润留成的规定》等5个文件。克东县人民政府按照国务院关于改革管理体制文件精神的要求，制定了《关于扩大国营工业企业自主权方案》，开始进行扩大工业企业经营自主权、实行政企职责分开试点，拉开了克东县工业改革的序幕。本着"三个有利于"（有利于发展生产、有利于提高劳动生产率、有利于四化建设）的原则，达到"三增加"（国家收入、企业收入、个人收入）、"三提高"（生产能力、技术水平、管理水平）的标准。1979年根据国务院、省委关于扩大企业自主权的指示，参照外地经验，克东县对国营工业企业扩大自主权做出了12个方面的规定：即"利润提留权，利用自筹资金扩大再生产权，生产计划权，物资使用权，调剂权，产品销售权，外贸利润分成与外商洽谈贸易权，贯彻按劳分配、灵活使用奖金权，实行职务津贴、奖惩权，机构设置和干部任免权，对主管科实行奖惩办法，减轻额外负担"。按此规定，县工业系统的食品厂、交通系统的运输公司等企业进行了企业扩权试点。在试点取得成功的基础上，又对工业企业进行了简政放权，从而给企业多方面松了绑。经过扩权改革，克东县的工业在十分薄弱的情况下，逐渐发展壮大。到1979年末，工业企业发展到69户，从业人员5 978人，固定资产380万元，完成工业总产值2 708万元。

（二）实行经济责任制

根据1981年11月国务院批转的《关于工业经济责任制若干问题的意见》和《关于工业经济责任制若干问题的暂行规定》两个文件精神，1982年，克东县工业企业普遍实行了以利润包干为主要内容的经济责任制。主要抓了两个环节：一是正确处理国家与企业的利益分配关系，解决企业吃国家"大锅饭"的问题，使企业的经济利益同经营成果挂钩；二是正确处理企业和职工的利益分配关系，解决职工吃企业"大锅饭"的问题，把职工的经济利益同其劳动贡献挂钩。通过扩大企业自主权和实行经济责任制，企业发生了显著的变化，改革初见成效，企业有了生产和销售自主权，企业建立和健全了经济责任制，企业有了初步的自主发展条件，企业初步实行了自主管理。

（三）实行利改税和企业内部改革

1983年4月和1984年9月国务院先后批转财政部《关于国营企业利改税试行办法》和《关于在国营企业推行利改税第二步改革的报告》，根据文件精神，克东县工业企业进行了两步利改税改革。利改税调动了企业的积极性，增强了企业的活力，提高了企业的效益。随着利改税的完成，1984年5月，国务院颁发了《关于进一步扩大国营工业企业自主权的暂行规定》（即《扩权十条》）。为了贯彻《扩权十条》，深化企业内部改革，克东县对企业实行四项配套改革。即改革企业领导制度，改革企业人事制度，改革企业劳动制度，改革企业分配制度。经过一系列改革，"五五"到"六五"时期，克东工业有了很大发展，许多方面都发生了质的变化。主要表现在：自我发展能力增强，增长速度逐渐加快。技术改造成效显著，创新步伐大大加快。产品质量不断提升，经济效益逐年提高。

在改革的推动下，"五五"至"六五"期间，克东县不仅国营工业企业稳步发展，而且集体工业企业不断壮大，再加上乡镇工业企业的蓬勃兴起，到1985年，克东县共有各种工业企业109户，其中国营工业企业34户，集体工业企业75户（其中乡镇工业企业32户）。个体手工业企业也得到发展。初步形成了以国营工业为主体的，拥有轻工、食品、化工、机械、建材、缝纫等遍布城乡的工业体系。在改革的推动下，克东县工业产值持续增长。1985年完成工业总产值4 491万元，比1975年增加1.4倍，占工农业总产值的20%，其中国营工业产值为3 061万元，占工业总产值的68%，集体工业产值1 430万元，占工业总产值的32%；年上缴税金255.7万元，实现利润63万元，实现销售收入2 844.6万元。"六五"期间，工业总产值平均每年递增9.3%。

二、工业企业改革实现新突破

"七五""八五"时期，克东工业在改革大潮的推动下，已经从"六五"时期的体制改革的试行阶段向纵深发展，特别是党的十四大提出建立社会主义市场经济体制后，克东县工业的改革进入了大转型、大变革、大发展的新时期，形成了调结构、增规模、上项目、转体制的崭新格局。

（一）完善企业经营机制，实行承包经营责任制

1987年，根据中央、省、市有关全面推行企业承包经营责任制的安排和部署，县委、县政府于1988年1月出台了《克东县全

民、集体企业承包租赁经营暂行办法》。从此克东县工业企业以承包经营责任制为重点的改革发展到了新的阶段。

1.政企分开，全面推行经营承包责任制

依照中央、省、市有关政企分开的原则，县政府将各项微观管理权力下放给了企业，扩大了企业的自主权。在"六五"期间试行经济责任制和深化内部改革的基础上，县政府同各工业局、各局所属企业，分别签订了利润包干、减亏分成、自负盈亏、投入产出总承包等不同类型的经济承包合同，并全部实行厂长负责制，确立了厂长在企业中的法人地位。到1988年底，在全县全民所有制企业174户中，承包租赁165户，占94.8%；集体所有制企业173户中，承包租赁151户，占87.3%；

2.转换企业经营机制，深化企业内部配套改革

在完善贯彻工业企业《扩权十条》所实行的四项改革的基础上，"七五"期间，克东县工业企业又进行了一系列配套改革。一是改革领导体制。企业承包实行厂长负责制，其法人代表的产生分别实行了选举制和招聘制等形式。同时理顺了党政工三者关系。企业党组织转变了职能，集中力量抓组织建设和思想建设，充分发挥保证和监督作用。全面落实了职工代表大会在审议企业重大决策、评议监督行政领导、维护职工合法权益等方面的权力义务。二是改革了干部制度。打破了企业领导干部的终身制和"铁交椅"，谁中标谁就是厂长。企业原领导没有中标的，就地消化，解决了企业领导干部"官员化"的问题。三是改革内部机构设置。大幅度精简非生产人员，充实了生产第一线，缩减了内设机构，解决了非生产人员过多、人浮于事的问题。四是改革了分配制度。实行工效挂钩。按照县委、县政府制定的《克东县企业兑现合同奖惩办法》要求，在分配形式上，取消了静态工资，实行动态工资，采取记件工资、定额工资、浮动工资等多种计酬

方法。调动了企业职工的积极性。五是改革了劳动人事制度。对企业内部的中层干部普遍实行了聘任制，打破了干部和工人的界限，实行了平等竞争。对企业实行全员合同制，打破了工人与干部、固定工与合同工的界限。对企业生产实行优化组合，择优上岗。对企业富余人员，通过成立厂内劳动服务公司或创办第三产业进行安置。六是改革了管理方法与经营方式。各工厂普遍建立了企业管理体系，加强了车间、班组建设，建立了劳动保险制度，完善了企业内部运行机制。

承包租赁和实行企业内部改革，使企业不再受政府和主管部门的束缚，放开了手脚，按照企业经营的自身规律，自我发展，增强了企业的生机和活力，企业效益明显提高。承包前由于吃"大锅饭"所造成的企业亏损局面得到有效改善。从1988年开始承包到1989年末，仅一年的时间，全县独立核算工业企业就实现产值9 311万元，比1988年的7 126万元，提高30.6%。县食品厂是全县第一家实行租赁的试点企业，1988年实行租赁后，在企业内部实行了配套改革，并建立了"厂内银行"，杜绝了多年"吃、拿、送、损"的顽症，一年就扭转过去连续多年亏损的局面，当年完成产值210万元，实现利润13.1万元，开创了建厂以来最好的纪录。由于克东县工业企业改革力度大，特别是小型企业租赁走在全市的最前列，受到时任市委书记邵奇惠同志的高度评价，并派记者到克东采访，在《齐齐哈尔日报》上刊载了克东的经验和做法，对推动全市小型企业租赁经营起到了积极作用。在第一轮承包取得经验和成果的基础上，克东县工业企业以《企业法》和《承包条例》为依据，进一步完善了承包内容和形式，于1990年开始了第二轮承包。到1990年末，全县112户独立核算工业企业，全部实现了承包经营。创造工业总产值10 057万元，是1988年的1.41倍，实现销售收入5 158.1万元。出现了制砖厂、乳品厂、烟花厂等利税百万元的企业。

（二）打破所有制界限，改组改制

1993年，党的十四届三中全会正式作出了《中共中央关于建立社会主义市场经济体制若干问题的决定》，提出国有企业改革的目标是建立适应社会化大生产要求，产权清晰、权责明确、政企分开、管理科学的现代企业制度，以促使将企业建成自主经营、自负盈亏、自我发展、自我约束的法人实体和市场竞争主体。按照这一要求，县政府制定了《克东县公有企业深化产权制度改革实施方案》。围绕建立同社会主义市场相适应的现代企业制度这一任务，对全县工业企业实行了一系列改革。一是实行股份制。对产品有市场，经济效益好，发展有潜力的印刷厂、制药厂、酱菜厂、氧气厂、医药药材公司、木器厂、烟化厂7户企业实行了股份制经营。二是实行股份合作制。即把企业产权折股出售给内部职工，把企业改造成为股份合作制。按照"资产折股、全员认股、有偿转让、分年偿还"的原则，把五金厂、电工机械厂、电线厂3户企业的产权在资产重新评估的基础上折股出售给内部职工。企业出售的产权由职工拥有，实行风险共担、利益同享的股份制经营。三是拍卖出售企业。对生产原料无来源，产品无市场，经营不景气，连年亏损，历史包袱沉重的乳品厂、甜叶菊糖厂、薄铁厂3户企业进行产权整体或部分出售。四是实行租赁经营。根据企业的不同情况，采取切块租赁和连包滚租赁两种形式。切块租赁是把固定资产切成若干块，以租赁形式租给多个承租者，收取租金用来支付债务和退休人员工资等。连包滚租赁是对债务较大，产品无销路的企业全部资产和债权、债务以及全部职工一并滚租给承租者。五是实行剥离经营。对产品还有销路，但经营不景气，整体改造有困难的啤酒厂、毛毡厂2户企业中竞争能力较强的车间进行剥离经营，使分离出来的单位得以生存和发展。六是推行"一企多制"。对腐乳厂、农机修造厂、火山灰矿、水泥厂等企业实行了一企多制经营。即对企业的各分厂、车间，分别实行了不同的所有制形式，不同的经营方式，不同的管理体制，共同承担企业的经营风险。七是实行企业破产。对长期亏损，资不抵债，回生无望的造纸厂、亚麻厂实行了破产。1994年至1995年，根据《克东县国有企业破产重组实施方案》精神，本着"三个有利于"的原则，围绕"卸包袱、活存量、转机制、促发展"的企业改革总体思路，对资产较多，负债较高，潜力较大的食品厂、腐乳厂、烟花厂、水泥厂、电线厂、木器厂、化工厂、造纸厂等企业实行了破产重组。组建了克东县腐乳集团、克东县永兴水泥股份有限公司、克东人和春腐乳有限责任公司、克东县大地烟花集团、克东县华鹤木业有限责任公司5个企业集团和股份公司。通过破产重组，卸掉了企业沉重的包袱，使企业有了生机和活力。此后，以股份制、股份合作制和私有民营等主要形式的企业改制在克东县开始全面推进。

（三）转变生产经营体制，深化产权制度改革

"九五"时期，克东县工业企业由于不断地改组、改制，创新了机制，生产形势发生了显著变化，初步形成了食品、建材、轻工、化工四大产业支柱。经济效益大幅提高，经济综合指标自1996年至1998年连续三年名列齐齐哈尔市所属9个县的第一名。

1.实行兼并重组

1997年，县政府对多家企业进行了兼并重组。腐乳厂兼并了装潢厂，组建了齐齐哈尔克东腐乳集团；烟花厂兼并了国有企业星光化工厂和造纸厂，组建了齐齐哈尔大地烟花集团；华丰商场兼并了服装厂和制钉厂等。通过兼并重组，企业得到了改造升级，技术实力和经济实力大大加强。

2.支持企业向外埠大企业集团靠拢

县委、县政府扶持木器厂加入齐齐哈尔市华鹤木业集团后，经过技术改造，产品提高了质量上了档次。产品品种由原来的40多种增加到100多种。生产的高档实木家具畅销国内和香港等地区，并出口马来西亚、日本等国家。1997年1—11月份实现销售收入800万元，利税80万元。岩棉厂破产后，加入了黑龙江黑化集团，上马了复合肥生产线，企业重获生机，1997年产量达5 000吨，上缴税金113万元，实现利润100万元。

3.实施剥离转让

1996年至1997年，县里对整体资产差，但部分资产可以优化的企业实施了剥离、转让。铸工机械厂、一工业公司等企业将场地转让给了邮电局、检察院、国资局，活化资本55万元。1998年装潢厂利用场地转让资金280万元，用于企业重组和扩大再生产。浸油厂、造纸厂进行了剥离分立，剥离资产708万元，解决了债务问题。

4.将停产企业整体出租给个人经营

为了让停产企业再度运作起来，县工业部门采取将停产企业整体出租给个人经营的措施，使一些企业起死回生。将工牧乳品厂租赁给河南安阳个人经营；将第二制砖厂租赁给齐市个人经营；将啤酒厂租赁给北安啤酒厂经营，后又租赁给阿城玉泉酒厂经营；将甜叶菊糖厂的场地和厂房租赁给个人开办工厂。通过租赁经营，使停产多年，无力启动生产的企业重新启动起来，共搞活资产619万元，引进资金500多万元，安置就业270人，每年新增产值1 800多万元，利税150万元。

5.实行经营者集团控股和国有民营、私有民营

为了加快企业产权制度改革的步伐，使全县工业企业中的国有、集体股本尽快退出生产经营领域，实行企业私有民营。1998

年至2000年，县委、县政府对食品厂、腐乳厂等9户企业实施了股份制和股份合作制改造。对效益较好的国有企业实行资产投股、法人参股、增量配股、经营者集团控股等股份制改造，配股到人，共募集个人股金253万元。对集体企业划股到人，使个人股本比例进一步扩大，促进国有和集体资本尽快退出。在锅炉厂实行了"先股后租"及"倒宝塔式"股份制改造。即先成立了经营者控股的海阳锅炉有限公司，再把原锅炉厂租赁给海阳锅炉有限公司经营，使企业实现了自主经营。

6.企业产权出售

1999年至2000年，针对克东经济出现下滑的趋势和有些企业处于停产的状态，县委、县政府想方设法为企业寻求出路。按照《中共中央关于国有企业改革和发展若干重大问题的决定》和全市放开搞活中小企业会议精神，结合本县企业实际，大胆改革，把所有企业都作为出售对象推向资本市场。其中通过招商引资出售了亚麻厂、农机修造厂等企业。这些企业经过重新组建注入了新的生机，使克东工业生产形势发生了重大改变。同时较好地解决了多年来企业自身难以解决的老保安置、拖欠集资款、职工再就业的难题。

三、 以工业为主导发展新思路的确立与招商引资的重大突破

（一）克东经济发展的主攻方向与发展定位的确立

进入21世纪后，由于受县域经济普遍不景气大气候的影响，克东经济运行中许多深层次矛盾开始显现出来，经济形势严重恶化。2002年，全省县域经济综合排名克东倒数第三。回顾改革开放以来，克东经济发展几起几落的状况，引起了县委、县政府领导的许多思考。克东县历史上是农业小县、工业弱县，县域经济

一直以农业为主导。改革开放后，农业经济虽稳中有升，但经济收益并没有大的提高，财政窘迫的境况长时间得不到改善。严峻的现实使县委认识到，要振兴克东经济必须转变发展思路，重新进行产业选择。为了创新发展思路，县委、县政府组织县直有关部门、乡镇主要领导先后两次赴山东诸城、寿光和高唐等地进行考察学习。通过对照先进地区的发展经验，反思本县发展历程，县委、县政府感到靠单一抓农业，没有强大的工业支撑，是无法实现富民强县目标的，克东的发展出路在工业，克东未来的希望在工业。2003年，县委、县政府认真贯彻省委、市委经济工作会议精神，在深入分析论证的基础上，果断提出了"工业立县、乳业富县"的发展定位和"全党抓企业、重点抓投入、全民搞招商、核心上项目"的发展战略。由此，克东经济发展开始从"农业主导"向"工业立县"转变。在新的发展思路引导下，针对克东县经济总量不大，发展滞后；农业基础设施薄弱，种植结构不优，规避市场风险能力较弱；工业园区建设滞后和财政收支矛盾突出，工业反哺农业能力不强的实际，进一步提出了："坚持以城镇经济为龙头，工业经济为主体，产业化发展为方向，园区建设为重点，项目建设为核心"的发展方针。并确立一手抓经济，一手抓教育的工作原则，大力发展各项社会事业。同时紧紧抓住弱县脱困、振兴东北老工业基地、建设社会主义新农村等重大机遇，利用地缘优势、传统优势、资源优势，围绕"乳、豆、水"三大产业，把招商引资作为突破口，集中力量抓产业项目建设。经过不懈地努力，使骨干企业规模迅速扩大，新农村建设扎实推进，社会事业发展步伐加快，城乡面貌变化显著，推动了县域经济快速发展。到"十一五"时期，克东经济逐渐走上了持续稳定快速发展的轨道。

（二）招商引资成绩斐然

"十五"至"十一五"时期，县委、县政府进一步加大了招商引资的力度，把招商引资作为拉动经济增长的重要突破口。采取"走出去、请进来"的方式，积极宣传推介克东的资源、产业等方面的优势，吸引了大批客商前来克东投资发展，使克东县在招商引资和项目引进上取得了一个又一个重大成果。"十五"至"十一五"期间，全县共引进项目41项，引进到位资金22亿元。其中千万元以上项目2项，亿元以上项目6项，引进外资项目2项，到位资金3 000万美元。这些招商引资项目的成功引进为克东经济的长足发展奠定了坚实的基础。

1. 飞鹤乳业集团落户克东

飞鹤乳业落户克东是"十五"开局之年招商引资的重大成果，是克东县招商引资最成功、发展前景最看好的招商项目之一。飞鹤乳业集团的前身是克东县工牧乳品厂。该厂建于"七五"初期，头几年生产形势一直很好，1990年曾被县政府授予财政支柱企业。后来由于受当时乳品行业不景气大环境的影响，加之受奶源短缺及应收款回笼缓慢等不利因素的限制，使企业举步维艰，于1994年末被迫停止生产。停产期间，县政府曾多次寻找合作伙伴，千方百计启动生产，尤其是把工牧乳品厂作为重点招商引资项目，大力向外界宣传、推介。2001年，黑龙江省飞鹤乳业有限公司，带着100万元资产、1 700多万元债务到克东寻求发展。县委、县政府抓住商机，克服各种困难和干扰，毅然接纳飞鹤乳业落户克东，并给予许多优惠政策，由此工牧乳品厂由国有转为民营。飞鹤乳业有限公司对企业进行了改组、重建。重建后的飞鹤乳业集团，实力大增，生产的飞鹤牌乳品畅销国内外，主要产品有婴儿配方乳粉、调制乳粉、豆粉、核桃粉等5大系列72个品种。2001年，当年完成产值2 423.6万元，实现销售收入2 410万元，工业增加值787.3万元，上缴税金106万元。从此，飞鹤乳业集团以崭新的面貌，雄厚的实力，立足于克东大地，成为克东经济发展的支柱企业。

2.矿泉水开发实现新突破

2006年，在克东县宝泉镇西1.5公里处，有人使用深水井时，发现其水质特别，含有较高苏打成分。便请来省里水质专家鉴定，经鉴定此水系"含硼饮用弱碱性天然苏打水冷矿泉水"。哈尔滨客商抢占先机，于2006年投资注册成立了黑龙江省世罕泉饮品有限公司。由此，拉开了克东县苏打水矿泉水开发的序幕。"十一五"期间，国内外客商纷纷来克东洽谈开发苏打水项目。2007年台湾金可光学集团投资1 560万美元，注册成立了黑龙江省海昌生物技术有限公司，以开发苏打水为主，并用于制药。2008年，黑龙江华仁达实业总公司、香港鸿基实业集团和哈尔滨长城装饰设计实业有限公司共同注册了世一泉苏打水开发公司。2009年，北京清华同方嘉信力合（中国）环境技术有限公司注册了舒达源苏打水开发公司。

克东苏打矿泉水的发现，在国内尚属首次，填补了我国饮用水项目的空白。此水具有很好的医疗保健作用，被称为"黄金之水""肝脏之水""生命之水"。2008年，克东县被中国特产之乡委员会授予"中国天然苏打水之乡"称号。经勘探，克东县苏打矿泉水储量相当丰富，开发潜力很大，前景十分看好。苏打矿泉水的开发为克东经济发展带来了新的机遇，将成为克东经济发展的又一主导产业。

四、项目建设成效显著

"十五"后期至"十一五"期间，为了实现"核心上项目"的发展目标，县委、县政府不遗余力地采取多种措施，调动全县各方力量，全力推进项目建设。全县累计落实各类项目82项，总投资额达50亿元，其中千万元以上项目8项，亿元以上项目10项。主要项目有矿泉水、大豆深加工、乳品产业配套、企业改造等。

（一）矿泉水开发项目

世罕泉苏打水开发项目。该项目由哈尔滨客商投资开发。一期工程投资3 500万元，于2006年完工投产，日产量5吨。2007年又投资1 000万元进行扩产改造，日产量扩大到40吨。2010年，投资1 000万元，引进一条高档苏打水生产线。本年实现税金40.1万元。

海昌生物苏打水开发项目。2007年，台湾金可光学集团投资1 560万美元，建了黑龙江省海昌生物技术有限公司。以开发"苏打水"为主，并用于生产眼药水、护肤喷液等生物制剂。2010年实现利润989.8万元，税金1 660.2万元。该公司在上海、成都等十余个省会城市建立了销售网点，产品在哈尔滨等城市大型超市、商场上架销售。

世一泉苏打水开发项目。该项目由黑龙江华仕达实业总公司、香港鸿基实业集团和哈尔滨长城装饰设计实业有限公司投资兴建。总投资1.5亿元。一期工程于2008年11月竣工，建成瓶装水生产线一条，易拉罐罐装生产线一条。2010年实现利润376.9万元，税金918.3万元。该企业在吉林、山东等十多个省会城市设立了经销网点，在哈市大型超市和所有中石油加油站均有该产品销售。

舒达源苏打水开发项目。该项目由北京清华同方嘉信力合（中国环境技术有限公司）兴建的年产30万吨天然苏打水项目，总投资3亿元，于2009年开始建设。主要生产天然苏打水、美容用喷雾霜、医用平衡水。公司名称为黑龙江省舒达饮品有限公司，注册资本1 000万元。2010年实现利润3 310.8万元，税金956.7万元。

（二）大豆深加工项目

腐乳集团与北大荒集团、"九三"油脂集团合作开发项目。克东腐乳有限公司是中华老字号企业，也是国内生产腐乳的专业骨干企业。"十一五"初期，经过两次扩产改造，产能得到较大提升，已成为位居全国同行前列的省级农业产业化重点龙头企业。为使产能得到更大提升，克东腐乳集团于2010年与"九三"油脂集团达成对腐乳生产线进行扩产改造的意向协议。省农垦总局核准了北大荒集团同克东腐乳集团扩产改造项目的投资计划。项目建成投产后，综合生产能力达到1万吨，年销售收入3 500万元，利润50万元，税金300万元。

（三）乳品产业配套项目

飞鹤乳业第一万头牧场建设项目。该项目总投资3.5亿元，于2008年建成。牧场生产区设有榨奶大厅、泌乳牛舍、产房、干奶牛舍、犊牛舍和饲草料加工区。6栋泌乳牛舍为目前国内首次使用的六列式散栏牛舍。牧场从瑞典引进了最先进的榨奶设备，可同时为224头奶牛榨奶。奶牛存栏超过5 100头，其中泌乳牛2 000余头，每天生产优质鲜奶60吨。

飞鹤乳业第二万头牧场建设项目。该项目总投资7.2亿元，设计规模2万头，建设工期两年。该项目从2009年4月开始动工，当年就建成了泌乳牛舍、育成牛舍、犊牛舍、散栏牛舍、榨奶厅、青贮窖主体工程及附属设施。2009年从乌拉圭进口优质奶牛3 950头。2011年末，牧场存栏奶牛12 300头，提供有机奶近7.6万吨，提供就业岗位120个。

飞鹤乳业日处理300吨鲜奶高端液态奶建设项目。该项目总投资6 000万元。项目一期规划设计日处理鲜奶120吨。2009年完成生产车间和附属设施建设及4条进口生产线安装，2010年正式投产。年实现销售收入2.8亿元，税金1 600万元。

飞鹤乳业生物有机肥加工及沼气发电建设项目。该项目总投资7 000万元。主要是通过沼气发电及有机肥加工，使第一、第二万头牧场粪便及污水得到有效处理，达到污染治理，能源回收与资源再生利用的目的。建设工期为2010年5月至2011年12月。一期工程的中转池、地下发酵罐、沼液储存池等基础设施于2010年开工建设。项目完全达产后，年可发电1 051万千瓦时，年产有机肥约3万吨，实现经济效益1亿元，税金1 000万元，安置就业300人。

（四）企业改造项目

郭氏家具新厂区建设项目。郭氏家具是克东县专业生产纯木家具、实木门的大型家具制造厂商。该厂于2008年投资420万元，新上了高档细木工板生产项目，于当年12月末建成投产。又于2010年投资1.2亿元，开始建设现代化新厂区。

广角尼龙动力农机具生产项目。克东县广角尼龙集团于2010年投资2 500万元，新上生产中型大豆动力收割机项目。新建生产车间1 500平方米，扩建厂区1.2万平方米。当年项目达产，年新增产值770万元，税金33万元，安置就业84人。

五、工业强县步伐加快

"十五""十一五"时期，由于工业主导型发展思路明确，在招商引资、项目建设上实现重大突破，推动了克东县工业经济实现了跨越式发展。

（一）全面整合工业资源，强力推进企业产权改革

1.抓产改，调结构，壮大工业经济

根据上级精神，以企业全部退出国有或集体法人资本实行

民营为目标，采取定价出售、城建开发出售、深化股份制改造、整体转制等形式，大力推进产权改革。从2003年开始，先后将人和春腐乳有限责任公司（原食品厂）、酱菜厂、水泥厂、岩棉厂、星光化工厂、啤酒厂、植物油厂、电工机械厂、综合社、毛毡厂、木器厂、电线厂、宝泉农具厂等国有企业、国有控股企业和集体企业的产权进行出售，转为民营企业或股份制企业。将大地烟花、腐乳集团、尼龙配件厂以企业法人代表控企业经营者集团股，经营者集团控职工股的方式，退出国有或集体法人资本。2004年制砖厂、火山灰矿等企业参加了并轨。到2006年，全县涉改企业109户（全口径），已改制到位94户。其中出售80户，量化资产3户，股份制8户，破产3户。全县所属企业（全口径）共投保5 137人，一次性解除劳动关系6 820人，发放经济补偿金总计7 510万元。至此全县工业企业产权改革初步完成。

通过产权改革，给企业注入了生机。一是搞活了企业。到2006年全县共激活企业94户，盘活存量资产2.5亿元。全县规模以上工业企业实现产值7.94亿元，销售收入6.9亿元，利润6 264万元，税金3 851万元，分别是产改前的6倍、6.2倍、10倍和6倍。二是壮大了民营经济。到2006年末，全县私营企业已发展到4 858户，实现增加值4.5亿元，上缴税金4 195万元。三是发展了企业集团和产业集群。飞鹤乳业进驻克东后，先后在国内建立了7个分公司、8个外协合作工厂，拥有17条不同产品生产线，生产10大系列56个品种乳品，产品辐射全国26个省市，成为名符其实的企业集团。更具实力的标志是：2002年加盟美国乳业公司，2003年在美国纳斯达克成功上市，2005年成功登陆美国纽约证券交易所，成为克东第一家在国外上市的企业。克东腐乳厂由国有转为民营后，组建了股份制集团，带动了酱菜厂、人和春腐乳等企业的发展，形成了食品产业集群。东兴农机收购岩棉厂后，建成了全省同行业最大生产线，与之配套协作的厂家达13个，形成了机械加工产业集群。郭氏家具通过整合华兴木业、原第三中学和乾丰粮库资产，生产规模迅速扩大，与县内其他7家同类企业组成了木制家具产业集群。

2.实施工业带动战略，促进县域经济快速发展

在把贫困县加快发展的希望和潜力定位在工业的基础上，克东县2004年开始实施了工业带动战略，倾尽所能支持企业发展。对飞鹤乳业、腐乳集团、鼎太药业、北疆水泥、广角尼龙、郭氏家具、云厦矿泉等大户予以重点扶持。"十五"时期，县里又出台了一系列扶持和吸引外来投资的优惠政策。使企业和企业投资者在政策"硅谷"里聚集成长，在宽松的环境中发展壮大。

通过全面整合工业资源，强力推进企业产改，加大招商引资力度，"十五"末期，克东工业呈现出了良好的发展态势，克东经济复苏初见端倪。到2006年，全县规模以上工业企业完成产值8.9亿元，实现销售收入6.9亿元，实现税金3 848万元，分别比2001年增加了1 239%、640%和558%。

（二）工业经济实现了从主导产业的确立向跨越发展的转变

"十一五"时期，克东县把抓企业、搞招商、上项目作为加快县域经济发展的突破口，立足"乳、豆、水"三大产业，深入实施重点企业翻番和优势资源深度开发战略，通过搭平台、给政策、搞服务，全方位落实支持企业发展优惠政策，扶强扶壮了一批龙头骨干企业。重点完成了飞鹤乳业两个万头牧场、日处理300吨液态奶、30万吨大豆蛋白加工项目，及世罕泉、海昌、世一泉、舒达源四个年产10万吨苏打水项目的建设；实施了鼎太药业二期工程、腐乳集团扩产改造、郭氏家具新厂区建设等技改项目。全县形成了以飞鹤乳业为龙头，以腐乳集团、郭氏家具、广角尼龙为骨干，以海昌生物、世罕泉、世一泉、舒达源、飞鹤

大豆蛋白加工、万泰建材等新兴产业为后续力量的工业经济发展格局和产业群体。到2010年，在全县106户工业企业中，规模以上企业16户，产值超20亿元，税金超亿元的企业1户；产值超2亿元，税金超千万元的企业2户；产值超亿元，税金500万元的企业4户；发展市级以上龙头企业7家。2008年，飞鹤乳业晋级为全国农业产业化重点龙头企业，飞鹤品牌已成为中国驰名商标、国家免检产品。自2001年落户克东到2010年，累计实现税金4.11亿元，为克东经济的腾飞做出了重大的贡献。腐乳集团生产的克冬牌腐乳多次被评为国家优质产品和中华老字号产品，并被批准为市级农业产业化龙头企业。自20世纪90年代到2010年，累计实现税金3 089万元，始终是克东财政税收稳定的骨干企业。大地烟花自1985年起连续十几年年纳税超百万元，到2010年累计实现税金达2 500多万元，为县域经济发展做出了很大贡献。郭氏家具成为全省第二大内销民用家具生产企业，其品牌被评为黑龙江省著名商标。自2006年进入规模以上企业后，累计实现税金537万元，成为克东较实力的企业之一。世罕泉苏打水曾被定为中非合作论坛指定饮品和2008年北京奥运会专用饮品。企业的发展使工业增长速度明显加快，到2010年工业企业总产值实现35.3亿元，税金1.7亿元，销售收入30.7亿元，分别比2006年增长202%、345%、346%。克东工业进入了一个崭新的发展阶段。

（三）工业的迅猛发展，推动县域经济走上了稳定协调持续发展的轨道

稳定发展表现在GDP和财政收入的稳步增长上。2010年克东县GDP达到25.6亿元，年均增长17.8%，比"十一五"规划目标提高3.1个百分点。2008年到2009年，地方财政收入连续突破亿元和两亿元大关。一般预算收入增幅位居全省各县第四，一般预算收入、全口径财政收入、上划收入、地区税收四项增幅位居齐齐哈尔市各县第一。齐齐哈尔市年度考核连续三年优秀，2008年和2009年，全市县区单元考核连续两年位居第一。2010年县级财政收入达到2.88亿元。

协调发展表现在产业结构调整步伐加快和经济社会协调发展。在县域经济中，第一、二、三产业结构的比例由"十五"期末的45.1∶26.9∶28调整到2010年的31.7∶45.6∶22.7，第二产业提高了17个百分点，首次超过第一产业。农村经济由于乳品产业配套项目的拉动，2008年，全县牧业产值占农业总产值比重达到19.9%，比"十五"期末提高了2.9个百分点。工农业换位、农业内部主辅换位成效显著。

持续发展表现在工业投入明显增加和各种产业的不断壮大。通过招商引资、企业投资、向上争取和财政支持，不断加大了对项目建设的投入力度。仅2008年，全县就完成工业项目投资7.6亿元，县本级财政支持工业企业发展资金达6 000万元，解决项目建设用地投入资金2 000多万元。这些投入壮大了新兴、后续产业的经济实力，为克东经济的持续发展奠定了坚实的基础。

第二节　农村改革创造新活力

"文化大革命"使农业生产受到严重破坏。改革开放后，党中央采取一系列措施，加速了农业战线的拨乱反正。克东县认真贯彻党在农村的各项经济政策。从对农业生产结构的调整到实行家庭联产承包责任制，极大地调动了农民群众的生产积极性，使粮食生产和多种经营都得到了快速发展。社会主义市场经济的建立，又推动了农村经济全面攀升。贸工农一体化格局的形成，打破了农业传统的生产方式。通过调整产业结构和农业新科技的应用，促进了农、林、牧、副、渔等各业长足发展。通过抓产业，促进主辅换位，农村经济实现了从传统农业向现代农业的转变。

一、打破传统生产方式，向现代化农业进军

（一）实行家庭联产承包责任制，给农业生产带来了生机

党的十一届三中全会以后，克东县遵照中央关于国民经济"调整、改革、整顿、提高"的方针和解放思想、放宽政策、因地制宜、发挥优势，把农村经济搞活的指示精神，开始对农业生产结构进行调整，积极发展林业、牧业、副业、渔业等多种经营。同时，根据《中共中央关于加快农业发展若干问题的决定（草案）》和《农村人民公社工作条例（试行草案）》的规定，克东县1979年推行了农业生产责任制。在大包小评、定额记分的基础上，实行了以"四定"（定生产任务、定质量标准、定完成时间、定工分报酬）为主要内容的定额包工生产责任制。到1982年5月，在全县821个生产队中，都落实了各种不同形式的生产责任制。具体形式有五种：实行专业承包，联产计酬的有6个队；实行统一经营，联产到劳的有369个队；实行分组作业，联产计酬的有306个队；实行小段包工，定额计酬的有121个队；实行包产到户，包干到户和口粮田挂钩的有19个队。生产责任制的落实，把劳动者的利益和产量、效益直接挂钩，在一定程度上克服了"大帮哄""平均主义"的弊病，增强了社员的责任心，调动了生产积极性，不但提高了生产进度，而且保证了作业质量，促进了农、林、牧、副、渔的全面发展。

1982年1月1日，中共中央批转《全国农村工作会议纪要》（即第一个1号文件），指出目前农村实行的各种责任制，包括小段包工计酬，专业承包联产计酬，联产到劳，包产到户、到组，包干到户、到组等，都是社会主义集体经济的生产责任制。

1983年1月2日中共中央印发的《当前农村经济政策的若干问题》（即第二个1号文件），指出家庭联产承包责任制是在党的领导下我国农民的伟大创举，是马克思主义农业合作化理论在我国实践中的新发展。根据这一精神，在生产责任制的基础上，克东县于1983年1月份开始推行家庭联产承包责任制。具体形式主要有两种。一是包干到户。各承包户向国家缴纳农业税，交售合同定购产品以及向集体上缴公积金、公益金等公共提留，其余产品全部归农民自己所有。二是包产到户。实行定产量、定投资、定工分，超产归自己，减产赔偿。

家庭联产承包责任制的建立，使广大农村和农林牧场广大干部群众的生产积极性空前高涨。他们靠自己的辛勤劳动，靠先进科学技术使粮食生产、多种经营都得到了快速发展。家庭联产承包的第一年即1983年在遭受低温、多雨、虫害等自然灾害的不利情况下，农业取得了大丰收。全县粮豆总产量34 531万斤，比1982年增长39.8%，平均亩产308斤，比1982年增长43.3%，向国家交售商品粮5.8万吨，比1982年增长84%。经济作物也获得了大丰收，林、牧、副、渔都有了大发展。全县农业纯收入8 428万元，农民人均收入365元，比1982年提高了137%。"六五"期间，乡镇企业完成产值1.66亿元，比"五五"期间增长124.9%。1984年粮食生产大丰收，单产、总产创历史最好水平，粮豆平均亩产340斤，农林牧副渔和乡镇企业也都创历史最好水平。农业总收入1.2亿元，人均收入417元，均为历史最高水平，有力地加快了农民脱贫致富的步伐。

（二）实施"科技兴农"战略，推动传统农业向现代农业转变

家庭联产承包责任制的实行，极大地调动了广大农民的生产积极性，农业生产得到了大发展。但农村经济中农业结构不合

理，粮食生产单一的问题还没有完全解决，在农业生产中传统的耕作方式仍占主导地位，先进的农业生产技术没有得到广泛的推广和应用，影响了农村经济的发展和实现农业现代化的进程。1986年1月1日中共中央、国务院发出1号文件，即《关于1986年农村工作的部署》，提出1986年农村工作总的要求：落实政策，深入改革，改善农业生产条件，组织产前、产中、产后服务，推动农村经济稳定协调发展。根据这一精神和中央陆续出台的一系列方针政策，结合本县的实际情况，县委、县政府在坚持稳定和完善家庭联产承包责任制的基础上，建立健全服务体系，实施了"科技兴农"战略，加快了发展现代化农业、振兴农村经济和农民脱贫致富的步伐。

1.实施农业综合技术标准化，提高科学种田和经营管理水平

1985年，县委、县政府在乾丰镇上升村（现宏升村）进行农业综合技术标准化试点。在试点取得成效的基础上，1986年在全县推广农业综合技术标准化种田42万亩（占大豆、玉米、小麦总面积的44.2%），当年大豆平均亩产178.8公斤，比非标准田150.8公斤，增产18.6%；玉米平均亩产404.5公斤，比非标准田329公斤，增产22.9%；小麦平均亩产193.7公斤，比非标准田156.2公斤，增产24%。到1990年全县粮食单产196公斤，比1986年增加21%；总产实现24.04万吨，比1986年增加22.8%；人均收入420元，比1986年增加9.1%。到1995年，全县实施标准化种植面积达154.6万亩，占总耕地面积的82%。农业综合技术标准化的实施和先进农业生产技术的应用和推广，使粮食生产实现了高产、稳产和低成本，增加了农民收入。为农业生产的高产、优质、高效提供了强有力的科技保证，促进了实行家庭联产承包制后传统农业向现代农业的转变。

2.实施种子工程，强化农业科技的推广和应用

"九五"期间，国家实施了"种子工程"，先后公布了《农业法》和《种子法》，使种业步入了依法建设和管理的轨道。1997年，县委、县政府为加强对"种子工程"的领导，制定了《关于加强种子工作的意见》。根据本县的地理、土壤、气候条件，确定主产作物的优质高产当家品种。小麦以新克旱9号为主，大豆以北87—19和87—09为主，玉米覆膜以四单16和缓玉6为主，水稻以合江19为主，马铃薯推广克新12号、克新4号和东农303。同时，与有关大专院校、科研单位、兄弟市县业务部门建立协作关系，不断发现和引进新的优良品种，保证了后备种源。为完善县内种子繁育体系，在良种场和已有十几个良种繁育村的基础上，各乡镇又建立了自己的种子繁育专业村、专业户。县、乡种子部门为种子繁育村、户提供了产前、产中、产后服务，负责技术指导，田间检验和销售等，保证了优良种子的质量和数量。

种子工程的实施，带动了其他农业科学技术的普及，不断扩大了"标准化"种田面积，提高了经济效益。

（三）完善土地承包关系，实施农村税费改革

根据中办发〔1997〕16号《中共中央办公厅、国务院办公厅关于进一步稳定和完善农村土地承包关系的通知》精神和中央关于加强农村经营管理，减轻农民负担的要求，县委、县政府按照省市具体部署，周密筹划、精心组织，顺利完成了农村土地二轮承包。通过专项治理和两清等工作，进一步规范了乡村经营管理，减轻了农民负担。

1.延长土地承包期，稳定和完善土地承包关系

县委、县政府于1997年10月开始在名山乡光明村（现属克东镇）开展了土地二轮承包试点工作。11月24日召开了全县延长

土地承包期工作会议，总结推广了光明村试点经验。12月15日，县委、县政府印发了《克东县延长土地承包期工作实施方案》，并派工作组到各乡镇，延长土地承包期工作在全县铺开。在工作中牢牢把握土地承包期延长30年，取消"两田制"，按人分田，"大稳定、小调整"和不增加农民负担，公平公正的原则，充分体现群众意愿。1998年4月末，全县143个村676个村民组延长土地承包期工作全部结束。经逐村验收，按上级要求达到了"二相符"（农村土地承包账面面积与实际面积相符，按人承包的土地面积与实际土地面积相符）、"三稳定"（民心稳定、生产稳定、社会稳定）、"四落实"（政策落实、承包人落实、承包地块落实、承包合同落实），受到了省市高度评价。

2.实施农村税费改革，增加农民收入

2002年6月，县委、县政府根据《中共中央关于进行农村税费改革试点工作的通知》《国务院关于进一步做好农村税费改革试点工作的通知》《国务院办公厅关于做好2002年扩大农村税费改革试点工作的通知》精神，以及省市关于全面开展农村税费改革试点工作的通知，在全县开展了农村税费改革试点工作，并印发了《克东县农村税费改革试点工作实施方案》和《克东县税费改革工作责任制》。农村税费改革试点的主要内容是"三个取消、一个逐步取消、两项调整、一项改革"。税费改革的宗旨是调整国家、集体、农民三者利益关系，切实减轻农民负担，维护农村稳定。按照《克东县农村税费改革试点工作实施方案》，在取消乡统筹费的同时，以农民第二轮土地承包土地面积和村机动地以及其他单位和个人实际用于农业生产的耕地确立了计税面积，全县共144.2万亩。按规定重新确定了计税常产为359公斤。税费总额3 973万元，比税改前减少543万元，减幅12%，农民人均负担194元，比税改前减少26元。全县化解乡村债务8 939万元,减轻农民负担6 800万元。

2004年,中央1号文件制定了免征农业税的政策,依据《黑龙江省人民政府关于印发黑龙江省全部免征农业税改革试点工作方案的通知》(黑政发〔2004〕79号)精神,县委、县政府在深入调查研究、广泛宣传和征求意见的基础上,于2004年10月制定了《克东县全部免征农业税改革工作方案》和相关配套文件。从2004年度起,在克东行政管辖区域内实行"一免两补"政策。全部免征农民、国有农场、林场、畜牧场及其他从事农业生产的单位和个人的农业税及附加。实行粮食直补和推广良种补贴。并取消了农村"两工",实行"一事一议"政策。全县免征全部农业税3 312.5万元,其中正税2 779.5万元,附加543万元。当年发放粮食直补1 800万元,良种补贴120万元,仅此两项补贴农村人均收入就增加251元。

税费改革后,为节省开支,减轻农民负担,相应的改革也同时进行。一是乡镇机构改革,主要是对全县乡镇的区划再次进行合理调整。将10个乡(镇)撤并为7个乡镇。二是改革县乡财政管理体制,积极推行了"乡财乡用县监管"的财政管理体制,改革村级经费管理形式。三是合理调整农村中小学布局,优化师资队伍。这些与免征农业税相关的配套改革都为保证减轻农民负担,加速农村经济的发展和社会稳定起到了积极作用。

(四)推进规模经营,加快农业产业化步伐

"十五""十一五"期间,县委、县政府认真贯彻落实党中央关于"三农"工作的一系列方针政策,全力推进农村经济结构调整和规模经营,引导农民转变生产方式。在种植业上,突出了大豆标准化生产基地建设,扩大经济作物、特色作物种植面积,鼓励农民实行连片种植、规模经营,加快了农业产业化步伐,现代化农业格局初步形成。

1.建设绿色食品原料大豆标准化生产基地

实施大豆种子工程。2001年末开始实施大豆种子工程，县、乡、村层层签订了责任状。县政府下发了《克东县大豆种子工程实施方案》，对大豆当家品种的确认、引进、扩繁、推广等关键环节进行规范。根据为本县大豆加工企业提供原料和国内外市场的需求，全县确立和推广了黑河95—750、北疆95—171、黑河95—812、黑河19、哈北46—1、陆丰02—011、黑河43号、华疆3号等高蛋白品种和高油品种为主栽品种，实行区域种植。为搞好良种繁育，确立县两个良种场为全县大豆原种繁育基地，根据科研院所的最新成果和市场信息，负责适合本县种植的新品系的引进、扩繁，保证村级种子田的种源供给。各村选择科技素质高，责任心强的科技示范户为种子繁育专业户，划定良种繁育田，并严格执行《克东县大豆种子标准化生产技术规程》，实行统一整地、统一供种、统一施肥、统一耕种、统一收获、分户管理，防止种子混杂，确保种子纯度。按照大豆种子工程年度目标，2002年，在第一、二良种场建立大豆原种田400亩，村级良种田10 800亩，年产良种300万斤，有效地满足了全县串换大豆种子的需要。

实施大豆振兴计划。2003年，克东县被列入全省大豆振兴计划基地县。为实施好大豆振兴计划，县委、县政府于2003年2月制定了《克东县2003年大豆振兴计划实施方案》，明确了大豆振兴计划的指导思想、发展目标、区域布局、主要措施，分解了任务指标。按照"六统一分"的要求，在连片种植、统一供种、模式栽培等方面提高大豆生产水平。全县共落实大豆振兴计划面积20万亩。

实施全国绿色食品原料（大豆）标准化生产基地建设。进入"十一五"，县委、县政府认真落实省政府提出的"打绿色牌、走特色路"的农业发展方针，把绿色食品生产作为发展县域经济，增加农民收入的主导产业。2006年，克东县被国家绿色食品发展中心确定为80万亩绿色食品原料大豆标准化生产基地创建县，并且被省绿色食品发展中心确定为全省绿色食品原料大豆生产基地建设示范县。按照《国家绿色食品原料生产基地标准》和《黑龙江省创建全国绿色食品原料标准化生产基地实施细则》要求，全面提高基地建设的科技含量。一是有效开展技术服务。县成立了基地建设服务指导中心，村屯技术员包户，进行全程跟踪技术指导，采取多种形式开展技术咨询和服务。二是落实生产标准。制定了《克东县绿色食品大豆生产技术操作规程》，发放《绿色食品基地生产者使用手册》，大力推行"大豆垄三栽培和窄行密植"技术。三是建立健全试验、示范体系。县政府在玉岗镇前进村筹建了500亩大型综合科技示范区，在省农科院专家的指导下，进行良种、良法试验示范，全面推广精量点播、垄三栽培、窄行密植、覆膜栽培等先进技术，确保了大豆产量、质量的提高。2010年，又在乾丰镇庆祝村、玉岗镇春和村、克东镇万发村、宝泉镇德胜村推广了大豆大垄105公分垄上四行栽培技术，推广面积2 800亩，亩增效益80~120元。与此同时，县委、县政府还积极扶持壮大县内大豆加工龙头企业，有效地提高企业对绿色大豆原料的生产加工能力，形成了企业和基地利益的连接机制，保证了绿色食品大豆生产基地种植户的生产效益，实现了农户与企业的双赢。

绿色食品原料大豆标准化生产基地的建设，不但使基地大豆种植取得了前所未有的良好经济效益和社会效益，也带动了全县大豆生产和其他种植业水平的提高。

2.建立各类合作组织，推行土地规模经营

进入"十一五"后，针对土地承包分散经营的局限和弊端，为使农民在新机制下组织起来实现新的联合，向现代化农业迈进，县委、县政府积极引导和鼓励农民建立各类合作组织。到2010年，全县组建农村各类经济合作组织300多个，特别是大豆专业合作社和农机专业合作社的建立，规范了土地的有序流转，扩大了连片种植面积，推进了土地规模化、科学化经营。

大豆专业合作社。在坚持中央关于土地承包关系长期不变的前提下，本着"依法、自愿、有偿"的原则，采取转包、租赁、互换、转让、股份制合作等方式，加快土地向种田大户、专业合作社流转。根据大豆为主产作物的实际，重点建立和发展以股份合作经营为主的大豆专业合作社。截至2010年末，全县在工商部门登记注册的大豆专业合作社130个。为推进土地规模经营，县委、县政府出台激励政策，规定对整村开展土地规模经营的，一次性奖励专业经营组织20万元；对整组（村民小组）开展土地规模经营的，一次性奖励专业经营组织5万元，大大调动了农民实行连片种植，规模经营的积极性。2010年，全县土地流转面积80万亩，土地规模经营面积达70万亩，其中500亩以上土地规模经营面积36万亩。

农机合作社。组建现代农机合作社是加快农业机械化建设步伐的有效举措。从2006年开始，县委、县政府紧紧抓住国家、省、市扶持发展农机合作社的机遇，积极争取扶持资金8 000万元，银行贷款3 930万元，合作社自筹资金2 650万元，发展组建千万元农机合作社11个，百万元农机合作社16个。全县大中型机械装备总数达到356台（套），为实行连片种植，推进规模经营发挥了重要作用。2010年，县政府下达的每个乡镇连片500亩以上标准深松示范地块20块，每个村连片整地300~500亩的地块12

块的指标全部完成，全县共完成连片整地地块1 680个网格，面积达67万亩。全县机械化播种面积162.5万亩，机播程度为96%；机械化中耕面积154.5万亩，中耕程度91.3%；机械化收获面积138.2万亩，收获机械化程度85.2%；田间综合机械化程度85%；秋整地126万亩。

除奶牛合作社、大豆专业合作社、农机合作社外，还组建了果菜、药材、葡萄、马铃薯等生产合作社。各类农业经济合作组织的兴起，加速了土地规模经营和农村经济产业化的步伐，达到了农业增产、农民增收的目的。2010年，全县大豆平均亩产突破了280斤，最高亩产达390斤。

在抓好大豆生产推进规模经营的同时，不断调整了农作物种植比例，引导和鼓励农民扩大经济作物、特色作物的种植面积。到2010年，全县玉米、水稻、马铃薯以及其他经济作物和特色作物面积达20.3万亩，均取得了较高的经济效益。

二、主辅换位，牧业筑牢强县基础

"七五""八五"时期，县委、县政府坚持把畜牧业作为振兴克东城乡经济的支柱产业，确立了大上奶牛，加速黄牛改良，稳定发展猪、羊、禽的工作思路，畜牧业发展进入了一个崭新的阶段。

（一）振兴克东经济，发展牧业为先

1986年县政府制定了《克东县畜牧业政策的若干规定》，进一步放宽了政策，对养畜专业户、大户给予优惠。1988年1月又制定了《克东县发展畜牧业生产若干政策规定》，进一步细化了发展畜牧业的各项优惠政策。1994年，县委、县政府为扩大畜禽饲养规模，使畜牧业得到更大更快发展，实施了"4125"工程，即每个乡镇建1处牧业小区，每个乡镇新发展1个畜牧专业村，每

个乡镇综合服务站办1处养殖场，每个村建立起生猪育肥1条街，每个村发展2户小康型养畜（禽）户，每个村发展5户养畜（禽）专业户。为推动畜牧业生产快速发展，1998年，县委、县政府又制定了紧紧围绕畜牧业支柱产业建设，牢牢把握畜牧业生产的战略重点，主攻"两牛"（黄肉牛、奶牛）生产，突出带动猪、禽、渔三品种规模推进的发展畜牧业方针。在黄肉牛生产上，仅2000年全县就购进黄肉母牛5 000头。全县建标准改良站53处，引用夏洛莱、皮埃蒙特肉牛冻精，用人工受精的方法与本地牛杂交改良，改良率达到85%，累计产改良犊牛3.5万头。同时，加快黄肉牛市场建设，壮大了贩买队伍，推动了黄肉牛生产。在奶牛生产上，2000年，飞鹤乳业集团购买了乳品厂，生产能力大幅提升。县委、县政府引导农民通过购、繁、改等办法，扩大奶牛饲养量，投放贷款243万元，购进大批母奶牛。到2000年全县奶牛存栏已回升到4 099头。

（二）推进农村经济结构调整，以奶牛为主的畜牧主导型业农业格局初步形成

2001年，根据中央和省市经济工作会议精神，县委、县政府确立了构建畜牧主导型农业格局的目标。为发展"两牛"生产，引导农民转变养殖观念，走农区牧业之路，全县种植饲料作物4.9万亩，占耕地面积3.4%，建青贮窖231个，贮备青饲料2 661吨。全县新建标准化繁育点40处，黄牛冻配11 836头，改良面积达70%以上；奶牛冻配3 234头，改良面达80%以上。2002年成为克东县建立畜牧业主导型农业的起步之年。全县共投入资金5 400万元，购进黄牛6 300头、奶牛2 867头，增加了饲养量，扩大了饲养规模。随着飞鹤乳业的发展壮大，2003年，县委、县政府对农业和农村经济发展思路又进行了重大调整，提出"工业立县、乳业兴县"的发展战略和"一年抓起步、三年成规模、五年建支

柱"的奶牛生产发展目标，使奶牛生产呈现了更加强劲的发展态势。形成县有园区、乡有小区和专业村、村有专业大户的生产格局。2004年，在飞鹤乳业西侧建成了占地面积6万平方米、18栋牛舍可养殖千头奶牛的飞鹤养殖园区。各乡镇也先后建起了11处养殖小区。到2005年末，全县奶牛存栏20 156头，有千头奶牛村1个，百头以上奶牛村46个，5头以上奶牛户396个。

进入"十一五"后，县委、县政府进一步加大了对奶牛生产的扶持和推进力度，根据省政府《关于推进奶业继续健康发展的意见》，制定了《克东县2007年下半年—2010年奶业发展规划》《克东县2007—2010年奶牛生产考核办法》等文件，以建立飞鹤乳业生产基地为目标，通过发展牧场、建设小区、培育大户、带动普养，形成了品种优良、规模经营、科学饲养、区域推进的发展格局。一是建标准化机械化榨乳站。到2010年末，全县建机械化榨乳站发展到82处，散养奶牛也全部进站集中榨奶。二是加强中小型牧场建设。2007年至2009年，县政府先后协助飞鹤乳业在县城南和润津乡富饶村建成了2个万头欧美国际示范牧场。同时，鼓励当地和外来投资者自办或联办大中小型牧场。除飞鹤乳业的2个万头牧场外，2010年末全县中小型牧场已达56个。三是扩大青贮饲料种植面积。2010年全县种植面积由2006年的25 000亩增加到68 389亩，青贮饲料贮量达9万吨，满足了奶牛饲料供应，提高了奶牛饲养与管理水平，增加了养牛效益。四是组建奶牛合作社。县委办、县政府办联合下发了《克东县组建奶牛合作社示范社实施方案》，开始在全县逐步示范推广实施。到2010年末，全县有奶牛生产合作社52个。奶牛生产的快速发展，保证了飞鹤乳业的快速发展，使其成为克东县最大的支柱企业和最大税源。

在奶牛快速发展的带动下，其他养殖业也得到发展壮大。

2006年利用省对种猪场、母猪生产专业户予以贷款贴息扶持优惠政策，购繁结合，使生猪生产规模不断扩大，全县50头以上的育肥猪养殖大户28户。依托县鹤东畜禽有限责任公司壮大养鹅基地，涌现出众多的孵鹅、养鹅、贩鹅大户。全县有10头以上的黄肉牛大户73户，100只以上的养羊户45户，1 000只以上的养鸡户22户，养狐狸、貉、貂、獭兔等特色养殖户20户，养殖水面超50亩的养殖大户30户。到2010年末，全县奶牛存栏4.56万头，黄牛存栏2.02万头，生猪存栏3.76万头，出栏2.98万头；山绵羊存栏2.81万只，出栏羊3.09万只；禽存栏39万只，出栏禽43万只。"十一五"末，全县农业总产值15.22亿元，其中畜牧产值3.99亿元，占26.25%。以奶牛为主的畜牧业主导型农业已在克东广大农村形成。

三、建设新生态，林木筑起绿色屏障

党的十一届三中全会以后，克东县的林业工作取得了很大成绩。1986年到1995年，如期完成了"三北"防护林二期工程建设和一期防护林的更新；大力推广和应用先进的林木生产和病虫害防治技术，强化林木管护，不断扩大了造林面积，使林业生产又上了一个新台阶。

1986年"三北"防护林体系二期工程开始建设。经过十年的努力，全县共营造水土保持林8 013公顷，农田防护林729公顷，森林覆盖率提高了8.4个百分点。1995年末，如期完成了"三北"防护林体系二期工程。被国家林业部授予"三北"防护林体系二期工程先进单位，获"绿色长城杯"奖。

1992年开始对全县防护林一期工程所植杨树进行更新，同时有计划地进行了农防林的更新改造。一期农防林杨树带的更新改造，减少了胁地面积，提高了粮食产量和林木价值，取得了很好的生态效益和经济效益。

根据国家林业局和《黑龙江省"三北"防护林体系建设四期工程规划方案》的要求，克东县从2001年开始"三北"防护林四期工程建设。四期工程建设是以保护现有森林资源，恢复和增加森林植被为核心，以治理水土流失和更新优化农防林树种为重点，坚持以生态效益优先，生态效益、社会效益、经济效益兼顾的原则，实现环境治理与经济利益的协调统一。到2010年，全县共完成农防林更新、营造水土保持林共10.5万公顷。

四、优化水利设施，提升抗旱排涝效能

"九五"至"十一五"期间，县委、县政府遵照中共中央、国务院关于实现农业可持续发展，必须加强以水利为重点的基础设施建设的精神，重点抓了水利工程、小流域治理为重点的科技兴农项目。从而，夯实了农业基础，提高了农业的整体水平，促进了农村经济的全面发展。

（一）水利工程建设

蓄水灌溉工程。"九五"至"十一五"期间，共投资3 330万元，新建了玉岗水库的贴坡式干彻石坝后排水体和乾丰上升水库的有压钢管灌溉输洞。翻修了乾丰丰收水库和金南国富水库的干彻石护坡，重建了乾丰兴国塘坝和混凝土圆涵式洪洞、玉岗民东塘坝的水毁泄洪洞、宝泉中兴塘坝的泄洪洞重建工程和玉岗水库1万平方米的干彻石翻建。对玉岗水库、三八水库、国富水库、光荣水库、上升水库5个病险水库实施了消险加固工程，新建和维修拦沟围泉、蓄水池等小型蓄水工程200多个。

新生灌区工程。1997年至2010年，总投资667万元，对新生灌区在宝泉镇富民村段建七支桥和六支闸，在玉岗镇新泉村段建双泉桥，实施了玉岗水库补水干渠、蒲峪路灌区扩建、丰收水

库、"三八"水库灌区扩建等工程。完成了建业水田四分场玉岗交叉泄洪闸重点工程和四支节制分水闸、干渠八支闸以下渠道护彻工程、宝泉镇富民村玉岗交叉节制闸八支渠护彻工程。还为旱田灌溉购置了喷灌、移动滴灌等配套大型喷灌设备，实现灌溉面积800公顷。到2010年，全县旱田（主要是经济作物）节水灌溉面积达到3 000公顷。抗旱能力显著提高。

防洪排涝工程。"十五""十一五"期间，除完成了中小型水库的消险加固工程外，继续加强了河道堤防工程和排水沟工程建设。共投资400多万元，对润津河钢铁段、长胜段、宏升段和乌裕尔河多处堤防进行了多次维修加固、取直、清淤。在金城乡古城村、玉华村和宝泉镇河临村、文昌村、石山村等新挖或清淤排水沟数十条，消除了洪涝隐患，提升了"两河"堤防的防洪排涝功能。

（二）水土流失治理

在"六五"至"八五"十五年综合治理的基础上，县委、县政府把继续治理水土流失工作作为加强农业基础设施建设，改善农业生产条件的重点来抓。1997年3月，县委、县政府制定了《关于加强小流域治理工作的意见》，提出了水土流失治理工作要以小流域为单位，以国家把克东县列为乌裕尔河流域水土流失重点项目县为契机，加速水土流失治理和建设农业强县的步伐。到2010年，全县累计完成水土流失综合治理面积8.83万公顷。有效地治理了水土流失，为农业的增产增收和可持续发展创造了良好的生态环境。

五、创新机械化耕作模式，提高生产质量效率

为提高农业机械化程度，1997年县委、县政府制定了《关于加强农业机械化工作的意见》。为解决农机具扩增和更新的资金

问题，建立和完善以集体、农户自筹为主，国家扶持为辅的农机投资新机制。"九五"期间，新购进了大批先进的农机具。2000年，全县大中型拖拉机达到了425台，小型拖拉机6 036台，播种机7 000台，旋耕机97台，中耕机1.2万台，喷药机2 980台，深松机35台。农机具的增加扩大了机械耕地、机械播种、机械中耕、机械收获面积。2000年全县机耕面积9万公顷，中耕8.75万公顷。

2000年，为促进机械化旱作农业的发展，克东县开展了农业机械化创新工程。主要是"双高"大豆全程机械化栽培，从整地到收获，建立科学的机械化耕作模式。整地的重点是推广应用以深松或超深松为主，浅耕免耕相结合的新 "三三" 土壤轮耕制。气式播种机与大型精量点播机相结合，实行垄三栽培，提高了播种质量。采用大型旋转锄与小型悬挂式除草机相结合，用机械除草取代药剂灭草，以提高大豆品质，生产"绿色"大豆。并通过改装和引进农机具，进一步扩大了大豆机收面积，从而逐步实现了大豆全程机械化栽培。

农业机械化程度的加强，在全县范围内逐渐形成了以深松为主的松、翻、耙、碎相结合的土壤耕作制度，实施了以机械播种、深施肥、中耕为内容的抢墒、保墒耕作措施，使旱地耕作保墒、大豆垄三栽培、玉米大双覆栽培、水稻稀植机播等科技项目得以广泛应用和推广。机械收获也保证了农作物的及时收获，节省了劳力，减少了田间损失，增加了种植收入。

第三节　商贸改革促进市场繁荣

改革开放前，国营商业部门以统购包销和计划购销为主，这种大包大揽的做法，给繁荣市场和方便人民生活带来很大的障碍。改革开放后，放活了市场，各种经济形式纷纷涌现，商贸流通才出现了繁荣的景象。

一、放活市场，促进多种经济形式和多种所有制形式的发展

（一）多种购销形式的开展

党的十一届三中全会以后，克东县商业部门拉开了调整、改革的序幕。国营商业开始增设了服务网点，扩大了高档、传统商品的销售，对滞销商品实行奖销、代销，扩大了销售，活跃了市场，松动了库存，增加了商品销售额。特别是商业部门突破了原来只靠计划调拨的单一进货形式，开始采取计划外的自由采购、选购等多种进货形式。不少商品不再经过二、三级批发站的大流转，而是零售商店直接向生产部门进货，因而改变了商品流通渠道不畅的情况。在农副产品采购方面，大力扶持农村社队发展生产，加快副食基地建设，实行农副产品加价和奖购政策，使城镇的蔬菜、肉、禽、蛋供应紧张的情况逐渐缓解。此外，国营商业每年都召开供货会、物资交流会，方便了基层供销社和零售网点进货订货，使城乡商业贸易出现了繁荣的景象。

（二）集体商业迅速兴起

随着经济体制改革的发展，允许多种所有制形式并存，全县集体所有制企业如雨后春笋迅速兴起。从1979年开始，县直机关、工厂、企业、学校、团体等为安排待业青年就业，积极兴办各种集体所有制商业。到1985年，全县共有集体所有制商业185家，从业人员2 527人。行业有百货、杂货、饮食业、食品业、理发、照相、肉食品、果品、五金电器等。这种新型的集体商业，独立经营，独立核算，自负盈亏，经营方式灵活，因此发展较快。集体商业的迅速发展，补充了国营商业的不足，活跃了市

场，繁荣了经济。

（三）个体商业异军突起

随着经济体制改革的深入和集体商业的兴起，个体商业应运而生。在"对外开放、对内搞活经济"方针的指导下，允许持城镇户口的待业青年、闲散人员从事个体商业经营。先是城镇，后又发展到乡村。从1980年3月20日第一家个体商户开业到1985年，全县城乡个体商户达1 201户。其中杂货业505户、小百货业29户、饮食业99户、食品业15户、冰棍业39户、理发业19户、照相业8户、旅店业4户、图书业1户、贩运业59户、废品收购业30户、市场商业259户、其他商业134户，从业人员1 432人，资金总额115.46万元。个体商业的蓬勃兴起是后来私营商业发展的前奏曲，为私营经济的发展开辟了道路，奠定了基础。

二、深化流通体制改革，促进商贸经济快速发展

（一）实行商业体制改革

集体商业和个体商业的迅猛发展及商品生产发展的新形势推动国营商业加快了改革的步伐。1983年，克东县财贸系统开始试行经营承包责任制，实行盈利奖励、亏损惩罚、利润分成制度。具体分四个层次实行承包责任制。一是主管财贸县长、财贸办正副主任、财贸办工作人员和主管科长，实行定计划指标、定工作责任、按指标实行奖惩。二是各主管局对企业承包。包括利润包干、超额分成、全额分成、减亏分成等责任制。三是企业对店、部、组承包。实行部组核算，定额承包，联销计酬，工资浮动，有奖有惩的办法。四是职工集体或个人承包。通过实行经营承包责任制，在一定程度上打破了"铁饭碗""大锅饭"的平均主义分配形式。调动了主管部门、企业和职工的积极性，经济效益有所提高。

为了深化商品流通领域的改革，根据国务院《关于城市商业体制改革的通知》精神，克东县商贸系统有计划、有步骤、分层次地由点到面逐步展开了商业流通体制的改革。1984年至1985年，在1983年经营承包的基础上，对商业零售企业、商办工业企业，全部实行了放开经营。零售网点由28个增加到32个，有14个网点实行集体经营，按章纳税，自负盈亏。有18个网点实行由租赁者全权负责经营。对较大的国营商业零售企业普遍推行了以定额管理为主要内容，以联销联利、联质计酬为主要形式的承包经营责任制。同时，实行政企职责分开，改革了日用工业品公司和批发站体制，调整了零售商业的隶属关系，实行了多种经营方式、多种经济形式、多种流通渠道的新商品流通体制。各公司零售企业都实行了两级核算，部组承包，并全部实行了经理负责制，使全县商业体制改革有了质的变化，促进了商业的快速发展。1985年社会商品零售总额完成6 701万元，比1980年增长57.8%，平均每年递增9.6%。"六五"期末，国内纯购进总额完成8 089万元，平均每年递增35.6%；国内纯销售总额完成6 383万元，平均每年增长4.4%；库存总额7 230万元，上升幅度为39.5%，平均每年增长6.9%。

（二）推行承包经营责任制

1983年，全县财贸系统初步实行的经营承包办法主要是利润包干，是克服行政主管部门对企业管得过死、统得过多的有效措施；是解决"吃大锅饭"，兼顾国家、企业和职工利益，减亏增盈的一种手段；是扩大企业经营自主权的一种探索形式。1987年3月全国人大六届五次会议上所作的《政府工作报告》提出：1987年的改革重点要放在企业经营机制上，根据所有权与经营权分开的原则，全面实行多种形式的承包经营责任制。根据这一精神，1987年克东县商业企业全面推开了企业承包经营责任制。

1.实行承包经营和租赁经营

1987年，商业系统的饮食服务业率先实行了亏损包干、减亏留用有奖、超亏不补受罚的承包形式。饮食服务公司对下属网点实行国有国营、国有集体租赁经营和个体租赁经营三种形式。与此同时，各工业品公司和直属商店实行了按计划承包、利润定额、超额有奖、完不成计划按比例受罚的承包形式，使企业经营成果和个人所得挂钩。1988年按照县政府承包一定三年的要求，全县商业系统的体制改革采取分两步走的做法。第一步是对各企业进行清产核资，合理确定承包租赁基数；第二步是公开招标，通过答辩和民意测验，确定法人代表，再由法人代表提名，经商业主管部门批准，然后组成企业领导班子。通过竞争选承包人。随着改革的深化，打破了各种框框，又出现了商店整体出租或商店部分柜台出租的租赁形式。

2.实行批零兼营

改革开放后，由厂家到批发，再到零售的多环节的商品流通形式越来越不适应经济发展的需要，而逐渐被打破。1987年以后，克东商业系统，除服务公司所属饭店、旅店和食品公司所属厂、店外，其余各公司和所属商店都实行了批零兼营。

3.实行全员合同制

企业内部改革主要是精简机构，压缩二线人员，充实一线。1987年百货公司将原有的6个股撤销5个，成立1个综合办公室，减掉10人，充实到各商店，节省开支1万多元。食品公司撤销了城镇收购站，节省开支8 000元。1987年，首先在百货商店进行改革试点，把固定工纳入合同制管理，后又在全商业系统实行了全员合同制。

4.改革分配制度

1988年，大部分公司和较大的商店实行了"三联""五联"计酬工资制。部分零售企业实行了百元销售含量工资，有的公司实行了工龄、岗位、贡献合成工资。打破了干好干坏一个样的平均分配制度，体现了按劳分配的原则。改革促进了商业经济的发展，出现了市场活跃、经济繁荣的大好形势。

（三）退出国有实行民营

1993年，随着社会主义市场经济体制的建立，克东商业企业也进入了产权制度改革的阶段。

1.企业实行国有民营

1992年6月，国务院颁布《全民所有制工业企业转换经营机制条例》。1993年初，继商业企业实行经营承包制之后，为了全面贯彻落实《条例》要求，加快转换企业经营机制，使国合商业企业真正成为自主经营、自负盈亏、自我发展、自我约束的富有生机和活力的经济实体。克东县国有商业进行了国有民营改革。采取的基本原则是坚持全民所有，实行责任经营。原有所有制不变，将企业内部的经营权采取购买承包、持股承包和柜台承包等形式分解到人。承包人在经营上有充分的自主权，所得利润除按规定上缴外，其余归己。在承包承租期间，承包承租者工资、福利待遇等均由经营者自行解决，企业不再负担。1993年全县零售商业企业全部实行了国有民营承包。实行国有民营后企业效益明显提高，经营萎缩的局面得以遏制。

2.改革产权制度

1993年，随着市场经济体制的建立，克东县国有商业企业由于受包袱沉重、管理不到位诸多因素的影响，在市场经济的竞争中逐渐衰退，再加上体制转型所带来的冲击，致使企业连年亏损。到1995年底，商业系统所属7户国有专业公司中纺织品、蔬菜、饮食服务三大公司已经停止经营活动。其他公司也只靠处理库存、租赁房屋、柜台等收入维持退休职工和留守人员工资。

1996年，随着改革的深化，纺织品公司开始进入破产程序。二百商店、光辉百货商店等相继进行资产重组，其他公司及所属的商店也先后进入了租、改、转、破、组等多种形式的产权改革。国有资本退出商业经营，由股份制和个体私营商业体制所取代。

三、实现粮食流通市场化，粮食商业的改革不断加快

（一）粮食商业的扩权改革

由于"文化大革命"的冲击，20世纪60年代后期，克东粮食系统刚刚形成的企业管理制度遭到了破坏，企业管理混乱，经济效益低下。党的十一届三中全会以后，进行了调整和改革。在粮食征购上，1983年至1985年改革了粮食收购政策，实行粮食合同定购。每年春季将"合同定购券"发到农民手里，秋天兑现合同。完成定购任务后，允许农民在市场上进行粮食交易。既解决了农民卖粮难的问题，又活跃了粮食市场。在粮食储存与调动上，80年代对全县大型粮库进行了配套改造。全县4个粮库都使用大型地下衡，粮食经营管理机械化基本配套。克东县是粮食调出县份，每年由铁路调出粮油平均量为1.5万吨。在改革粮食收购政策的同时，进行了经营方式的改革，并进一步完善了经济责任制。粮库实行"处理性亏损定额补贴，非自理性亏损核实补贴"。工商关系实行了以库代厂的管理方法，把过去的工商间调拨加工，改为由原料采购，成品加工，产品销售到原料、成品储存一条龙的经营方式，减少了流转环节，克服了重复搬运和商品损耗。在粮油供应价格上，随着改革开放的推进，克东县粮食部门打破了粮食完全统购统销的做法，根据市场的实际需求，逐渐实行粮油议购议销业务。据统计，1983年收购议价粮3 953吨，销售议价成品粮4 887吨，食用油202吨，实现利润46.18万元。议购

议销的实行，拓宽了粮食收购渠道，调剂了余缺，充实了库存，活跃了粮食市场，收到了可观的经济效益。1984年随着粮食统购统销制度的改革，又进一步扩大了粮油议价购销经营。农村粮食管理价格也开展了粮油议价购销业务，疏通了粮油流通渠道，为逐步全面开放粮油市场积累了经验。到1985年议价粮油购销经营量已达21 854吨，净盈利15.2万元。

（二）放开粮食购销市场

粮食供应由计划向放开的转变。"七五"时期，已由计划经济转变为有计划的商品经济，但粮油供应形式并未有大的改变。虽然议价购销在改革开放初期就已经出现，并逐年扩大经营，但"七五"时期粮油供应还是延续国家关于粮油计划供应的有关政策法规进行供给。城镇居民仍凭粮本到指定粮店按定量购买粮油，粮票仍在使用，豆腐还是凭票购买。随着粮食流通渠道和形式的不断多样化，粮食市场日趋活跃，统销供应已不适应粮食经济发展的需要。1990年，克东县将城镇居民和非农业人口的工种粮油经销供应，改为议价供应。1992年以后，随着粮油供应销售市场的开放，粮油的议、平价差逐渐缩小，议价品种不断增多。同时，个体私营粮店逐渐兴办起来，国有粮油经销店随之衰落。1993年5月，粮食市场全面放开，粮食购销同价，粮食价格随行就市。城镇居民及非农业人口粮油供应票证终止了使用，国有粮店自行关闭。自1953年以来所实行的粮油统购统销流通40多年的全国和地方粮票悄然退出历史舞台。国营粮食商业独家经销粮食的格局被全面打破。

粮食购销由统购统销向议购议销的转变。从1985年开始，克东县的粮食收购由统购改为合同定购和市场收购"双轨制"。农民售粮继续实行"三挂钩"（与柴油、化肥、贷款挂钩）和按比例加价政策"双轨制"，极大地调动了粮食生产者的积极性，农民踊跃卖粮。1987年底，克东县粮食收购入库量达5.11万吨。1989年8月国务院下发了《关于改革粮食经营和加强粮食管理决定》，解决了国家和农民、政府和企业、产区和销区的一些关系和矛盾，使合同定购和市场收购趋于完善，当年全县粮食收购达6.51万吨。1990年秋粮收购由合同定购改为国家指令性的定购，要求粮食生产者必保完成。完成定购任务后的余粮，国家加价收购。加价幅度为销售平均混合价的50%，使粮食生产者得到了更多的实惠。同时兼顾了国家利益，调动了农民卖粮的积极性，到年底全县粮食入库量达10.51万吨。1992年黑龙江省人民政府决定，全省粮食购销企业实行减购放销、平议兼收、放开市场的政策，当年克东县粮食收购入库量为9.88万吨。1993年5月，粮食购销市场全面放开，实行粮食只购不销政策，把粮食购销推向了市场。

粮食议购议销，活跃了粮食市场，有力地促进了工农业生产的发展，对调剂和改善人民生活，平抑市场粮价起到了积极的作用。

（三）实行承包经营责任制

"七五"期间，经济体制改革向纵深发展，克东县粮食系统为了强化自我约束机制，对其内部的企业实行了承包经营责任制。粮库、粮店实行"盈亏总额承包、费用定额管理"的承包经营责任制；运输企业、粮油加工企业及粮贸公司、农村粮食购销公司实行了"利润包干、超利归已、超亏不补"的承包经营责任制；集体企业实行了"三包一保"（包利润总额、包企业还欠、包企业留利，保职工工资）的承包经营责任制。承包经营的企业实行厂长负责制。各企业为了把经营承包责任制落到实处，又对承包指标层层分解到班组和人头。这些承包形式，都体现了自负盈亏、自主经营的主要特点。

　　进入"八五"时期，全国粮食流通体制改革全面启动。1991年，齐齐哈尔市政府在克东县进行粮食经营机制改革的试点。县政府制定了《克东县粮食经营机制改革方案》，按照方案的要求，县粮食系统于1992年对粮食管理机制和经营方式进行了改革。在管理机制上，一是成立县粮食经营公司，强化自主经营机制。此公司同县粮食局一套人马，两块牌子，具有法人资格，行使行政和经营双重职能。二是成立县粮食批发市场，强化议价经营机制。行使管理、监督、协调、稽查的权力，为议价粮油交易提供服务。三是成立县粮食劳动服务公司，完善多种经营机制。在经营方式上，一是县政府对粮食局实行全行业承包。即按上级下达亏损指标总额包干，超亏自理，减亏全留。二是县粮食局对所属企业实行公司形式的承包经营责任制。

（四）完善各项配套改革

　　在粮食管理机制和经营方式改革的基础上，粮食各企业进一步完善了各项配套改革。一是对城镇的各粮库和粮油加工企业由过去的分散管理改为统一管理，将粮油加工厂纳入各粮库管理，使生产经营一条龙，减少了流转环节，提高了经济效益。二是对供应企业简政放权，撤销了供应公司，实行了各粮店独立核算、独立经营，增强了企业的活力。三是完善了农村粮油购销体制，将乡镇粮管所政企分开，组建了独立经营的农村购销公司，活跃了农村市场。四是健全了议价粮油经营管理体制。扩大了粮油贸易公司的职能范围，拓宽了服务领域。同时改革了议价粮油的购销办法，实行分购统销，各计盈亏，议价经营，有效地促进了议价粮油的购销。五是引入风险机制。从1988年开始粮食企业实行全员风险抵押制度，将每人每月工资的20%留作风险抵押金。年末完成承包指标的返本付息，完不成的用于补亏。使企业职工有了危机感，增强了紧迫感。

粮食企业的一系列改革，有效地调动了各方面的积极性。全系统23个独立核算单位年年都完成包干指标，90%以上的企业实现了减亏和盈利，经济效益逐年增长。

四、推进供销合作商业的改革，促进农村商品经济发展

（一）实行经济体制改革

"文化大革命"前，农村供销社发展较快，对活跃农村市场、繁荣农村经济起了至关重要的作用。1966年至1976年的"文化大革命"中，县供销合作社与国营商业合并，退还社员股金，供销社的性质由集体所有制变为全民所有制。由于经营管理混乱，亏损额达65.5万元。党的十一届三中全会以后，供销合作商业迅速恢复和发展。克东县供销合作商业本着"发挥优势、保护竞争、搞活经济、推动联合"的方针，放开手脚，打破经济区域，广开流通渠道，克服了独家经营的官商作风，采取灵活多样的经济形式，变坐商为行商，摆摊上市，扩大销售，起到了城乡交流的桥梁纽带作用。特别是随着农村家庭联产承包责任制的实行，农业生产资料需要量不断上升，1985年生资销售额比1980年增长12.2%，平均每年增长2.3%，超额完成了"六五"计划。

1984年至1985年，全县供销合作商业全面实行经济体制改革，由国营变集体，供销社恢复为供销合作社联合社，吸收农民股资，干部由任命制改为选举制，恢复县理事会和监事会。供销联社建立农工商联合服务中心，坚持"两扩""两推"，即扩大经营范围、扩大服务领域，推销农副产品、推销地方工业品。至1985年社员入股28 505人，股金达18.45万元，并分别实行了"联产计酬"和"大包干"的办法，利润包干到组，盈亏自负，工资浮动，改变了过去统得过死的弊端，使农村供销商业越搞越活。

（二）完善承包经营责任制

1984年至1985年，克东县供销合作商业在完成由官办为民办、由全民为集体的体制改革后，又加快了改革的步伐，于1987年至1990年，在全系统推行了承包经营责任制。县联社对所属的公司和基层社采取计划承包、联销计酬、工资百元含量、利润分成、利润包干、上打租金、风险抵押等承包形式，各公司、社对所属店（部）都采取了灵活多样的招标承包和租赁经营的形式。由于采取了比较切合实际的承包方式，有效地调动了职工干部的积极性，大多数单位都取得了较好的经济效益。

（三）简政放权

1990年，本着政企分开，让企业自主经营的精神，克东县供销系统把企业经营权、人员组合权、费用开支权、工资分配权、福利待遇权、干部职工奖惩权等全部放给了企业，使企业真正拥有了自主权。

（四）改革经营方式

"七五"期间，大力开展了联购分销业务。根据实际情况，制定联购分销方案，实行一业为主，多种经营。各公司、门市部和基层社都开展了小批发业务，多方面扩大销售。仅1990年联购方从省内外30多个公司和厂家直接进货200多万元，实现联购分销150多万元。

（五）供销合作商业实行"四放开"经营

继国营商业实行"四放开"经营之后，县社系统为了改变经营范围逐年缩小、经济效益逐年下滑、企业负担沉重的不利局面，于1992年开始实行"四放开"经营。在经营方面，一是调整了企业经营结构，改变了过去大而不全、小而不专的经营结构，向具有专业特色的方面发展。二是拓宽了经营范围，各企业根据自身的情况和特点，优选适销对路的经营品种，扩大了经营范围。在价格方面，对县以下管的商品价格全部按市场供应情况自主作价。在分配方面，与企业的"向前移位，进档达标"承包责任制相结合，坚持按劳分配的原则，实行浮动工资。在用工方面，推行了"三制""三岗"和"双辞"的制度。全供销系统在岗人员全部实行了合同制管理。有15名企业的中层干部落聘，有51名工人被选聘到中层领导岗位上来。

"四放开"经营，调动了供销系统各部门和职工的积极性。仅半年时间就取得了较好的经济效益。1992年1—6月份供销系统实现商品销售总额4 706万元，比同期增长1 276万元，费用比同期下降0.25%，比同期减亏20.7%。

（六）产权制度改革

"八五"期间，随着经济体制改革的深入发展，农村经济越来越活跃，同时市场竞争也更加激烈。基层供销社由于经营机制和管理方式不能适应市场经济的需要，加之历史包袱沉重，经营逐渐发生萎缩，经济效益开始下降。为改变这种停滞状态，县供销联合社按照中共中央、国务院《关于深化供销社改革的决定》，逐步对资不抵债、扭亏无望的基层供销社和县社所属的公司，实行了变卖资产和租赁经营。后又进行了股份制改造和开放办社等改革，并积极推进"万村千乡"市场工程，使农业生产资料供应和农副产品购销走上了市场经济的轨道。

五、个体私营商业的发展，使城乡市场呈现出空前繁荣景象

进入"九五"时期，随着产权制度改革的推进，全县大部分国营商业和集体商业相继解体，取而代之的是股份制和个体私营商业。个体私营商业的发展改变了全县商贸经济所有制结构，推动了市场经济的发展，打破了沉闷萧条的经济局面，克

服了经营中的诸多弊端，管理机制优化，个体私营经营者真正做到了自主经营、自负盈亏、自我约束、自我发展，给城乡市场带来了活力。

（一）个体私营商业全面占领克东商贸市场

1997年，经过产权制度改革，国营商业和集体商业大部分开始退出商业经营。粮食商业企业除五个粮库和制粉厂、浸油厂、制油厂、盐业公司外，其他企业和粮店均退出经营舞台。供销合作商业于1996年末对所属企业和基层供销社实行变卖和租赁经营，即除生产资料公司等几家企业外，其他企业和基层供销社全部转为民营。物资、外贸企业于1996年至1997年进行了产权制度改革，只有少数职工参与租赁经营，大部分职工下岗自谋。至此商贸系统国营和集体企业基本解体，全县商贸经济由个体私营经济所取代。

（二）商贸经济呈现繁荣景象

个体私营商业取代国营集体商业后，商贸市场日趋活跃。个体私营商业以市场为导向，经营灵活，随购随销，没有中间环节，服务热情周到。在结算方式上，一改过去开票付款的传统销售方式，一手钱、一手货，节省劳力，方便顾客。在经营方式上，有的租房、租屋开商店，有的租摊位摆地摊，有的走街串巷，等等，各种买卖形式不一而足。在经营类别上，有服装、玩具、文具、家具、化妆品、药品、医疗器材、家电、通讯器材、食品等各种生活必需品。过去市场上买不到的商品现在到处都有，过去紧俏的商品现在不紧俏，过去稀缺的商品现在不稀缺。在经营行业上，有餐饮、服务、百货、医药、建材、粮食等，各门类齐全。在城镇，商贸业生意红火，购销两旺。个体私营商店等经营场所和网点覆盖了整个城镇的商业区。一个行业齐全、服务周到、经营有序的个体私营经济的新格局初步形成。在农村，个体私营商贸蒸蒸日上。乡村期贸大集长年不断，工业品和农副产品相互交流，买卖兴隆，方便了群众。酿酒、榨油、做豆腐、漏粉等个体作坊遍及乡村。农村个体私营商业的发展，更新了农民的生产经营意识，使大批农民走向市场，大批农副产品进入市场，促进了农村经济的发展，全县商业贸易一片繁荣。到2000年，全县商品纯销售额3.29亿元，比1996年的2.7亿元，增长22%。

第四节　各项事业蓬勃发展

党的十一届三中全会以后，在改革的推动下，随着经济的发展，克东县各项事业发生深刻变革，呈现出一片繁荣的景象，促进了经济社会全面进步。

一、教育事业全面发展

（一）整顿改革，促进教育迅速发展

粉碎"四人帮"后，经过拨乱反正，使中小学教师的政治地位和社会地位不断提高，但由于"文化大革命"的原因，就全县而言教师队伍的知识结构、业务水平还很低。为提高师资水平，县委、县政府采取了如下措施：一是整顿队伍。对教师队伍在1980年整顿的基础上，1983年暑假期间又一次进行整顿，对1978年底以前当民办教师而未得到合格证的和1978年底以后的临时民办教师、临时代课教师由县统一组织进行文化考核，经考试合格者录用，不合格者辞退。缺额部分从农村社会青年中经考试，择优录用了一批代课教师。以后又相继接收了一些师范院校毕业生，使教师队伍整体水平有所加强。二是在职培训。粉碎"四

人帮"后，恢复了县教师进修学校，教师培训和进修工作有序开展。1976年进修校举办了四期小学教师训练班和一期英语教师训练班。1978年又办了为期一年半的英语教师训练班，培养英语教师80余名，解决了英语师资不足的问题。三是离职进修。1978年抽调40名有培养前途的教师送入师范院校进行离职学习。1982年至1985年办了多期脱产教师培训班。四是函授进修。1978年开始先后有166名教师参加了省广播学院函授学习。县教师进修学校于1978年、1980年、1985年共招收中师函授语文、数学两科学员1 730人。通过在职培训和进修，这些学员提高了文化水平，都成为中小学教师中的骨干。五是开展教研活动。为提高教师的业务水平，提高教学质量，县教育科、教师进修校积极组织全县中小学开展教学研究活动。经常举行全县规模的教学研究、课堂公开教学等活动。各中小学也建立了听课、讲评等教研制度。

（二）基础教育走上正常轨道，全面有序发展

克东县通过教育综合改革，提高了教育教学质量，完成了"普九"任务，促进了基础教育全面迅速发展。

1.中小学教育稳步发展

"文化大革命"期间，小学教育受到严重破坏，不仅教学质量严重低下，入学率也急剧下降。粉碎"四人帮"后，小学教育得到了迅速恢复和发展。1979年，县政府对全县小学教育进行了全面整顿。先调整了农村网点和布局，改善了办学条件，提高了适龄儿童入学率。到1985年全县适龄儿童入学率达到97.4%，完成了全县普及小学教育任务。在普及小学教育的基础上，1986年县教育主管部门制定了《克东县实施九年义务教育规划》，推进了九年义务教育的实施。到1995年适龄儿童入学率达到99.1%，巩固率达到98.9%，普及率达到98.5%，小学毕业生合格率达到95.2%。为普及九年义务教育打下了良好基础。到2000年全县小

学在校生20 042人，适龄儿童入学率达到99.6%。

1978年，为了改变中学教育质量严重下降的状况，根据上级精神，农村大队的中学点大部分撤销，各公社只在所在地办1所中学。并确定县第一中学为重点中学。1985年，根据《中共中央关于教育体制改革的决定》，全县中学调整为15所，其中一、二、三、四中为完全中学，各乡镇中学为农业职业中学（初中班仍为普通初中）。办学条件也有了改善，农村中学校舍都建成了砖瓦房，克东一中新建了一幢3 218平方米的教学大楼。"七五""八五"期间，在基本普及初等义务教育的基础上，全面推进了"九年义务教育"，义务教育的"四率"基本达到国家的要求。1998年，克东县通过国家"普九"验收，全县普及九年义务教育任务全面完成。

1986年，克东县各乡镇中学的高中班相继撤并，只有克东二中、三中、四中附设高中班。1989年，克东一中变成了完全高中，其他中学高中班先后撤并。随着教育事业的发展和办学质量的提高，克东一中办学规模逐年扩大，升学率逐年提高。继1991年高考升学人数首次突破百人大关后，1995年又突破200人大关。

2.学前教育健康发展

1976年以后，县直机关、商业、文教系统相继办起了幼儿园。各系统、各乡村相继成立了托儿所和幼儿园，许多学校开办了学前班。到1993年，县教育第一幼儿园入园儿童达到420人，园内设有儿童活动室、保健室、微机室、教研室、寝室、食堂等；有室外、室内、桌面三大类玩具。教学设施比较完备，学习生活条件较好，教学质量较高。2004年，县政府制定了《克东县民办幼儿园分类标准及管理办法》，统一了幼儿园教材，教学内容涵盖自然、社会、语言、数学、健康五个领域。办学条件也有很大改善，在美化校园环境的同时，很多幼儿园都购置了微机、幼儿学具、玩具等。县进修校的视导员、教研员坚持到学前班进行检查、听课、评课、指导教学，初步形成了规范的学前教育体系。到2010年克东、宝泉两镇有公办幼儿园4所，个体幼儿园35所，入园儿童2 090名。其他乡镇共有个体幼儿园13所，入园儿童816名。全县学前三年幼儿入园率为62%，学前一年幼儿入园率为96%。

3.特殊教育快速发展

1990年8月，克东县把残疾儿童的培养教育纳入工作日程，开始招收10名聋哑儿童入学，在第二小学开设一个教学班。"九五"期间，县委、县政府进一步加强了特殊学校的建设，于1996年正式成立了克东县聋校，面向全县及周边地区招收7—15周岁聋哑儿童入学，使"三残"儿童随班就读巩固率达到100%，"三残"儿童一体化实验教育效果显著。1998年4月，国家教委基教司特教处领导来克东视察，高度评价克东县特殊教育做到了"政策超前、措施超前、投入超前"。1999年8月，聋校又创办了培智班，开始招收弱智儿童入校学习，使克东县的特殊教育从单一的聋哑教育开始向全面的特殊教育发展。2001年7月，克东县聋校更名为克东县特殊教育学校。2010年末，学校已有教职员工21人，教学班7个，共有学生48人。"三残"儿童入学率为98.4%，巩固率100%。克东县特殊教育学校始终坚持"以德育人、以情感人、以心暖人、全员教育、全程管理、因材施教、育残成才"的办学理念，取得了优异的教育教学成果。先后有40多名学生在县里举办的各类文艺演出和中小学生书画比赛中获奖，有多名学生考入齐市聋校初、高中。聋哑学生李志强成为国家残疾人男子篮球运动员，宋晓楠在2002年省残疾人运动会上一举夺得60米、100米和跳远三块金牌，并入选国家残疾人女子篮球队，成为主力队员。克东县特殊教育学校是省级标准化特殊学校。作为"黑龙江省金钥匙工程"示范县，盲童随班就读工作经验也得到了省、市有关部门的充分肯定。

（三）强化教师队伍建设，全面提升教师素质

为提高教师的思想政治素质，改革开放后，县教育主管部门对全县教师多次开展了师德师风教育。"九五"期间，开展了以"讲学习、讲政治、讲正气、讲团结、讲廉洁、讲效率、讲创新、讲形象"为内容的"八讲"教育活动和以"创名校、当名师、做名生"为内容的"三名"活动，实施跨世纪园丁工程。还利用寒暑假期间举办优秀教师事迹报告会，大力弘扬教书育人的先进典型，极大地提高了广大教师的思想水平，激发了工作的积极性和主动性，形成了比学赶帮的良好风气。同时，还建立健全了师德师风的日常考核机制，把师德师风作为教师考核的首要内容和职务评聘的重要依据，经常进行监督检查。

"十五""十一五"期间，师资队伍建设进一步加强。县教育主管部门把2002年作为"师德师风建设年"，制定下发了《整顿师德师风工作方案》和《克东县教职工管理办法》，在教师中开展了"十不"行为规范宣传教育活动，加大了对违反师德师风行为的查处力度。多年来，不断开展"百名教师进千家""规范教师行为，展示教师风采""教师职业道德文明用语"和"教育行风建设双十佳"等活动，不断提高了广大教师的思想政治素质、职业道德修养和师德师风水平，塑造了人民教师的良好形象。

为提高教师的业务水平，发挥骨干教师、学科带头人、名师教学作用，"九五"期间，县教育主管部门采取名师带、骨干教师帮、以强带弱、以一带十的方式，促进教师整体素质的提高。每年都要进行岗前岗位培训、理论培训和教学技能培训。先后举办了中小学初级职务培训班、中小学普通话过关全员培训班、电

化教育基础知识全员培训班、中小学县级骨干教师培训班等。对中小学各科的教学大纲、教材、教法的常规培训年年都要进行。各类教研活动也卓有成效。各校都开展了集体备课、相互听课、领导作课等活动。县教师进修校教研人员经常深入各中小学校听课、评课、作课、参与教研、指导教育教学。多次召开全县性说课现场会、语文快速作文经验交流会等。"十五""十一五"期间，县教育主管部门始终坚持"先培训，后上岗，不培训不上岗"的原则，先后对教师进行了计算机、心理健康教育、远程教育、课改等各类培训。仅2010年一年就组织教师参加省、市、县级培训1 300多人次，参加远程培训的教师有千人之多。通过实施"跨世纪园丁工程"，邀请教育专家讲座、教师集体备课、岗位练兵、公开课赛讲、基本功比赛、骨干教师上挂下派、教师论坛等活动的开展，提高了教师的业务理论水平，增强了实际教学能力，先后有160人次在国家、省市教学技能大赛中获奖。全县共承担国家级科研课题8项，省级科研课题11项，市级科研课题79项；全县有各级骨干教师785名，各级优秀教师956名，其中12人获得全国优秀教师光荣称号。

思想政治素质和教育教学水平的提高，使教师队伍的整体水平大幅度提升，逐步形成了一支政治坚定、思想过硬、品德高尚、知识丰富、业务精熟、勤于育人的教师队伍，到"十一五"末，全县小学、初中、高中专任教师合格率均达到了100%。

（四）实施素质教育，全面提高教学质量

素质教育主要是培养学生的创新精神和实践能力，党中央对素质教育十分重视，1999年6月，中共中央、国务院下发了《关于深化教育改革，全面推进素质教育的决定》。为开展好素质教育，根据中央精神，2001年县政府制定了《克东县中小学校推进素质教育的实施意见》。县教育主管部门多次组织召开各种

形式的素质教育现场会、演讲会、经验交流会，组织素质教育报告团、创新教育与心理健康教育宣讲团在全县巡回作报告。全县各级学校形成了德智体美劳一起抓、校内外一起抓、软硬件一起抓、师生一起抓、学校家长社会一起抓的局面，全面推进了素质教育的开展。

素质教育的实施，推进了教育教学方法的创新和提高。全县中小学校遵循教育规律，大胆探索，勇于实践，坚持教法、学法、考法、管法四位一体，同步推进。全面优化教学过程，全面贯彻落实"学生为中心，学生为主体，学生是学习的主人"的教育思想和教学原则。在教研活动中，一是继续推广"三算""注提"教改实验、愉快教育方法、初中目标教学和上海黄浦经验。克东县是全省"注提"和"三算"教研中心，被评为省先进单位。"传美教育"和"学法教育"经验，被评为黑龙江省第三届中小学优秀教育科研成果三等奖。二是探索和研究了许多先进教学法。如语文课的"教方法、教规律"，化学课的"三边教学法"，生物课的"引导探索式"教学法等。三是考法的更新。主要是推广了小学《分项考核、按等评估》的考试改革成果，减轻了学生过重的课业负担。四是完善授课管理法。就是从教学入手，加强常规教学管理。县、乡、校多层次、多角度地开展了送好课下乡、公开课赛讲、课堂教学研讨会、优秀教案评比活动，促进了教学质量的大幅度提高。五是开展教学改革教学研究活动。2004年以来，全面实施了课程改革。县教育主管部门下发了《克东县基础教育课程改革实施方案》，先后组织部分学校校长和有关教师参加省市组织的各种培训，到外地学习课改先进经验，邀请省级专家为全县课改教师讲学。各学校积极举办新课标教学研讨会、课改观摩会等教研活动，开展了"全县中小学新课程改革优质课大赛"活动。先后召开了农村远程教育应用实际教学现场会、全县远程教育应用教学现场会等教研活动，使教师运用远程教育整合课堂教学的能力得以提高，全县先后有5所学校获市级课改先进校称号、12名教师获省级课改教学能手称号、37名教师获市级课改教学能手称号。到2010年，全县小学毕业生合格率达100%，初中毕业生合格率为98%。在2010年高考中一般本科进段率为46%，重点本科进段率为11%，一本上线人数115人，二本上线人数480人，有2名学生进入高考全齐齐哈尔市前10名。

（五）加大教育投入力度，全面改善办学条件

改革开放以来，县委、县政府按照"一手抓经济，一手抓教育，举全县之力办教育"的工作思路，不断加强对教育的投入，使全县的教育基础设施建设发生了巨大变化，促进了教育事业协调和均衡发展。

1.教育投入不断增加

"七五""八五"期间，本着"教育优先、保证需求、多方筹措、政策倾斜"的原则，在经费计划拨付、教育事业附加的征收和管理等方面，都给予了全力支持。在保证地方财政教育经费"两个增长"的同时，提取机动财力的20%，用于改善办学条件。同时强化政府的兴教职能，鼓励社会力量办学，发动群众捐资助学等，共筹集资金5 090万元，使全县的办学条件得到了明显改善。

2.校舍建设不断升级

1986年以前，全县校舍砖瓦化程度仅占55%，危房面积占校舍总面积的24%，农村乡以下学校大多数是土草房，有校墙的更是寥寥无几。1990年至1995年，全县新建校舍83 890平方米，翻建和维修校舍4 609平方米，建成7所教学楼，总面积16 184平方米，使全县校舍砖瓦化率达到96%。为加强学校的规范化建设，1997年全县投资1 957.6万元用于校舍建设，使第四中学综合楼、

昌盛中学教学楼交付使用。1998年全县中小学校舍全部实现了砖瓦化。"十五"期间，础设施建设进一步加强。全县累计投入资金4 000万元，新建和维修城乡校舍6.2万平方米。先后新建了三中教学楼、三小教学楼、实验小学教学楼、二中实验楼、一中科技楼、一中体育馆、一中学生公寓等；新建和维修了金城中学、宝泉德胜小学等农村中小学校舍24所，彻底消灭了D级危房；新建城乡学校厕所5所，改造维修厕所20所。学校的环境建设也进一步加强，到2005年，全县90%的学校都达到了"花园式"标准。"十一五"期间，又投资15亿元，新建了第三中学宿舍楼、第一小学教学楼、特殊学校教学楼、职教中心教学楼、第一中学万米教学大楼和体育场、乾丰中学教学楼、第四中学教学楼、玉岗一中教学楼、昌盛乡山河学校教学楼。

3.教学设施不断完善

1986年以前，全县各级各类学校的教学设备相对落后。图书、教学实验仪器、各种体育器材严重不足。为了改变教学设备差的状况，1989年县、乡财政和各部门共投入75.7万元用来购置教学设备。在全县中小学装备了实验室51个，电教室7个，图书室9个，医务室6个，体育室2个。"七五""八五"时期，购进教学仪器10 612件，增加体育器材2 090件，购买图书42 037册。半数以上的学校建起了完整的实验室或综合实验室，为教育教学工作提供了保证。"十五"期间，先后投入资金500多万元，逐步完善了学校"三室"建设，更新和补充教学仪器、设备、音体美器材15万台件，购置图书10多万册，更新课桌椅1 200多套。为城镇部分学校和农村初中购置了720台微机，保证了全县信息技术教育课开课率。为加强学校信息化建设，又先后投入800多万元为全县中小学购买大量教学仪器和课桌椅，安装了远程教育设备。同时，争取到中国红十字会扶贫书库捐赠的图书30多万册。

2009年，克东县在全省率先启动了教育资源整合工作，将全县农村中小学校合并至19所，投资300余万元购买17台农村学生专用校车，对2 800名农村中小学生实行免费接送。"十一五"末期，全县已有6所学校晋升为省级标准化学校，占学校总数的22%，教育基础建设进入了全省县级先进行列。

（六）职业教育与成人教育成绩斐然

1.职业教育成效卓著

自1979年成立了县技工学校开始，克东职业教育不断发展壮大。到1986年，全县已有技工学校、职业中学、农业技术高中、卫生学校四处职业学校，专门进行职业技术教育。1994年7月，上述四处职业学校与电大克东分校合并，成立县职教中心。"十一五"期间，为满足市场对技术人才的需求，加快县域经济的发展，县委、县政府确立了"以加强职教中心基础设施建设和举办培训班为重点，坚持市场指导、联合和委托办学"的发展职业教育思路，推动了职业教育快速发展。

（1）加强基础设施建设，改善办学条件。从"十五"开始，县里除投资扶持各乡镇建好综合中学和农民技校外，还投资为县职教中心建成了综合实验楼和6 240平方米的综合教学楼，先后维修了实习车间27间，新建2 000平方米机械和服装加工生产基地和1 800平方米的手工编织基地以及汽车修理、家具设计与制造基地，建成了科技环保型现代养猪场1处。到"十一五"末期，职教中心已有校区3处：校本部校区、城西编织基地校区、润津养殖基地校区，总占地面积4.88万平方米，建筑面积1.26万平方米；有教学楼、实训楼和宿舍楼及学生实习实训基地5处。校内建有机械加工、焊接、电工电子、服装制作、汽车修理、数控技术、机电一体化、手工刺绣、手工编织等实习实训室14个，微机室3个，多媒体教室1个，联网微机140台以及学习、实习所需各类教学设备和仪器。学校的教学、教务管理均实行信息化。一流的教学设施和办学条件奠定了职业教育快速发展的基础。

（2）拓宽办学渠道，培养各类技术人才。"十五""十一五"期间，克东县职业教育形成了以职业教育为主体，以各类短期培训为补充，以乡镇综合中学为基础，以村民文化技术学校为依托，融职前职后教育为一体的办学格局。校内设有中职教育班、成人教育（本、专科学历）和短期培训3个教学系列，开设了数控技术、计算机应用、机电一体化、机械加工、模具、焊接、电子、服装、汽修、刺绣、编织等18个专业。共培训各类技术人才11 590人（包括邻县农村青年和待业青年）。其中，在本地安置就业5 530人；向外埠有组织输送各类技术人员6 060人，其中90%在"长三角""环渤海"一带企业就业。

除大批青年就业和创业外，教学和生产成果也相当丰硕。在北京举办的"实施温暖工程，促进县域经济发展"成果展上，克东县职教中心编织基地生产的"卧彼丽高"牌车座垫受到了与会者及客商的一致好评，在哈尔滨市和兰西县订货会上再次成为抢手品牌。满绣作品荣获省最佳民间工艺奖、百花杯金奖，其产品远销俄罗斯、法国、韩国、中国台湾等国家和地区。2009年5月，克东满绣被省政府确定为第二批省级非物质文化遗产。

克东县的职业教育赢得了"思路超前、特色突出、基础健全、成绩斐然"的赞誉，县职教中心先后被确定为"国家农村劳动力转移阳光工程培训基地""省扶贫开发培训基地""市职业技能培训基地"，被中国地区开发促进会授予"中国西部教育顾问单位"，并获省部级重点校、全省教育系统先进集体等多项荣誉称号。

2.成人教育绩效突出

1981年10月成立了克东电大工作站，克东县成人教育开始起步。1983年10月，克东电大工作站改为黑龙江省广播电视大学克东分校。由于办学成绩突出，嫩江地区于1982年和1983年先后两次在克东召开现场会，推广克东电大分校的办学经验。1985年5月，市委组织部、党校、成人教育办等四家联合在克东电大召开了"提高教学质量现场会"，推广了克东电大因需办学、因材施教、定向培养的成人教育模式。1994年7月，电大并入职教中心。

在克东电大独立办学的14年中，共招收中文本科学员196名；专科12个专业，学员1 207名；中专、职高9个专业，学员389名。克东电大为全县各条战线培养了大批人才，为克东的发展做出了贡献。

二、文化事业不断发展

（一）改革管理体制

党的十一届三中全会以后，经过调整、改革，克东县文化事业有了新的生机，文艺创作和演出呈现繁荣景象。1984年文化系统开始了管理体制改革。电影公司、电影院、新华书店、评剧团、民间艺术团都实行了不同形式的经济承包责任制。文化馆、图书馆等单位也都完善了各自的岗位责任制，建立健全了各项规章制度。县评剧团实行了工资浮动、费用包干的承包办法，下乡演出实行定人员、定场次、定收入、费用包干、工资福利部分浮动的承包制。民间艺术团打破原有的工资分配形式，实行按劳动态度、水平高低、贡献大小、评定等级付给工资的办法，调动了演职人员的积极性和主动性。

（二）文艺创作成果丰硕

改革开放后，解放了思想，文艺创作开始复兴。从1978年开始县文化馆举办了各类文学创作学习班，培训和造就了一批文艺创作人才。1984年，县专业创作者创作的单出头《换新装》获嫩江行署文化局、文联、嫩报联合举办的庆祝新中国成立35周年征文佳作奖，《秋嫂逼债》《局长设宴》获嫩江地区首届地方戏会演三等奖。1985年县文工团创作的拉场戏《县令招亲》演出百场，获省文化厅超百场剧目奖，并由省台制成盒式录音带全省播放，并全国发售。"七五""八五"期间，文学艺术创作非常活跃，成果十分突出。1986年，县文化专业干部和业余文化爱好者创作的摄影作品《秧歌》在齐市第二届青年摄影比赛中获一等奖；《晨》《归》两幅作品在全国首届激光全息摄影比赛和黄金年赛中入选。有3人的书法作品被送往日本宇都宫市参展。歌曲作品《小雨打湿了军衣》《小镇你好》在齐市第四届龙沙音乐会上分别获二、三等奖。有多幅美术、书法作品分别在省、西北地区艺术节、齐市油画进省展、春联金英展、高等人体美术班中展出。其中有多幅作品分别发表在省农村报、青年报和鹤城晚报上。

业余创作也取得了可喜成绩，有一批诗歌、歌曲、舞蹈分别在国家和省级刊物上发表。1995年《小城轶事》《奔头馆长》在全省小说作品研讨评比中获二等奖，《心事》《王老蔫的心事》获三等奖；油画《小院》《苍穹》在第五届鹤城美展中分获二、三等奖；油画《河谷》在全省青年美术书法大赛中获二等奖；《虾》《蟹》《蛙》在全国首届"琴岛杯"书画大赛中获荣誉奖；国画《鹰》在第三届"双龙杯"全国少儿书法大赛中获三等奖，国画《金鱼》获优秀作品奖；油画《起点》在第十一届亚运会体育美术作品展中获得铜牌。书法作品也分别在中华书法研讨会上和中学生硬笔书法大赛中获得段位和三等奖。"十五"以后，文艺创作成果更加丰硕，创作了一批思想性强、反映群众生活、脍炙人口的文艺作品。独舞《弯弯的月亮》在全省"蒲公英"大赛中获辅导、创作一等奖。摄影作品《父与子》被选入《世界精品摄影集》，《母与子》获联合国科教文组织亚洲文化中心举办的专题摄影大赛优胜作品奖，并被编入获奖作品集。油画作品《天路》获黑龙江省"群星奖"金奖。

（三）专业文艺活动有声有色

"文化大革命"结束后，恢复了克东县评剧团。"文革"中受到打击和迫害的演员重新回到了工作岗位，并从外地调进了一些名演员，壮大了演艺队伍，提高了演艺水平。除在剧场演出外，还下农村、进工厂为广大群众演出。先后演出了《十五贯》《秦香莲》等20余个优秀传统剧目和现代剧目《蝶恋花》《苗岭风云》等。1987年后，全县的文艺创作演出水平在数量和质量上都有了更大提高。县剧团1987年演出的单出头《红月娥作梦》获省首届天鹅艺术节一等奖。1992年县剧团编排的创新二人转《化蝶》进京汇报演出，获得了奖项。在1994年全省地方戏创作评比演出中，县剧团的单出头《自作自受》获得表演一等奖，1995年此剧在全国曲艺节上又获"牡丹杯奖"。创作的单出头《翟二嫂打赌》、歌曲《情哥哥你急啥》在"我爱黑龙江黑土地杯"征文比赛中，分别获一、二等奖。独角戏《好军嫂》、小品《挺起来》均在1998年北京抗洪救灾演出中被文化部艺术局授予表演一等奖。单出头《人生要把正路走》获1998年全省县级剧团调演编剧、导演一等奖。"十五""十一五"期间，专业剧团成绩突出。县剧团演出的单出头《腐乳飘香》和二人转《连心袄》《争祖宗》，单出头《过吊桥》分别获全省第一届和第二届"白淑贤杯"地方戏调演一等奖。

由于文化工作成绩显著，1994年11月，克东县被命名为全省文化先进县。1995年5月，国家文化部将克东县命名为"全国文化先进县"。

（四）城乡文艺活动异彩纷呈

"七五""八五"时期，全县城乡群众性文化活动就十分活跃，到"九五"时期更加丰富多彩。除召开每两年一届的"兢山艺术节"外，从1998年开始，在城乡分别开展了"广场文化"和"金色田野文化"活动。举办了有城镇十几个部门和各类业余文化团体参加的周五、周日的文艺演出和秧歌表演活动。因广场文化活动深受广大群众欢迎和喜爱，2000年6月，县委办下发了《关于印发克东县广场文化活动方案的通知》，使广场文化活动一直坚持下来，已形成制度化和规范化。

为保证在农村开展的"金色田野"活动顺利开展，县里下发了《克东县"金色田野"活动方案》，并拨款责成文化主管部门购置设备，组装大棚式流动舞台，供各乡镇集中演出使用。文化馆抽调业务骨干组成多个辅导组定期对各乡镇的业余演出队进行艺术辅导。2000年，三个乡镇被评为省级文化工作先进单位，县文化局被授予"全省农村金色田野活动先进单位"称号。

"广场文化"和"金色田野"活动密切结合，城乡互动，使城乡群众文化得到交流和融合，极大地推动了全县群众文化活动的繁荣和发展。

（五）文物保护力度加大

为做好文物管护工作，县委、县政府认真宣传贯彻《文物保护法》，建立健全了文物管理机构，落实了专项保护经费，编制了"十一五"文物保护规划。以国保单位金代蒲峪路故城遗址为重点，加大了保护力度，完成了蒲峪路故城遗址被破坏部分的全面回填、修筑拦水坝、发掘勘探3个项目，并通过省文体厅审核上报给国家文物局文物数据库。文物管理部门还从民间找回在"文革"期间二克山上丢失的4座"九孔透龙雕碑"，维修后安放原址。为保护位于县城南门外公路东侧的"浩气常存"碑（县级重点文物），县民政部门于2004年出资在原址建仿古凉亭，置浩气常存碑于内。2010年，按照国家文物局和省文化厅要求，进行了第三次文物普查，共登记不可移动点123处，其中复查22处，新发现101处，整理文字及影像资料档案21卷，顺利通过黑龙江省全国第三次文物普查验收组验收。

2009年12月9日，县政府将克东满绣、张氏剪纸、董氏泥塑、克东腐乳、朝鲜族民俗舞、楞严寺庙会、钟灵观庙会列入县级首批非物质文化遗产。

三、体育事业稳定发展

（一）学校体育进一步加强

粉碎"四人帮"后，随着教育事业的振兴，体育工作也受到各级政府和中小学校及社会各界的重视。1978年，全县中小学认真贯彻教育部颁发的《中小学体育教学大纲》和教育部、国家体委、卫生部联合下发的《加强学校体育卫生工作暂行规定》，落实了"两课、两操、一活动"（每周两节体育课，每天做眼保健操、广播操，每天一节体育活动）制度，推行了体育锻炼达标活动。学校体育工作的加强，增强了学生的体质，提高了体育运动水平。1976年嫩江地区中小学排球赛，克东一中获中学组男排第二名，女排第三名；实验小学获小学组男排第三名，女排第四名。1978年嫩江地区乒乓球赛，克东少年女子团体获第二名，少年男子单打获第六名。1979年嫩江地区篮球赛，克东少年男篮获第二名。1981年嫩江地区青少年业余体校排球赛在克东举行，克东县体校男排获第二名，女排获第三名。1982年冬，全省开展百万青少年上冰雪活动，克东县上冰人数达12 900人（次），获嫩江地区青少年冰上活动先进县称号。"七五""八五"期间，克东县认真贯彻落实《国家体育锻炼标准》和《中学生体育合格标准》，大力开展学校体育活动，推动了体育《标准》的贯彻实施。全县中小学学生体育合格率达85%，全县中学体育达标率达71%。

（二）群众体育十分活跃

1976年后，群众性的体育活动十分活跃，除传统的跑步、登山、篮球、排球、乒乓球、棋类、大秧歌等项目外，门球、健身操、台球、太极拳、太极扇、武术、钓鱼、信鸽等新的体育项目也逐渐兴起，并得以蓬勃发展。羽毛球、桥牌、风筝等体育项目也有一些爱好者开始组织活动。1978年嫩江地区乒乓球赛，克东县获社会男子团体第三名，女子单打冠、亚军，男子单打第三名，男子双打冠军，混合双打冠军，女子双打第二名。在参加嫩江地区象棋比赛中克东选手，1981年获第二名，1982年获第七名，1983年获第五名。围棋选手也在全地区比赛中获过第三名的好成绩。

从1986年开始，克东县认真执行《体育法》，贯彻落实《全民健身计划纲要》和《奥运争光计划纲要》，大力开展全民健身活动，使体育社会化进程迈出了坚实的步伐。"七五""八五"期间，全县共举办6次全县体育运动大会。破县田径纪录达70余次。全县群众性的体育活动项目近30项，先后成立了棋类、门球、乒乓球、武术、钓鱼等十三个体育协会，有力地促进了群众体育活动的开展。1990年8月28日，克东县举行了盛大的亚运火炬传递活动，近万人将克山县传递过来的亚运圣火迎接到克东。8月29日，在县体育场举行了"亚运之光"火炬接力仪式，3万余人参加了盛会。下午3时，组织了护送亚运圣火队伍，在乾丰镇传递给拜泉县。

2002年县里召开了综合性体育运动大会。2009年，又在新建的现代化体育运动场成功地举办了全县第三十届体育运动大会。

全县40多个单位，7 000多人参加了检阅，1 000多人的开幕式大型演出气势宏伟、精彩纷呈。十多辆彩车展示出了克东欣欣向荣的美好景象。3 000多人参加的集体操表演，形式多样，编排新颖，各具特色，充分展示了克东人的精神风貌和和谐向上的人文环境。此次赛会，规模宏大，组织严谨，现代化手段的运用，使这次运动会达到了历史最好水平。

（三）体育设施提档更新

为加强体育基础设施建设，1987年县政府筹资20.5万元，在县体育场修建了二层800平方米的训练大厅和观礼台。1989年增建了水泥篮球场地，为业余体校的训练和群众性体育活动提供了场地和设施。2006年后，县委、县政府加强了体育设施建设。按照《公共文化体育设施管理条例》规定，对全县公共体育设施进行了安全状况检查和全面检修维护。申报了"全民健身工程"、路径工程及农篮工程等项目，购买体育设备，改善农民群众健身环境。为金城乡（现蒲峪路镇）幸福村、润津乡忠信村、玉岗镇北兴村修建了篮球场地，为休闲广场配置了健身器材，为克东一中修建了体育馆和设有塑胶跑道、主席台、观众席和灯光的现代化体育场。

四、卫生事业协调发展

（一）基础设施建设不断加强

党的十一届三中全会以后，克东县卫生事业得到了长足发展，医疗设备、医疗水平等都有很大改善和提高。特别是"十五"后，加强了各医疗单位的基础设施建设。建成了疾控中心大楼和县医院传染病房楼，为农村5个乡镇新建了卫生院，扶持各村解决了村卫生所用房，并为其增添了医疗设备。2006年建成了建筑面积为5 721平方米的县人民医院门诊综合楼。其内部设施达到二级甲等医院标准，安装了价值18万元的监控系统、床旁供氧系统、中心呼叫系统，购置了价值16万元的微机和打印机38台（套），全部实行了微机网络化管理和无纸化办公；在外科、妇产科、儿科安装了背景音乐；全院安装程控电话80门，投资49万元新购买了麻醉机1台、尿沉渣分析仪1台、电子阴道镜1台、膀胱镜1台；购置的价值305万元的德国西门子双排螺旋CT机在县级医院处于领先水平。2007年，新建建筑面积为4 375.75平方米的县中医院病房综合楼，并购置了大量先进医疗仪器。县中医院已达到二级乙等中医院。2008年，县人民医院又投资120多万元增添了全自动血液分析仪、电解质分析仪、过敏源检测设备、A超、显微镜、内窥镜、耳鼻喉治疗仪、自凝刀设备、电动手术床、无影灯、高频电刀、负离子消毒机、监护仪、除颤仪、电脑软件等设备。县中医院投资750万元，新建了4 700平方米的病房综合楼，开设了高间病房26间，重症监护病房4间，开放床位由原来的70张增加到100张。2010年建成县精神病康复疗养院。在宝泉镇、乾丰镇、金城乡（现蒲峪路镇）等5个乡镇建了卫生院门诊综合楼。2010年末，1.2万平方米的县人民医院住院楼完工并投入使用。县妇幼保健院综合楼和卫生监督所综合楼也开工建设。全县城乡医疗环境和医疗条件的改善，促进了医疗质量和服务质量的提高。

（二）医疗水平稳步提高

改革开放后，随着卫生事业发展速度的加快医疗水平也不断提高。县人民医院从1978年开始就能够进行心电、超声波仪器诊断。外科可做胃大部切除、甲状腺切除，骨结核、子宫外孕、子宫瘤、子宫卵巢囊肿、输卵管吻合等手术。五官科可做白内障、扁桃体切除手术。儿科的常见病、多发病、疑难病症的诊断和治愈率也有所提高。"七五""八五"时期，县人民医院已是国家"二级乙等医院"。可进行颅脑损失修补术、颅脑开瓣减压术、纵膈障肿瘤切除术及半肝切除等难度较大的手术和全子宫切除、巨大肿瘤摘除等难度较大的手术。此外在难产等妇科疾病的处理、心脑疾病的救治和各种体腔穿刺等方面也有较高的医疗水平。传染科除正常处理各种传染病的诊断治疗外，对流行性出血热的诊断和治疗有着丰富的治疗经验。

县中医院于1977年设西药房和X光室，到1978年已成为以中医中药为主的综合性医院，尤以中医治疗骨外伤闻名。并能够进行临床检验、放射线、超声等辅助诊疗。

由于克东县妇幼保健院工作突出，1989年克东县被评为全省5个妇幼卫生示范县之一，并获得世界卫生组织捐赠的20万元的医疗设备和一辆日本生产的客货两用小汽车。"八五"期间，县妇幼保健院还先后购置了二氧化碳激光治疗机、乳腺透照仪、B超机、血凝仪等先进设备。可以做子宫下段剖宫产（纵横切）、腹膜外剖宫产、子宫次（全）切等手术，为妇女疾病的检查、治疗和推广新法接生提供了技术保证。全县孕产妇和婴儿死亡率低于国家规定标准，对保障妇女儿童的身体健康起到了积极的作用。

（三）疾病预防成效显著

改革开放后，经过几十年不懈努力，克东县地方病、传染病防治水平极大地提高，各种传染病的发病率逐年大幅度下降，尤其是在重大疫情的预防上成绩突出。

1. "非典"防控成效突出

2003年初，我国南方突发非典型肺炎疫情，4月份初疫情迅速向北方蔓延，全国大部分地区有散在病例发生。按照上级部署，克东县的"非典"防治工作在县委、县政府的直接领导下，自4月下旬全面启动。依据《中华人民共和国传染病防治法》有关规定，迅速制定了《克东县防治传染性非典型肺炎工作方案》，层层落实了工作责任制，并在最短时间内建立起一整套预防、控制和应急治疗机制。组建了防疫、治疗队伍和后备梯队，设立了发热门诊和隔离病房。全县共投入123万元，用于购置消毒药具、防护用品和医疗检测设备及发热门诊、隔离病房的标准化建设。县卫生防疫站迅速启动了突发性公共卫生预案，成立了疫情监测组、流行病调查组、公共场所消毒组等十个行动组。在全县范围内开展流动人口监测和疑似病区人员的流行病学调查及公共场所消毒工作，开通了24小时疫情咨询举报电话。还在全市率先设立了公路客运站、火车站和与外县各出入口防治"非典"疫情留验站。在防治期间，县发热门诊共收治体检发热患者389人，留观22人，后均排除嫌疑出院。对全县外出返乡人员2 662人进行监控，其中有40人被隔离，经观察和临床鉴别诊断，排除非典型肺炎感染，随后解除了监控或隔离。经过全县广大干部群众、医务工作者两个多月奋战，"抗非"工作取得了无疫情发生、无疑似病例、无输入性病例的成果，为保证在大疫面前政治安定、社会稳定、保持经济建设有序运行做出了重大贡献。克东县卫生防疫站被黑龙江省卫生厅授予"疾病监测、防治非典型肺炎先进集体"。

2.疾病预防与救治的力度进一步加大

2006年后，以传染病、流行病、地方病和慢性病的防治为重点常抓不懈。一是免疫规划工作常抓不懈。始终以消灭脊灰病工作为中心，保持无脊灰状态。不断加强AFP监测力度，平均每年监测哨点医院35次，对各种传染病做到了及时发现、及时上报、及时救治。对全县7岁以下儿童建卡登记，接种各种疫苗。二是流行性出血热防治工作常抓不懈。以2010年为例，年初制定了《流行性出血热监测方案》，从1月份开始进行了鼠密度月次监测，全年共计监测12次，平均密度为3.10%。开展了病例搜索和病学调查，查出病例4例，发病率为十万分之1.44，较上年下降20%，并对其中1例进行了血清学复核诊断。对8.7万人免疫接种了流行性出血热疫苗。三是结核病防治工作常抓不懈。全县各级政府对结核病的防控高度重视，通过广播电视、标语、宣传车等向广大群众和中小学生宣传防控知识。同时，在全县上下建立了政府领导、多部门协作、全社会共同参与的结核病控制工作新机制，从而提高了结核病人的发现率和治愈率。2010年，全县共登记疑似肺结核病人697例，发现活动性肺结核病人168例，其中防治涂阳119例、复治涂阳11例、重症涂阳8例、涂阳30例。省下达新涂阳指标120人，实际完成121人，全年新涂阳肺结核发现指标完成100%，治愈率85%以上。疫情报告率100%，病人转诊到位率55%，追踪率100%，追踪到位率85%。为病人免费发放药品HRZE649盒、HR519盒、HRE41盒、E2 800片、SM300支、用水3 005支、注射品300支。

五、广电事业创新发展

改革开放后，克东县的广电事业有了较大的发展，设备逐年更新，网络基础设施建设不断加强，扩大了广播电视的覆盖面。广播电视围绕党的中心工作开展的宣传工作，对全县改革开放、经济和社会发展做出了积极贡献。

（一）广播进一步发展

根据上级指示精神，1987年9月15日，克东人民广播站正式改为克东人民广播电台。1988年3月，县政府下发了《关于进一步加强农村有线广播工作的通知》，加强了农村有线广播的管理，更新改造了农村有线广播线路385公里，更新水泥杆3 000个，146个村建有放大室，设高音喇叭484个。电台机房总控室设备达到了广播电视部要求的甲级标准。1989年，克东县开始兴办无线调频广播，各乡镇广播站设立调频分播发射机，接受并传送县级广播电台的节目信号。1991年12月14日，经省广播电视厅批准，克东县建立调频广播电台，呼号为"克东人民广播电台"。在县广播电视局院内建起了广播信号发射塔，向二克山顶发送广播节目信号，建在二克山顶的300W调频发射机向全县发送调频广播信号，发射频率104.1兆赫。克东县人民广播电台每天进行早、午、晚3次播音，除转播上级电台节目外，开办了《全县新闻联播》《对农村广播》《二克山风貌》《生活之友》《学习节目》《评书联播》《戏曲选播》《星期天文艺》《每周一歌》《每日一典故》《广告信息》《天气预报》等广播节目，自办节目时间达150分钟。在宣传十年改革进行形势任务教育活动中，开办了《克东县在改革中前进》的专题节目，在《新闻节目》里播出33集克东改革成果的系列报道，全面反映了全县各条战线10年改革的大好形势和辉煌成果。同时还举办了《经济建设专题节目》《法制园地》《乡村一刻钟》《农村俱乐部》等节目。

"七五"期间，县人民广播电台编辑制做的节目，多次在评比中获奖。1986年在全市广播节目比赛中有6个节目获好新闻奖，其中获一等奖的《新闻组合》《广播评论》《少儿节目》被市推荐参加全省广播节目评比。1988年，在全市优秀广播节目评选中，有5个节目获奖，名列全市县区之首，连续两年获总分第一名。各乡镇广播放大站除正常转播中央、省、市、县的广播节目外，全县11个乡镇结合当地生产生活实际，自办了《新闻》《科学知识》《广告信息》《乡村生活》等节目，对指导农业生产，传递科技致富信息，活跃农村文化娱乐生活等方面起到了积极作用。

（二）电视的发展与普及

为大力发展电视事业，1976年在二克山大山顶峰修建了200平方米的机房、26米高的电视塔，安装了10千瓦调频发射机。

1978年黑龙江人民广播电台八〇七台成立，设在克东县城东和二克山上，是省内主要电视微波转播台之一，收转中央电视台第一套节目。1984年又在二克山顶建立了克东微波站，建50米高铁塔一座，安装了一部DS—12频道300W彩色电视发射机，主要转播黑龙江电视台一套节目。

1987年8月，克东县第一座卫星地面接收站建成，同时克东电视转播台正式建立。1991年9月，从北京广播器材厂购进一台分米波发射机，功率1KW32频道，转中央电视台第二套节目。1994年10月，从北京广播器材厂购进DS—四频道、300W彩色电视发射机，转播中央电视台三套开路电视节目。

从1987年8月克东电视转播台成立起，开始转播中央电视台一套节目和黑龙江省电视台节目外，9月份开始自办电视节目，《克东新闻》和《广告》不定期播出。1995年成立电视专题部，拍摄的《机制岩棉生产线在克东建成》《跻入大城市的奥秘》《二克山脚下之花》《虫口夺粮》等专题片，受到观众好评，《虫口夺粮》一片被选送到在广州市召开的全国农资会议作为资料片。

"九五"期间，克东县广播电视事业进入了大发展、大普及阶段。继县城有线电视入户后，1996年5月，利用MMDS多路微波系统传输开发农村有线电视，共传输30套中央电视台和部分省市电视台节目。电视宣传开始成为新闻宣传工作的主渠道。1997年，除克东电视台的新闻节目每天两次播出外，还开办了《兢山纵横》专题节目，设置了《百姓人家》《校园风采》《法制经纬》《卫生天地》《农业科技博览》《时政要闻》《警界热线》《文艺欣赏》等栏目，深受广大观众的喜爱。

为加快"村村通"进程，2005年克东县加强了农村有线电视建设。到2005年末，全县城乡网络总长达到985.32公里，其中城域网569公里，农网416.32公里。全县总入户1.8万户，其中城网入户1万户，农网入户8 000户。2010年末，全县98个行政村已全部开通有线电视，开通率在100%，入户17 703户，占农户总数的25%。

六、邮政、通讯事业快捷发展

（一）邮政业务逐步发展

改革开放后，随着国民经济的发展和人民生活需求的增加，全县邮件、包裹、函件、汇票、机要、速递等邮政交换量不断增加；报纸、杂志发行量不断扩大；电报电话业务增长幅度较大；邮递线路网络不断延伸。2000年，县内乡邮政线路开通了以克东县城为中心的9条县乡邮路，邮路总长3 989公里，其中汽车邮路1 988公里、自行车邮路2 001公里，邮政汽车增至2辆，自行车增至53辆。

电话业务同步发展。1996年新增了长途出入局中继电路150条，其中光缆电路120条，微波电路30条。1997年长途电路增至150条，本地网电路增至330条。截至1998年，全县农村光缆长158.9皮公里，出局线对1.2万对，中继光缆长158.9皮公里，中继路7条。到1998年底，克东县的固定电话用户已由1986年的534户增加到9 687户，DDN专用线用户30户。

（二）电信通讯快速发展

克东移动通信始于1995年，当时县内有2500型移动通信设备，开通900兆模拟蜂窝移动通信基站1个、信道总数48个。主要通讯器具只有模拟移动电话（大哥大）一种，使用范围很小，只能是高端用户群体，全县客户只有几十户。1997年，陆续在软件上开发出传真和数据、语言信箱、短信息、主叫号码显示、呼叫转移、预付费STM卡、多方面通信、全球通IP电话业务、WAP业务、GPRS、手机充值卡、彩铃、彩信、百宝箱等数十种业务。业务多元化的跨越使移动用户迅速增加。1999年7月，电信行业改组为齐齐哈尔市克东县移动通信分公司。通信网络逐年扩大。1999年建成了克东2号站等6处GSM移动通信铁塔。2005年，全县各基站安装的移动通信设备全部采用了先进的爱立信终端发射机，除原有的8处GSM移动通信塔外，又先后建成了克东3号站等14处移动通信塔，使移动通信网络覆盖全县城乡。2008年通讯基站达到56个，在县城设立了室外直放站2处、室内直放站2处，建立了村屯服务站、社区服务站、空中充值站等基层服务站所。同时增加了业务项目，扩大了用户群体，提高了市场占有率，取得了显著的经济效益和社会效益。

克东县联通分公司前身为联通公司克东业务处，成立于2000年1月。主要经营国内、国际长途业务、无线寻呼业务、互联网业务和IP电话业务、相关技术咨询和技术服务。随着网络的不断完善，产业的多元化，业务功能不断增加，服务水平不断提高，用户量不断扩大。2002年开始经营CDMA业务，CDMA手机以绿色环保、通信质量清晰、保密、不易掉线等特点吸引大量用户入网，公司业务收入不断攀升。2004年被批准升级为克东县联通分公司。2006年后，克东联通分公司把发展重点放在了农村市场，加强了对合作营业厅和代理商的管理，全县98个村5个农林牧场均建立了村（场）级服务站，建立了村屯"一村一人"机制，使农村市场快速发展。2010年，宽带发展迅速，全年共扩容宽带1 024线，完成了县内新入户20栋楼的宽带提速工程。同时，3G业务也得到了快速发展。

克东县网通分公司前身为克东县电信局。2002年5月，克东县电信局更名为黑龙江省通信公司克东分公司。2003年9月，改为克东县网通分公司，业务范围主要是国内、国际各类的电信网络与设施业务和基于固定电信网络的话音、数据、图像及多媒体通信与信息服务，是全县规模最大的通信运营企业。2005年，为推进全县经济信息化进程，完成了以县政府为中心，辐射重点部门、企业和学校的宽带入网工程。2007年，以提高业务收入为目标，有效实施了重要区域重点发展、重要产品重点推广、重要市场重点开发的三大战略，推进业务和定理转型，不断提升了营销、运销能力。截至年末，全县无线市话基站发展到76个，三大骨干业务发展情况为：固定电话期末用户数25 869户，小灵通期末用户数7 828户，数据业务ADSL用户数2 918户。重点业务发展情况为：城乡大众电话用户累计7 496户，宽带统一客户端业务1 319户。网通分公司坚持贯彻维护就是服务、维护就是经营的理念，加强精确化经营和精确化管理，将经营与维护工作面向市场，贴近用户，用网络实力增强企业竞争力，用户总量大增。

七、城乡建设快速发展

（一）城镇建设突飞猛进

1.房地产开发不断创新高

随着改革开放的深入、经济的快速发展和人民生活水平的提高，城镇建设发展迅速。1989年，县房产处在克东镇南二道街西道北投资开发全县第一栋商品楼，公开向社会出售。1990年，县工商银行在第一旅社院北，建起了6层家属住宅楼，建筑面积3 800平方米，这是在县城建起的第一栋单位职工集资的家属楼。此后，集办公、住宅为一体的综合楼大幅度增多。"九五"时期，克东县的城镇建设进入房地产开发新阶段，取得了突破性进展。县政府相继出台了《发展202国道两侧沿路经济优惠政策》和《克东县东西南北大街开发优惠政策》等文件。在优惠政策的推动下，迅速形成了开发热潮。仅1999年就有县土地局、商贸局、总工会、自来水公司、粮建公司、酒类专卖局、二轻总会、农发行、卫生局、名山乡、工商银行和齐市通达房地产开发公司、北安开发商等单位和个人在东西南北大街两侧开发新建了商居兼容综合楼19栋，建筑面积10万平方米。2000年，大庆石油管理局房屋开发公司投资在克东镇东二道街南段开发建设了立体式、全方位、高标准的商业步行街，两侧楼房的主体面积就达11 542平方米。房地产的大规模开发，不仅带动了县域经济的发展，增加了财政收入，也改善了居民居住条件。从2001年开始，以招商引资为重点，以建筑开发为载体的城镇建设全面展开。当年就完成了建筑公司综合楼、移动通信公司综合楼、人民医院住院部、腐乳集团综合楼、电信综合楼、烟草楼接层等6项新工程和续建上年工程2项，建筑面积3.2万平方米。2003年，在二克山前辟建了占地面积13.3万平方米集办公、学校、商服、居住为一体的居民新区——二克山花园小区。进入"十一五"时期，在新区开发建设和老区改造的同时，棚户区改造进展迅速。2008年县委、县政府制定了《克东县棚户区改造实施方案》，实施了棚户区改造民心工程。三年中拆迁棚户区地段11个，公益拆迁地段7个，拆迁总面积13.2万平方米，动迁7 795户。新建了鸿福小区、鑫馨家园、万隆家园、惠达茗居、东苑小区、晟世家园、宏博花苑、鑫鹏家园、人和茗苑、恒祥首府、惠民家园11个棚户区改造工程。建筑面积43.34万平方米，累计投资10多亿元。与此同时，采取在棚户区配建和商品房开发配建的方式，配建廉租房345套，1.73万平方米，完成投资1 565万元，已有141户低保住房困难家庭住上了廉租房。到2010年，县城共有楼房296栋（其中16层以上高层建筑3栋，12层以上高层建筑1栋），建筑面积118.6万平方米，其中有人大政协、劳动和社会保障局、财政局、检察院、实验小学等办公楼10栋3.02万平方米，有兢山茗苑、鸿运大厦等居民楼26栋10万平方米。主城区面积增加了70万平方米。2010年末，克东县城镇人均住房面积达到28.5平方米。

2.基础设施建设日趋完善

道路建设逐渐升级。党的十一届三中全会以后，逐年对境内公路进行整修。到1990年全县已有干线公路162公里，县级公路40.7公里，县乡公路483.7公里。"九五""十五"期间，相继完成了南北大街和部分主次干道的维修改造，铺装总量10.9万平方米。对巷道也不断进行了整修拓宽。到2005年末，县城内共有道路263条，其中主干道11条、次干道34条、支路211条、转盘（广场）道7条，道路总长140.3公里，总面积189.8万平方米。"十一五"期间，共拓宽改造城镇主次干道和硬化巷道46条，铺装人行路过道板7.2万平方米。道路的建设改造，畅通和活跃了城乡的物质和文化交流，加速了商品经济的发展。

供排水设施初步完善。经过十几年的建设，随着城镇建设的突飞猛进，城镇人口和企业的增加，原有的供水设施远不能满足需要。到2005年，克东县城有电机井8眼，供水管道37条，3.88万米，日供水量1 152吨，刚能满足城镇居民和企业用水。在此基础上，2006年至2010年先后新打深水井4眼，使镇内深水井增加到12眼。更新供水管线1.82万米，新铺装供水管线8 200米，使供水管线增加到4.53万米；新建一座日处理能力8 000立方米的水处理厂。到2006年，县城有地下排水管道31条，21.74万米，年排水量约25.5万吨。供排水设施的改善，极大地提高了城镇的供排水能力，为加快城镇建设步伐，提高城镇居民生活质量，提供了可靠保证。

供热设施建设高标准。2002年前克东县楼房没有实行连网供热，全是一栋楼房一个锅炉一个烟囱，严重污染环境。为认真贯彻落实《中华人民共和国大气污染防治法》《黑龙江省供热条例》《齐齐哈尔市供热管理办法》的要求，2003年，县政府决定实行集中供热，成立了海阳热力公司。经过一期、二期工程建设，到2010年全县集中供热面积达到160万平方米。集中供热既节省了大量能源，根除了大烟囱带来的环境污染，又提高了室内温度，减少了用户费用。

城市绿化美化大幅提升。以前的城镇的绿化只限于植树、栽花种草。"九五"时期，县里加大了人力、物力、财力的投入，在东西南北大街建设绿化隔离带7 200平方米。在主次干道和二克山公园栽植各种树木2.3万株。临街各单位、个体商户门前都自建花池，栽花种草，美化环境。建成花园式单位11个，花园式小区8个，花园式学校5个。"十一五"期间，县委、县政府以建设"生态县、园林城"为目标，投入大量资金重点进行了主次干道、住宅小区、二克山公园、单位庭院、公共绿地的绿化美化。在主次干道上补栽、增栽行道树8 200万株，种植灌、乔木50万株，新增绿地面积24.8万平方米。2008年至2009年加大了对二克山公园建设的力度，在公园广场铺装园路和广场地面1.6万平方米，安装程式照明灯139盏，修建了亭廊和一个六角亭、两个四角亭、两个花架主体工程及浮雕墙一座、停车场一处，安装各类健身运动器材近百件（套），回填种植新土6 500立方米，种植49种乔木1 356株、灌木1.58万株，栽种花卉3万余株，铺装草坪1.7万平方米，新增绿化面积2.9万平方米。环境优美、设施齐全、独具特色的二克山公园已经成为广大居民游览、娱乐、休闲、健身的中心。2001年至2010年，城区新增绿化面积18.9万平方米，绿化覆盖率达到16.43%，城市环境明显改善，生态园林城建设的步伐大大加快。

（二）新农村建设卓有成效

1.村屯建设步伐加快

村屯建设的重点是泥草房改造、道路整修、饮水工程和环境建设。在农房建设上，"七五""八五"期间，每年新建、翻建农民住宅都在10余万平方米以上。房屋质量标准也有了较大的提高，墙体由一面青发展到全砖，草苫房盖换成了小瓦、石棉瓦、铁皮以至钢筋混凝土屋顶；室内装修也越来越讲究，地面铺地板革、地板块等，有的还安上了土暖气。1998年，县政府制定了《克东县推进农房建设若干政策》，出台了建房、改房优惠政策。对新建、改建的农房坚持了砖瓦（铁皮）结构的标准，并应用新型墙体材料，建高标准节能房。1998年至2000年全县农村新建、翻建住宅3 195栋，总面积30.1万平方米；旧房改造9 311栋，总面积66万平方米。2001年至2005年，全县新建、改建了2 237户的泥草房为砖瓦房，总面积21万平方米。2006年至2010年，全县新建翻建泥草房6 718户，面积50万平方米，使农村住房砖瓦化率由2005年的65.8%提高到71.5%。如，宝泉镇光明村（现克东镇光明村）采取统一规划、统一设计、统一标准、统一模式、统一材料和分户建设的模式新建改建了农民住房，房屋砖瓦化率由2008年的53%上升到96.7%，人均住房面积由15.6平方米增加到27平方米；乾丰镇宏升村于2010年建成别墅6栋，建筑面积达1 660平方米。

在基础设施和环境建设上，2001年至2005年主要集中于道路铺装、给水工程、有线电视入户和程控电话入户等工程的建设上。全县共铺装通乡、通村沙石路1 116公里，整修村屯内道路1 480公里。新建、整修了大量桥涵。2004年修筑了双车道白色路面的克通公路（克东—通北）贯穿县内3个乡34公里。名山乡春光村修筑了2.2公里的白色路面通村公路。全县新打人畜饮水井103眼，新安装自来水60个自然屯。到2005年，全县有457个自然屯安装了自来水，占自然屯总数的76%。全县农村共栽植街道树28.2万株，修建花池1 100多个，修建公共卫生厕所500多座。2006年，县委、县政府根据省、市建设社会主义新农村的部署，制定了《克东县社会主义新农村建设规划纲要（2006—2010）》，通过依靠群众、政策扶持、通力合作，使通村公路、人畜饮水、新型能源、泥草房改造等一大批新农村建设重点项目顺利实施。全县累计投资1.27亿元，建成水泥路面通乡公路120公里，通村公路209公里，水泥路通乡、通村、通屯率达到100%，提前完成了乡村道路建设任务。投资3亿元修建围墙和栅栏3.6万米，建设文体活动广场20个、"六为一体"活动室98个，安装路灯260盏，建公厕79个，建沼气池350户，打机井160眼。有线电视网络覆盖率达到100%。基础设施和环境的发展变化，使农民生活条件和农村面貌得到了很大改善。在饮水工程建设上，克东县实施改水和自来水工程后，农村自来水入户率逐年提高。到2005年末，全县吃自来水的农户46 770户，入户率为82%。"十一五"期间，实施了人畜饮水解困工程，2006年至2010年全县农村共新打人畜饮水机电井123眼，自来水入户率达到95%。

2.小城镇建设有序推进

1998年党的十五届三中全会提出"发展小城镇，是带动农村经济和社会发展的一大战略"，把小城镇建设提到了十分重要的位置。1999年县政府根据中央和省市精神，结合本县实际，重新修编了全县11个乡镇总体规划，调整了小城镇建设规划，重新编制了143个中心屯建设规划。根据规划，宝泉镇完成了火车站广场修建工程，完成了镇南北大街1.2万平方米的水泥路改造和铺装工程，修建水泥结构边沟1 768米，新建楼房9栋，面积6 800平方米。乾丰镇在拓宽整修街道增设服务设施的同时，新建商服楼

330平方米。玉岗镇加强了商业街建设，商业店铺达30多家。昌盛乡开发新建了470平方米的节能墙体商住房。名山乡（现宝泉镇）春光村（朝鲜族村）建新式住宅27栋，修筑了水泥路，实现了住宅砖瓦化率、自来水入户率、有线电视和程控电话入户率四个百分之百。"十五"期间确定宝泉镇、乾丰镇、玉岗镇为小城镇建设重点城镇。宝泉镇也是齐齐哈尔市十个小城镇建设试点镇之一。2001年，县政府聘请省规划院重新测绘并编制了宝泉镇小城镇规划。为保证规划的实施，加大了招商引资力度，由大庆安大建筑安装工程有限公司承建的商业一条街服务楼工程，建筑面积1.2万平方米。2003年铺设了地下排水管线。2005年改造东西大街水泥路面1 100米，打通、拓宽巷道18条，建标准化街路2条，建公厕20个，设立卫生箱45个，栽植行道树1 200株，建花池46个，安装路灯62盏。对南北、东西大街等5条街道的人行道铺装了行道板，还新建一座日处理能力5 000立方米的饮用水处理厂，彻底解决了水质不达标的难题。2010年，还招商引资开发了商居住宅楼。玉岗镇于2005年在镇政府所在地修白色路面3 000米。乾丰镇到2005年打通拓宽巷道21条，改造主干道2条，石彻路边沟5条，栽植街道树1 980株，建花池35个360平方米，修建公厕16个。在小城镇建设试点镇的带动下，"十一五"期间，6个乡镇所在地的街道、巷道已全部硬化，全部增设了路灯、公厕、垃圾箱等公用设施，加强了环境整治，不断提升了绿化美化标准，使小城镇开发建设又向前迈进了一大步。

第五节　人民生活水平显著提高

　　党的十一届三中全会以后，随着改革开放的不断深入，克东县经济和社会事业有了长足的发展，城乡居民的生活状况发生了显著变化。特别是进入21世纪后，随着经济的发展，克东人民的物质生活得到了空前的改善，生活方式发生了历史性的变迁。

一、群众生活状况极大改善

（一）城乡居民收入的增加

1.城镇居民收入与消费水平的提高

职工干部的工资收入也逐年增加。1977年职工人均月工资为49.6元，1980年增至62.6元。1984年工资改革后，人均月工资提高到79.4元。1986年至1995年，全县职工的工资连续进行了4次调整，比1985年提高了41.5%。1995年，城镇居民人均收入达到2 600元，平均增长43%。2010年城镇居民人均可支配收入实现8 380元，比2005年增加4 557元，提高119%，增长幅度明显加大。2005年城镇居民消费2.28亿元，其中食品类支出9 506万元，家庭设备用品服务类支出856万元，医疗保健类支出1 816万元，公共医疗费用支出414万元，交通通信类支出1 821万元，文教娱乐用品及服务类支出2 634万元。人均消费水平为3 836元，是2000年2 418元的1.59倍，提高了58.6%。到2010年，城镇居民价格消费品指数为103.7%。

2.农村居民收入与消费水平的提高

改革开放后，经过实行家庭联产承包责任制，调整农业产业结构，实行科学种田，发展多种经营和实施扶贫开发，广大农民经济收入快速增长。1983年人均收入增至365元，较1976年提高了4倍多。1985年人均收入增至384元，比1979年提高近2倍。特别是2004年取消农业税后，农业经济稳步发展，农民的收入随之显著提高，生活水平比以往任何时候都好。2000年全县农村居民人均收入1 886元，比1995年增长25.3%。2005年，全县农村居民人均收入1 996元，比2000年增长5.8%。农村居民消费2.75亿元，其中食品类支出1.27亿元，衣着类支出2 857万元，居住类支出2 031万元，家庭设备用品及服务类支出1 112万元，医疗保健支出1 485万元，交通通信类支出1 195万元，文教娱乐及服务类支出1 335万元。到2010年，农村居民人均收入6 700元，比2005年增加3 507元，提高272.7%。

（二）生活方式的历史性跨越

1.穿着追逐潮流

衣着是反映生活变迁最显著的标志。不同年代穿着各有不同。改革开放后，逐渐改变了单一色、古板的样式，增加了花色品种。20世纪八九十年代讲究美观、新颖。新世纪追赶时尚、追逐潮流、追求文化品位。新款式服装流行周期越来越短，一年甚至几个月便不新潮，有的衣服买回来未及穿就已过时。穿西装扎领带，在年轻人看来已不是"洋气"，倒显得几分"土气"。"十一五"时期，穿衣的档次逐渐升级，穿品牌才显得高雅时尚。尤其是价格昂贵的皮草已成为流行趋势。女人穿貂皮，男人穿皮夹克到处可见。

2.饮食结构的改变

新生活改变着生活方式，人们在饮食上的追求已不再是以吃饱为满足，而更在乎的是讲究营养，追求健康。随着生活质量的提高，人们的饮食结构和饮食习惯发生了根本性的变化。一是副食的比重大大增加。过去饮食一直以吃饭（粮食食品）为主，吃菜是为了就饭。新世纪每个家庭每餐都有好几样菜，肉禽蛋、鲜菜搭配，几天不重样。特别是到饭店就餐，菜、酒是"主食"，而饭却成了副食"点心"。二是鲜菜、水果数量增加。20世纪八九十年代，蔬菜、水果虽然较充足，但也只有逢年过节、来客人才能阔绰消费。而今消费数量大大增加，大多数家庭一年四季鲜菜、水果天天不断。三是到饭店就餐的次数增加。过去全家人一年到头也不去一次饭店。现在，想改善口味上饭店，无时间做饭上饭店，会客上饭店，生日、婚庆上饭店，过节上饭店。特别是除夕、春节也选择到饭店，图的就是浓浓的节日氛围。这些都标志着人们生活品位的提高。

3.居住条件登上新台阶

城乡居住条件的改善，是人民生活水平显著提高的重要标志。"十五""十一五"时期，克东县通过大面积城镇开发改造，在县城建起住宅楼296栋，总面积达118.6万平方米。城镇人均居住面积达28.5平方米。农村居住条件也有了相当大的改善。经过合乡并村及村屯整体规划，农村基础设施建设和房屋改建速度大大加快。泥草房改造项目的实施，使农村砖瓦化率上升到71.5%。

4.以车代步出行方便快捷

改革开放后，克东主要街头巷口都出现了脚踏三轮车（倒骑驴），货物运输和拉客都适用。随着发展又出现了机动三轮车（老爷车），逐渐"老爷车"又被先进的三轮摩托车所取代。2000年，出租轿车——夏利开始走上街头，成为克东城一道靓丽的风景线，结束了克东县城没有出租轿车的历史。到2010年，全县已拥有各类高中低档出租轿车，给人们出行带来极大的方便。更大的发展是轿车开始进入家庭，个人拥有捷达、桑塔纳、奔驰等轿车已不稀奇。据统计，2010年末全县共有各种档次的私家轿车超过2 000台。

5.家用电器和通讯工具升级换代

从"九五"时期开始，随着市场经济的发展，市场物资供应日益丰富多样。各种各样的新型家用电器开始进入寻常百姓家，而且逐渐向高端发展，更新淘汰速度惊人。20世纪90年代，发展起来新的"三大件"：电视机、洗衣机、双卡录音机，已更新换代。电视机先是黑白变彩色，后来变成数字液晶；洗衣机由单缸变双缸，双缸变成全自动；录音机变成VCD、DVD。随着现代化的进程，家庭生活用具也逐步走向现代化。笨拙传统的生活用具大多被淘汰，取而代之的完全是电器。电饭煲、电炒锅、电水壶、电风扇、电暖气、电磁炉、微波炉等已普及。在县城非生活必需品如空调、数码相机、录像机、微机、电热水器等已不是奢侈品。

通讯工具的普及和更新比家电还要快，从固定电话的普及到手机的使用，从黑白屏到彩色、大屏、智能化手机的流行，仅用几年时间，就实现了由低级向高级的跨越。全县除少年儿童外，城镇的手机普及率达90%，农村手机普及率也在80%以上，而且档次越来越高。

在农村家用电器更新换代速度虽然稍缓了一些，但也是紧随城市之后，迅速发展起来。特别是"家电下乡"助推了农村家用电器现代化的进程。冰箱、彩电、影碟机、组合音箱、厨卫电器等已成为农村青年结婚的必备之物。"十一五"以后，城乡之间家用电器占有量的差距逐渐缩小，标志着生活质量的显著提高。

二、社会保障体系不断完善

改革开放后，为适应经济社会发展的需要，克东县积极推进社会保障体系建设。进入新世纪后，逐步完善了各种社会保险制度，实施了下岗职工基本生活保障制度和"再就业工程"，使社会保障体系建设得到了很大的发展。

（一）城镇居民和农村居民最低生活保障制度的实施

克东县根据《国务院关于建立城市居民最低生活保障制度的

通知》和《黑龙江省城市居民最低生活保障制度实施办法》的精神，于1998年相继制定了《克东县城镇居民最低生活保障制度实施办法》《克东县最低生活保障条例》《克东县最低生活保障实施细则》等文件。从1998年1月1日起，克东县开始实施城镇居民最低生活保障制度。城镇居民按户计算月人均收入低于最低生活保障标准的，由民政部门负责保障，每年根据物价指数适时调整保障标准。1998年克东镇居民有1 245人享受低保待遇，人均月补差金额28元。"十五""十一五"时期，最低生活保障制度不断完善，已向社会化、网络化方向发展。救助面逐年扩大，保障标准逐年提高，实现了应保尽保。2005年全县城镇低保保障标准提高到104元，人均月补差金额增至60元。2008年，城镇低保对象的保障标准提高到180元，人均月补差95元。同时每人每月增加了44元的副食和燃料补贴，每户每年1 010元的取暖费，春节给予每人150元的一次性生活补贴。到2010年城镇低保对象已达9 860人，保障标准提高到210元，人均月补差金额已增至162元。

2006年按照省政府的统一部署，克东县实施了农村低保制度，确定农村居民最低生活保障线为年683元。保障对象9 203人，占全县农村总人口的5%，人均年补差标准为346元。2008年农村低保对象增加到11 034人，保障线提高到年900元，人均年补差564元。每户每年又增发200元取暖费，春节发放了每人100元的一次性生活补贴。到2010年，全县农村保障对象达12 538人，占全县农村人口的5.3%，保障线提高到1 300元，人均年补差标准为900元。

（二）社会福利事业取得重大进展

"十五""十一五"时期，克东县着力推进社会福利事业的发展，积极为孤寡老人营造良好的生活环境。2006年至2007年，在金城乡和名山乡春光村各建一所敬老院。2007年，在润津乡建设村建成了924平方米的五保社区，克东县建设五保社区在全省是首创，为五保供养探索了新的途径。2010年，在昌盛乡和宝泉镇修建了1 100平方米的五保户、低保户、老复员军人集中居住保障住房，使孤寡老人等的居住条件大为改善。

2008年，根据国家和省五保供养政策，克东县将五保集中供养的对象补助标准由每年的2 200元提高到2 320元；分散供养五保对象补助标准由每人每年的1 600元提高到1 720元；每人每年增加80元的肉食补贴，每户每年增加200元取暖费；春节每人发放100元一次性补助。从2010年7月开始，对80周岁以上的高龄低保老人实行了生活补助政策，即每人每月发放补助金100元，对44名孤儿实施了养育救助，每人每月发放救助金600元，使孤寡老人和孤儿的生活得到了充分的保障。截至2010年末，全县共有五保人员1 824人，其中集中供养914人，分散供养910人。

（三）进一步完善各项社会保险制度

随着改革开放的深入，克东县和全国一样打破了计划经济体制下，由国家、企业承担养老、医疗的传统做法，开始向社会保险迈进。到"十五""十一五"时期，逐渐完善了养老、医疗、失业等保险制度，形成了比较完善的社会保障体系。

1.养老保险制度的完善

企业职工养老保险扎实推进。克东县实行社会养老保险始于1986年。开始是在全县实行国营企业职工离退休费社会统筹。养老统筹办法的实行，初步解决了企业职工离退休后的生活问题，为开展更深层次的养老保险奠定了基础。在全民所有制职工退休实行社会统筹的同时，对劳动合同制职工也实行了社会养老保险制度，劳动合同制职工退休养老金由企业和劳动者个人共同缴纳。1994年，国有企业职工按本人工资总额的2%缴纳基本养老金，劳动合同制工人养老金收缴基数实行动态管理。此项改革，规定养老费由国家、单位和个人三者共同负担，改变了过去个人不缴费的传统做法。1996年，养老保险制度又有了新的发展，开始推行社会统筹与个人账户相结合的养老保险制度，即保险费由企业和个人共同负担。县社会保障部门出台了《企业养老保障制度改革方案》。到2005年养老保险已从国有企业发展到个体私营企业和城镇所有应参保的个人都可以自由参保阶段。2008年，养老保险制度进一步完善。完成了集体企业退休职工低保进社保工作，全县低保进社保人员达619人。到2010年，养老保险参保人数已达11 922人。其中，企业参保28户，参保人数2 011人；个体参保人数911人；离退休职工养老金发放人数为6 651人。全年收缴养老保险费4 000万元。从2009年开始，根据上级要求，将企事业单位的家属、"五七工"纳入社保范围，参保人数1 631人。

机关事业单位职工养老保险稳步实行。克东县机关事业单位是从1997年开始实行养老保险的。1999年，克东县机关事业养老保险并到劳动社会保险部门管理，实行"四保合一"管理。2003年事业单位改革，县政府相继出台了《克东县财政部分供养事业单位基本养老保险实施办法》《克东县财政部分供养事业单位失业保险办法》。到2005年，全县机关事业单位养老保险参保人数为5 458人，缴费金额为530万元，对1 760名离退人员发放退休金516万元。

农村养老保险逐步实施。1992年，全县开始了农村养老保险工作。保费缴纳原则是以个人为主、集体补助为辅，每月每个参保人按2、4、6、8……20档投保。到2010年，全县农村投保人数累计达25 551人，缴纳保费602万元，发放保险金112 056元。

2.职工医疗保险制度的推进

改革开放前，职工医疗费采取企业与机关事业分别管理的方式。机关事业人员由财政全额报销，企业人员按比例由企业自行报销。改革开放初期，延续了这种管理方式。到1999年全县开始实施医疗保险，将机关事业单位职工全部纳入医疗保险，其管理方式是医疗保险费包干到各单位职工，医疗费年末一次性下拨给各单位。由于医疗费有限，职工的医疗还不能真正得到保障。2003年实行了重大疾病报销方式：即对脑血栓、脑出血、肝硬化、心肌梗塞、肾功能衰竭、尿毒症、精神病、冠心病8种疾病每人每年报销2 000元医疗费；癌症每人每年报销5 000元医疗费。医保费住院报销方式是：二级医院在职人员报销80%，退休人员报销82%；二级以上医院在职人员报销70%，退休人员报销72%，年最高报销1万元。2004年至2005年，医疗保险开始走向正规化、法制化轨道。县政府出台了《克东县城镇职工基本医疗保险实施细则》，推动了大额保险与基本医疗保险同步进行，确保了参保人数不断增加。2006年，医疗保险进一步完善。县政府制定了《克东县城镇职工大额医疗费补助医疗保险暂行办法》，改变了过去医疗保险费由财政负担的单一模式，实行社会统筹与个人账户相结合的办法。医疗保险范围由原来的城镇机关、事业单位的职工、退休人员扩展到企业的职工和退休人员，并在公费医疗、劳保医疗的基础上，实施了城镇职工基本医疗保险，"大额医疗费补助"，"工伤、生育保险"，"城镇居民基本医疗保险"。2008年，县政府出台了《克东县关于开展城镇居民基本医疗保险暂行办法》，使医疗保险覆盖面向城镇职工家属、18周岁以下未成年人、在校学生和18周岁以上无业居民延伸。"十一五"时期，克东县医疗保险初步形成了多层次的保险体系：即行政事业单位的医疗保险、城镇居民基本医疗保险、企业职工工伤和生育保险。保障功能不断加强，范围逐步扩展。到2010年，全县参加城镇职工基本医疗保险人数16 210人，其中在职人员10 876人，退休人员5 334人。参加城镇居民基本医疗保险人数23 267人。

3.失业保险制度的实行

随着企业改革的推进，企业出现了许多待业人员，为了解决生活问题，1993年4月12日，国务院颁布了《国有企业职工待业保险规定》。按照这一规定，克东县开始在国有企业实施失业保险制度。1994年以后，扩大了失业保险的覆盖面，将城镇集体企业、外商投资企业、私营企业及部分机关、事业单位和社会团体等均纳入了失业保险范围。到2010年有2 075人参加了失业保险。

（四）着力推进"再就业工程"

随着计划经济向市场经济的转变，随着企业的关、停、并、转、破，企业下岗职工逐年增多，就业再就业问题日益突出。1998年，克东县根据国务院《关于切实做好国有企业下岗职工基本生活保障和再就业的通知》精神，实施了"再就业工程"。采取各种措施为下岗职工创造再就业机会，劳动部门积极组织下岗职工的转岗培训。当年，全县下岗职工4 650人，有2 403人实现了再就业。2004年，克东县按照《黑龙江省国有企业下岗职工基本生活保障向失业保险并轨实施意见》，启动了克东县国有企业下岗职工生活保障向失业保险的并轨工作。到2005年底，共有58户国有企业11 466名下岗职工，实现"并轨"，全县共发放经济补助金753.2万元。2004年8月，克东县创业带就业小额担保贷款开始实施，为下岗职工再就业提供了资金支持。"十一五"时期，全面落实各项再就业优惠政策，积极实施创业带就业工程，帮助下岗职工解决了就业和生活困难问题。到2010年，全县实现城镇新就业1 780人，开发公益性岗位安置"4050"人员350人，小额贷款发放300人，培训各类创业人员1 980人，农村劳动力输出培训1 450人，劳务输出7 200人。"再就业工程"的成功实施，体现了党的温暖、政府的关爱，促进了社会稳定。

第六章　克东老区走向新时代

党的十八大以后，我国进入了新的发展时期，克东县在以习近平同志为核心的党中央领导下，高举中国特色社会主义伟大旗帜，抢抓新机遇，迎接新挑战，全力推改革、调结构、促发展、惠民生。区域经济实力明显增强，主导产业格局逐步形成，项目建设成果实现转化，现代农业扎实稳步推进，城乡面貌发生显著变化，民生事业持续协调发展，为全面建成小康社会奠定了坚实的基础。

第一节　工业经济实现新跨越

2012年以来，在党的十八大精神的引领下，克东县坚持"工业是强县之本，经济发展之要"的发展战略，紧紧围绕建设"工业大县、乳业强县"的既定目标，依托原有产业基础，发挥资源优势，抓招商，上项目，突出"乳、豆、水"三大主导产业，努力培育木制家具、新型建材两大优势产业，形成了产业项目助推工业经济快速发展的良好态势，工业经济高速增长。2018年全县规模以上工业企业实现工业总产值11.16亿元，主营业务收入11.22亿元，利润4.59亿元，税金6.15亿元，工业增加值23.6

亿元，与2011年比年均分别增长24%、19%、6.7%、25.5%、17.8%。2018年全县规模以上工业企业达到14户，比2011年增加2户。

一、重点企业强势发展

在县委、县政府的大力支持和扶持下，克东县重点企业发展势头强劲。产业结构进一步优化，产业升级步伐加快。老企业焕发新活力，再攀新高度；新企业生机勃勃，潜力巨大，前景看好。骨干企业的支撑作用逐步显现。

（一）老企业的发展

1.黑龙江飞鹤乳业有限公司

该公司成立于1962年，自2001年落户克东以来，县委、县政府不遗余力地对其扶持，先后投资近30亿元进行项目建设和扩产升级改造，飞鹤乳业在生产规模、生产能力、产品质量上飞速提升。经过十几年的发展，飞鹤乳业已成为全国婴幼儿乳品行业领军企业，飞鹤奶粉已成为全国十大奶粉品牌之一。拥有14家核心生产基地，3个国际标准化大型生态牧场，已形成日处理3 000吨鲜奶、年产婴幼儿配方粉4万吨的生产能力。在全国省会级城市设有26个销售分公司、9万多个销售网点。先后荣获"中国驰名商标""中国名牌""黑龙江省非公有制企业纳税50强企业""全国农业产业化重点龙头企业"等荣誉称号。

党的十八大以后，飞鹤乳业以新的姿态，抢抓机遇，进一步完善和强化全产业链发展模式，取得突出成效。2012年参加了国家科技部"十二五"科技支撑项目中的"东北农区奶牛规模化健康养殖生产技术集成与产业化示范"课题的研究。2015年至2018年又有了新的跨越，飞鹤"星飞帆、超级飞帆"婴幼儿系列奶粉，连续四年获得有着食品界"诺贝尔奖"之称的世界食品品质金奖。在中国乳制品协会第二十一次年会上，"星飞帆"又摘取了优秀新产品奖。经济指标飞速攀升，企业实力充分显现。2016年进入中国奶粉市场前五之列，2017年跻身于中国奶粉市场前三大品牌之列，2018年11月销售额突破100亿大关，是入选全国"百城百县百企调研行"的唯一乳企、唯一东北企业和典型民营企业。飞鹤婴幼儿奶粉是全球首家从配方到工艺全方位得到国际认可的婴幼儿奶粉品牌。

2012年实现产值25亿元，销售收入25亿元，利润2.93亿元，税金1.31亿元。到2018年，实现产值100.31亿元，主营业务收入100.31亿元，利润4.79亿元，税金6.02亿元，增加值21.21亿元。飞鹤乳业累计在克东上缴税金26.5亿元。飞鹤乳业已成为克东县的支柱产业、立县产业，克东县已成为黑龙江省的奶业发展重点县。2014年6月，克东县就被中国特产之乡组委会授予了"中国婴幼儿乳粉之乡"荣誉称号。

2.黑龙江省克东腐乳有限公司

该公司由始建于1915年的腐乳制作作坊发展而来，已有百年历史。是世界上唯一采用"微球菌"酿造工艺生产腐乳的专业骨干型企业。产品先后荣获"乌兰巴托国际食品博览会金奖""中国行业十大知名品牌"等荣誉称号，被国家确认为"中华老字号"产品、生态原产地保护产品，克东因此赢得"中国腐乳之乡"美誉。2006年企业成为全省农业产业化重点龙头企业。2008年11月，"二克山"牌商标荣获中国驰名商标称号。2009年6月，克东腐乳被黑龙江省政府确定为省级非物质文化遗产。

该公司经过几次扩产改造升级，产品品质更加优化，品种更加齐全，年生产能力达到1万吨以上。2012年以后，公司不断扩大销售，各项指标逐年增长。2018年实现工业总产值2 874万元，主营业务收入3 096万元，利润10万元，税金211万元，增加值608

万元。随着新时代的发展，克东腐乳有限公司正以崭新的姿态，全力将克东腐乳打造成"百年信誉品牌、中国驰名商标"，为克东经济发展书写时代新篇章。

3.黑龙江省克东县郭氏家具科技发展有限责任公司

该公司成立于2007年。公司生产的主导产品"郭氏家具"牌实木家具、实木门，设计结构可拆装变形等独特的生产技术在全国同行业中独树一帜。产品畅销全国200多个城市。公司连续被质量技术监督部门评为"绿色产品质量信得过单位"。2007年以来获得了黑龙江省著名商标、黑龙江省名牌、黑龙江省家具行业龙头企业、哈尔滨第七届国际家具展览会设计金奖、第二十九届深圳国际家具展览会优秀产品奖等多项荣誉。

2012年以来，新上了环保型实木家具生产线、欧式及古典配现代家具生产线，并在克东县工业园区新上了现代化新厂区建设项目，产品档次有了大幅度提高。到2017年实现产值1.13亿元，主营业务收入7 876万元，利润160万元，上缴税金133万元。克东县郭氏家具科技发展有限责任公司正进行技术创新，拓展新品种，创新营销策略，再创新辉煌。

（二）新企业的发展

1.齐齐哈尔福瑞达印务有限公司

2010年7月，温州福瑞达印刷有限公司在克东投资成立。公司通过了ISO9001质量保证体系、ISO14001环境管理体系及职业健康安全管理体系认证。2011年9月开始给飞鹤乳业试生产供货，2012年日产奶粉盒15万只。2015年福瑞达公司上升到规模以上企业。2018年，实现工业总产值2 610万元，主营业务收入2 713万元，利润60万元，上缴税金29万元。齐齐哈尔克东福瑞达公司拥有世界领先的全自动包装生产设备，高效、高品质，为福瑞达在中国北方插上了腾飞的翅膀。

2.龙源风力发电项目

该项目位于克东县爱华林场境内，由中国龙源电力集团公司投资兴建。2012年1月开工建设至5月竣工投产，全部实现并网发电，集电线路统一汇总至爱华风电厂升压后，增压到220千伏送入克山一次变并入国家电网。龙源风力发电有限公司产能不断增强，2014年跨入规模以上企业。2017年，公司实现总产值2 039万元，主营业务收入2 039万元，利润803万元，税金26万元，增加值431万元。该项目蕴藏着很大潜能，完全达产后，年可实现上网电量11 112.4万千瓦时，销售收入7 000万元，税金700万元。

3.克东禹王大豆蛋白食品有限公司。

该公司2013年10月落户于克东县，建设大豆蛋白和低温豆粕两个项目。2014年8月一次投产成功。2015年公司对现有设备进行改造，扩大了产能，大豆年加工量由10万吨增加到15万吨。生产低温豆粕10万吨、豆油2.5万吨、大豆分离蛋白1万吨。为克东当地及周边提供140多个就业岗位。并与克东飞鹤一牧、二牧、三牧合作，为牧场每年提供豆皮1万吨，作为奶牛的优质饲料使用。2015年增加了食用大豆粕（酱油粕）新产品，年产量10万吨左右。同年，公司迈进规模以上企业行列。2017年，公司实现工业总产值5.57亿元，主营业务收入4.41亿元，利润1 093万元，税金6 748万元，增加值1.18亿元。公司又计划增加小包装商品粮贸易项目，初步计划做商品粮8 000吨，未来根据市场的需求变化，再设计和建设一条全新的万吨大豆分离蛋白生产线，以扩大公司的产能和市场销售份额，提高企业竞争力。

二、产业集群更加壮大

2012年以来，随着工业的发展和工业集中区的建设，全县支柱产业逐渐形成群体，成为县域经济的主体。为助推产业群体发展壮大，县委、县政府坚持经济高质量发展目标，立足"老字号"改造升级、"原字号"深度开发和"新字号"培育壮大，大力发展"现代畜牧业、大豆、天然苏打水"三大主导产业和"家具建材"重点产业。发挥飞鹤乳业、克东腐乳、禹王大豆、汇源饮品、郭氏家具等一批重点骨干企业的带动效应，推动全县经济的持续快速发展。

现代畜牧业的发展。全力支持飞鹤乳业打造全产业链模式，全县建成万头牧场3个、千头牧场2个，奶牛存栏达到4.5万头。直接安置就业3 000余人，间接拉动就业6 000多人。积极发展肉牛产业，全县组建肉牛养殖合作社30个，肉牛饲养量达到3万头。引入牧原集团年出栏100万头生猪规模化养殖项目，初步完成"两牛一猪"产业布局。

大豆产业的发展。完成了腐乳集团万吨扩产改造，引入山东禹王集团建设了大豆蛋白和大豆精深加工项目，新建了京宇农业活性酶大豆粉和联兴山泉水豆制品项目。大豆资源优势逐步转化为经济优势。2017年，禹王大豆纳税突破千万元大关。

苏打水产业的发展。规划了辐射80平方公里的乌裕尔天然苏打水产业开发带，先后建成海昌生物、火山鸣泉、汇源等9户苏打水生产企业，年产能达到120万吨。2017年，苏打水企业实现税金1 100万元。

家具建材产业的发展。支持郭氏家具建设了新园区，新上了欧式、美式智能化家具和实木门生产项目，企业用工达到3 000人，成为全省第二大民营家具生产企业和克东县最大劳动力密集型企业。蒙西集团新型建材产业园的建设，加快了建材产业发展步伐。

产业集群的壮大，实现了由杂散到集聚发展的转变，使支柱产业和特色产业优势进一步突显，产业结构更加优化，全县经济整体实力稳步快速提升。2018年，全县地区生产总值、财政收入、城镇和农村居民人均可支配收入分别实现47.92亿元、11.86亿元、17 410元、11 953元，比2011年分别增长115.8%、277.7%、83.3%和105.5%。

三、招商引资和项目建设再创新佳绩

进入"十二五"时期，克东县把握招商工作的新特点、新变化，借助京津冀产业战略调整和企业外迁的契机，依托黑龙江与广东商贸合作平台，结合本县产业特点和发展路径，广泛寻找合作机会，大力引进补链、延链、强链项目，大力引进一、二、三产业融合项目。围绕园区产业布局特点，重点引进大豆产业以及包装容器和瓶坯类等产业。2012年以来，全县共引进各类项目65个，实现招商引资突破百亿元，其中亿元以上项目33个。重点大项目有：

（1）黑龙江省克东汇源食品饮料有限公司天然苏打水基地开发项目。该项目由北京汇源饮料食品集团有限公司于2012年投资兴建。一期项目于2016年建成投产，年产天然苏打水674.16万吨，实现产值171.28万元，销售收入364.67万元，税金34.39万元，安置就业30人。2017年，公司实现产值500万元，销售收入500万元，利润30万元，税金78万元。

（2）克东县蒙西建材产业园项目。该项目由内蒙古蒙西高新技术集团公司旗下的蒙西水泥股份有限公司于2012年投资兴建，2014年正式建成投入。2017年实现产值1.25亿元，销售收入1.27亿元，利润329万元，税金654万元，安置就业50余人。产业园全部建成达产达效后，预计年可实现销售收入5.5亿元，税金8 000万元以上，创造就业岗位500个，并带动物流、餐饮等第三产业快速发展。

（3）黑龙江世海通用钢结构项目。该项目由天津世海通用钢结构有限公司于2013年在克东投资兴建。年产各类钢结构2万吨，彩钢板100万平方米。项目全部达产后，年可实现销售收入1.2亿元，利税1 802万元，净利润1 095万元，税金707万元，提供就业岗位150个。2017年公司实现产值1 500万元，销售收入1 450万元，利润45万元，税金81.1万元。

（4）黑龙江省火山鸣泉绿色天然矿泉水有限公司医疗天然矿泉水生产基地开发项目。该公司于2015年8月落户克东。2017年，公司实现产值2 390万元，销售收入2 390万元，利润25万元，税金38万元。

2016年8月，该公司又在宝泉镇清泉村建设新厂。按照集团总部的投资计划，将斥资20亿元，重点打造一个年产60万吨医疗天然矿泉水生产基地项目。一期项目于2017年底建成投产，2020年前企业完成剩余部分投资，该项目全部达产后，年实现销售收入50亿元，税金3亿元，带动就业200余人。

（5）年产5万吨配方乳粉智能化生产项目。该项目由黑龙江飞鹤乳业有限公司开发，于2015年开始建设，2017年末建成生产。2018年包装奶粉1.7万吨。项目全部达产后，年可生产包装奶粉5万吨，实现销售收入55亿元，纳税5亿元，安置就业280人。企业配置智能化MES系统，成为乳制品行业唯一一家荣获国家智能化项目奖金的企业。该项目建成对于推动主导产业转型升级、增强乳业对财政税收的贡献率起到重大作用。

（6）克东县恒诚生物质发电项目。克东县恒诚生物质能源综合利用有限公司成立于2015年，2016年开始项目建设，总投资1.42亿元，2018年建设完成投产发电。年燃生物质15万吨，供电量8 500万千瓦时，可替代4.86万吨标准煤。企业年实现销售收入6 460万元，利润432万元，税金639.8万元，安置就业104人。

生物质直燃发电项目在生产绿色电力，余热用于集中供热的同时，又延伸了农业产业链，能够牵动全县秸秆收购、加工和运输业的发展，为玉米等黄色秸秆的综合利用开辟了一条新途径，对促进脱贫致富和新农村建设及县域经济发展具有十分重要的作用。

四、园区产业稳步发展

为打造承接载体，克东县投资1.6亿元规划10平方公里的工业示范基地（工业集中园区）。园区于2011年8月成立。2013年8月，省政府批复克东县工业示范基地享受省级示范园区待遇。开发区已建成面积2.1平方公里，各类配套设施齐备，实现了"七通一平"，为承载产业创造了良好的发展环境。

2012年以来，园区发展势头良好，引领经济发展能力显著增强。已入驻企业15家。其中：工业企业10家，农业种植企业1家，畜牧养殖企业2家，仓储物流和粮食仓储企业各1家。园区依托现有乳品、有机饲料、木材加工等产业，结合区位、资源、环境综合优势，逐步培育具有克东特色的优势产业集群，成为最具活力的省级新型工业化示范基地之一。园区自成立以来，固定资产累计完成投资47.95亿元，进出口额累计实现12 442.67万美元，实现工业总产值325.07亿元、工业增加值91.24亿元、销售收入329.65亿元、税金16.49亿元，从业人数达到3 200人。

五、工业的发展引领经济实现新跨越

工业的发展对克东经济起到了重要支撑作用，使克东走上了强县之路。工业产业带动了农牧业的发展，助推了脱贫攻坚，成为经济社会发展新跨越的重要拉动力。

工业对克东经济发展的贡献率达82.5%。2018年规模以上企业实缴税金9亿元，占全县财政收入的75.89%。规模以上企业用工近5 000人，极大地拉动了县全口径就业，使全县就业局面大有改观。

工业带动了农牧业向产业化经营发展。随着飞鹤乳业、禹王大豆、腐乳集团、顶鹤饲料等龙头企业产业链条逐渐向农牧业的延伸，推进了农业向精深加工方向转化，全县农村产业化企业、合作社、农机社等近700家。同时，飞鹤乳业集约化规模饲养、奶源基地建设助推了牧业发展。由此形成了工业和农牧业的循环发展，拉动县域经济不断壮大。

工业企业为全县脱贫攻坚做出了较大贡献。飞鹤乳业、禹王大豆、蒙西建材等重点企业为贫困户捐款62万元；43户民营企业与43个非贫困村结成帮扶对子，在产业带动、助学、医疗等方面主动奉献社会责任。

第二节　农村经济实现新增长

党的十八大以来，克东县创新发展观念，转变发展方式，以市场为导向，强化科技创新引领，着力推进农业供给侧结构性改革，大力发展新业态，调整种养业结构，提高优质农产品有效供给率，加快农业转型发展，努力实现农林牧深度融合，一、二、三产融合发展，走出一条安全、高效、生态、绿色的现代农业发展之路，农业产业化进程不断加快，农业生产组织化程度效果增强，农村经济实现新增长。

一、现代化农业发展步伐加快

（一）推行绿色生产方式，增强农业可持续发展能力

全县循环农业的发展以解决农业面源污染为切入点。由于飞

鹤乳业不断发展，养殖规模迅速扩大，畜禽粪污、病死畜禽一度成为全县主要污染源；传统种植业也因过量施用化肥、农药，给可持续发展亮起红灯。如何实现环境与发展有机统一，成为改革发展过程中急需解决的问题。经过深入调研和科学规划，县委、县政府决定在农牧结合、生态循环上突破，按照"全域规划、融合发展"理念，建立了覆盖全县50%耕地的现代生态循环农业试验区。以粪污、废弃物资源化处理为纽带，重新集聚生产要素，促进畜牧企业延伸产业链。全县养殖牧场配套建设了有氧发酵、沼气发电、病死牲畜无害化处理等设施，建成粪便（沼液）储存设施2万立方米、标准堆粪场40万立方米。流转土地和协议消纳养殖粪便的耕地达20万亩，养殖牧场粪便综合利用率达到40%以上。大力推广秸秆青贮、粉碎还田等技术，全面提升农业废弃物处理和综合利用水平。加快推进秸秆综合利用，深耕深松还田秸秆17万吨、青贮20万吨。用回收的秸秆生产生物质压块燃料、粉碎后作食用菌基料，建设了30个绿色有机食品生产基地，种植大豆、水稻、果蔬、食用菌等。一条生态循环链将养殖场、农田、农民融为一体，为实现废弃物资源化、生产清洁化、环境生态化找到了出路。为切实提高耕地质量，确保耕地红线和粮食安全，采取养殖牧场配套种植、种植合作社配套养殖、养殖牧场和种植合作社"联姻"等方式，将农业废弃物"变废为宝"，逐步形成了"农牧结合、就近利用""林牧结合、自然利用"等废弃物循环利用模式，为解决长期积累的耕地退化、化肥污染、品质下降等问题，找到了解决途径。全县已培育循环农业发展典型龙头企业和合作社共8家，带动30万亩农田进入循环农业产业链，秸秆"三化"利用率达53%以上。

（二）强化科技创新驱动，引领现代农业加快发展

在整个循环农业的发展过程中，在推进农业供给侧结构性

改革中，县政府始终注重把科技创新贯穿到方方面面，积极推进农业科技创新，加快农业技术集成推广，大力实施"种子繁育、秸秆综合利用、绿色生态畜牧养殖、农业产业化龙头企业提档升级、农村信息化"五大科技工程。相继建设禹王大豆蛋白加工、格瑞恩饲料加工、勇进天然气生产、牧原生猪养殖等项目，年消耗大豆15万吨、玉米5万吨，占粮食总产量的50%。建成了中国农科院实习基地、电商学院，为全县循环农业发展提供了有力的科技支撑。

（三）转变发展方式，调整优化种植结构

（1）种植结构由"粮食"侧重向"经饲"上调。在调减粮食作物面积的同时，依托资源优势、产业基础，积极发展果、菌、蔬、杂等高值高效经济作物；扩大青贮和燕麦等饲草饲料作物种植面积。构建起规模适度、生产集中、资源高效利用的粮经饲三元结构协调发展的模式。2018年，全县粮食作物种植面积为175.98万亩，经饲作物种植面积达到11.94万亩，分别占耕地面积的93.3%和6.3%。

（2）品质结构由"数量"侧重向"质量"上调。充分发挥良好农业生态优势，发展高端绿色（有机）食品产业，在产、储、运、加、销等环节应用物联网技术全程指导，并建立可追溯体系。2016年县政府制定了《克东县绿色有机食品产业发展规划》，当年建设水稻、大豆、马铃薯、果蔬等"互联网+农业"高标准示范基地29个，落实面积5.36万亩。其中绿色食品基地25个，面积3.86万亩；有机食品基地4个，面积1.5万亩。绿标总量达到13个，设立物联网监测点8个，辐射带动"三减"面积45万亩。2017年建设"互联网+农业"高标准示范基地30个，落实22个村"三减两增"面积21万亩。

（3）种植结构由"传统"侧重向"特高"上调。2017年，

按照"调整结构、转变方式、提质增效、稳量增收"的规划，大力推进农业供给侧改革，根据市场需求调整种植结构。全县种植面积188.52万亩，其中：大豆138.65万亩、玉米38.77万亩、水稻2.78万亩、饲草饲料5.77万亩、马铃薯0.44万亩、杂粮杂豆1.36万亩，其他作物0.75万亩。同时，大力发展设施农业，全县温室发展到103栋6.9万平方米，大棚发展到865栋63万平方米。通过发展特色农业，传统种植结构调整的增收带动作用更加明显，在发展高效农业上做出了有益探索。

（四）培育发展新型经营主体，土地规模化经营成效凸显

（1）强化合作社规范提升建设。为充分发挥合作社在发展现代化农业中的主体作用，克东县研究制定了《克东县规范合作社发展实施方案》。立足县情实际，坚持"抓小、扶中、壮大"的思路，采取领导包社、政策支持、分类推进等措施，推动合作社向"产加销"一体化方向发展，增强了引领农业发展和带动脱贫能力。一是强化领导包保责任。从2012年开始，就确立了县、乡、部门主要领导包扶重点种植业合作社、养殖业合作社和现代农机合作社责任制，发挥真帮实扶作用，为合作社解决了大量发展难题，并强化部门推进能力，建立部门推进合作社工作机制，分口推进。二是强化内部规范提升。从完善基础设施、整章建制、农民入社入手，充分发挥典型示范作用，集中力量扶持金库、安全两个大型农机合作社建设，当年这两个合作社就成为全省首批"十佳社"。鼓励发展好的种植合作社向农机合作社发展，对经营面积1万亩以上的大型合作社，帮助调整种植结构、建设烘干仓储设施、延伸产业链条，通过"壮大"，进入省级规范社行列；对经营面积3 000~5 000亩的中型合作社，帮助扩大经营规模，完善农机装备，破解融资瓶颈，通过"扶中"，向大型合作社迈进；对经营面积1 000亩以下的小型合作社，进行强化指导、规范运营、完善分配，通过"抓小"，起好步，实现良性发展。三是强化资产盘活。针对部分农机合作社经营困难、设备闲置、无力还贷等实际问题，2013年，把光明农机合作社从克东镇转移到昌盛乡，组建了安全农机合作社。2014年，立足镇内转移，又对玉岗镇新合农机合作社实施了整体转移，组建了越秀农机合作社，有效盘活了闲置资产，一举扭转了农机合作社亏损局面。四是强化项目资金支持。为推动合作社健康发展，2012年以来，全县整合涉农项目资金4亿元，部门帮扶资金1 200万元，重点向养殖、现代农机、果蔬种植等重点合作社投入，建设青贮窖、榨奶站、场库棚、烘干仓储、棚室、冷藏库等基础设施。五是强化融资能力。发挥政府调控功能，组建信诚信用担保平台，并依托克东县信诚信用担保有限公司开展具体担保业务。县政府注入资金2 450万元入股该公司，政府占股达到49%；信诚信用担保有限公司增资2 550万元，占股51%。平台累计贷款77笔，担保贷款金额2.61亿元。六是强化一、二、三产融合发展。积极谋划促进合作社不断升级，将一批有条件的新型农业经营主体向公司化引导。扶持天伟现代农机专业合作社、秀山蔬菜种植专业合作社向种养加销一体化方向发展，协助这两个合作社成立了天伟食品有限公司和北辰食品有限公司。这种新型发展模式，由种养向加工转变，延长了产业链，强化了农民合作社和家庭农场等新型经营主体的基础作用，拓宽了农民增收渠道，加快了转变农业发展方式，进一步推进了农村一、二、三产业融合发展。

到2017年，全县农民合作社发展到623个。合作社的发展，有力地促进了种植业结构调整，实现了土地规模经营，加快了产业化进程。同时助推特色种植业迅速发展。沿路村、城郊村，以食用菌、棚室蔬菜和棚室提子为重点的特色种植合作社发展到11个，建成温室大棚986栋，不仅结束了县城长期依赖外地蔬菜的历史，还吸纳900多农村剩余劳动力实现了就地转移，农民实现人均年增收2万元。

（2）土地规模化经营水平显著提高。农民专业合作社的发展壮大和有实力企业参与农业生产经营，形成了新型农业经营主体，使土地规模化经营水平提到了新高度。克东县以发展现代农业为统领，探索推广了六种推进土地规模化经营模式。

农民合作社统分结合经营模式。依托农民合作社，吸收农户组建联合体。实行统一经营、分开核算，分产量获收益，达到了土地规模经营的高效益。土地大户同农机合作社合伙连片经营统种、分管、分收、分整地，又延伸了这种经营方式。如，玉岗镇新合村4组4 300亩土地入股规模经营，与第一良种场签订了2 200亩土地繁育大豆种子合同，并依托大豆合作社经营，实行"五统一分"经营方式，实现了土地规模经营，取得了较好的经济效益。

龙头企业整组租赁经营模式。以企业为生产经营主体，将农户土地经营权以租赁形式承包过来，由企业直接统一经营。2012年，飞鹤乳业承包了蒲峪路镇玉华村、勇进村、红塔村和润津乡和平村1.1万亩土地，规模经营种植青贮饲料，达到了双方利益的共赢。

种植大户承包经营和家庭农场经营模式。由合作社或种田能手和有一定经济实力的人牵头，单独或联合以租赁、承包形式取得土地经营权，再以现金承包、以地入股、收益保底等方式进行土地流转。2012年宝泉镇德胜村农民马洪海的家庭农场经营了德胜村5组、6组整组流转的4 200亩土地。土地流转后的224户家通过发展养奶牛、养羊，到大庆、天津等地务工实现了就业，这些农户年土地流转和务工收入在4万元左右。昌盛乡翻身村1组1 500亩土地整组流转给本村农户尤勇承包，尤勇用自有大机具统一整地，种植了高蛋白大豆北疆97-24，并与飞鹤乳业签订了按照蛋白质含量定价的回收合同，经济效益十分可观。

村集体组织农户连片经营模式。由村集体经济组织按照规模经营、科学种田的要求，统种统管分收，较农民合作社统分结合方式松散，土地实际经营权留在农户，发挥农户主动权，此种形式是在土地不流转的前提下进行经营，易于农户接受，易于组织。2012年，昌盛乡兴隆村组织农户连片种植绿色大豆和芽豆2 200亩，年初签订了按每斤1.9元保护价回收合同，实行统种分收、秋后回收产品、统一对外销售、按亩均担费用的经营方式。经过几年的实践，昌盛乡兴隆村种植经营小粒芽豆已经摸索出了一套经验，成功实现了产销对接，市场前景看好。

农场代耕模式。通过场县合作，利用农场大型机械作业优势，从整地、播种、中耕到收获、清选全程机械化。做到资源整合利用，实行有偿服务，实现高标准机械化规模经营。玉岗镇建国村460亩土地，利用相邻赵光农场农机作业队机械，由农场代耕服务全程作业，取得了很好的效果和经济效益。

农民合作社股份合作经营模式。由农民种植合作社或农机合作社承包农户土地，采取一次性给付承包费或以地入股收益分成等方式进行土地流转。引入市场风险经营机制，利益共沾，风险共担。

到2017年，全县土地规模化经营面积达到165万亩，占耕地面积的87.5%。土地规模化经营效益的凸显，在农业新科技推广应用、节本增效、突出品牌效益，特别是在延长产业链条、发展农业产业化经营、促进农村劳动力转移、带动农村各业发展、增加农民收入等方面起到了极大的作用，有力地促进了现代农业的发展。

二、发展现代畜牧产业，助力县域经济发展

党的十八大以来，克东县始终把发展现代畜牧业作为农业结构调整和增加农民收入的突破口。坚持龙头拉动、政策鼓励、保障服务。重点发展奶牛主导产业，突出发展肉牛、生猪等优势产业。狠抓龙头企业服务、机械化奶站建设、规模牧场建设、良种繁育、各类养殖基地建设、动物疫病防治及青贮饲料生产，努力提高畜牧业科技含量和市场竞争力，逐步形成了以奶牛产业为主和肉牛、生猪产业齐头发展的"两牛一猪"产业发展格局。2018年，全县牧业产值实现15.34亿元，牧业增加值6.02亿元。

（一）奶牛产业实现转型升级

克东县借助独特的地缘条件和区域整体优势，抢先培育乳品产业。2012年以来，全县上下坚持把奶牛产业发展作为工作的重中之重，坚持一手抓奶源基地建设、一手抓龙头企业发展，坚持以乳业全产业链发展为主线，加强饲草饲料生产、规模牧场建设、奶源质量安全监管，促进全县乳业提档升级，乳品产业实现了快速崛起。

（1）严把源头，完善饲草饲料种植体系。为抓好乳业全产业链上游饲草饲料种植环节，县政府采取了三项措施：一是组建龙头。以黑龙江省顶鹤现代农业股份有限公司为龙头，全力抓好飞鹤青贮玉米、苜蓿的种植以及粗精饲料的加工，为牧场提供安全、健康、营养丰富的饲草饲料，从源头上规避了奶源安全风险。二是培育基地。为扩大饲草饲料种植面积，县政府积极为顶鹤公司协调青贮和苜蓿种植用地，选用优质的青贮玉米和紫花苜蓿品种进行科学化、集约化种植。每年种植青贮10万亩以上，贮量达30万吨以上，满足了牧场奶牛饲草饲料的充足供应。三是政策扶持。着眼潜力培育，大力扶持飞鹤乳业加快发展。县政府累

计提供支持资金和向国家、省市争取专项资金共达5.6亿元，县里累计争取各类贷款近15亿元，为飞鹤乳业起步，逐步壮大，快速发展，走向全国提供了资金保障。同时，加大了青贮补贴力度，仅2014年，落实青贮种植和青贮机械补贴资金达125万元；2015年至2017年期间，发挥全省"粮改饲"试点县优势，用足用好4 173万元补贴资金，扩大青贮饲料种植面积，为乳业的发展在源头上提供了可靠保障，并促进了种植结构调整和农民增收。

（2）规模饲养，加强优质奶源基地建设。县政府坚持把优质奶源基地作为培育乳业全产业链"第一车间"，不断加强规模牧场建设，推行标准化规模养殖。一是支持万头牧场建设。积极创优环境、打造政策洼地，支持飞鹤乳业建设万头牧场，特别在项目争取、土地划拨、工程建设等方面给予飞鹤乳业政策倾斜和资金扶持。2011年以来，克东县为飞鹤乳业解决牧场建设用地3 170亩，先后投资10余亿元帮助飞鹤乳业建成了3个万头标准化牧场。二是加大中小型牧场扶持。自2012年以来，全县各部门累计投入帮扶资金2.8亿元，重点支持产业基础好、发展潜力大、带动能力强的中小牧场配套设施建设。三是实行标准化养殖。飞鹤3个万头牧场饲养的均是澳大利亚、乌拉圭优质荷斯坦奶牛，存栏3.6万头全部使用最优质冻精育种，采用全混日粮（TMR）饲喂，奶牛单产水平均达到10吨以上。中小型牧场参照飞鹤万头牧场统一管理模式，进行集中饲养、集中榨乳、统一防疫，奶牛单产水平达到8吨以上。经过几年发展，全县全部取消了散户养殖，实现了标准化规模养殖。

（二）肉牛产业步入发展快车道

2012年以来，县委、县政府坚持把肉牛产业作为奶牛产业之后的又一项主导产业加以推进，推行"奶改肉"发展模式，坚持"牧场转型、项目推进、规模养殖、企业合作"等创新理念，认真研究肉牛产业发展新思路，挖掘新的畜牧业经济增长点，立足区位、资源优势，抓住全省"两牛一猪"标准化规模养殖建设项目契机，调结构、促转型、抓项目、上规模，有力地推进了全县肉牛产业快速发展。

（1）推进牧场转型扩充肉牛饲养总量。为了适应乳业发展形势，加大了小区型牧场转型力度，通过出台牧场转型补贴政策，引导11个小区型奶牛牧场向肉牛养殖场方向快速转型。2016年至2017年，县财政拿出资金897.1万元，给转型牧场、奶站以补贴，扶持其利用闲置的牧场、奶站大力发展肉牛产业，使肉牛存栏量增加了2 000头。

（2）奶公犊牛直线育肥数量明显增加。立足飞鹤万头牧场、中小型牧场的奶公牛犊资源优势，对奶公牛犊进行科学直线育肥，采取龙头企业自养和"龙头企业+合作社+贫困户"的养殖方式，带动肉牛养殖合作社进行奶公犊牛直线育肥，扶持贫困户通过育肥养殖脱贫致富，促使奶公犊牛直线育肥基地不断壮大，全县采取奶公犊牛直线育肥发展肉牛数量达到8 000余头。

（3）改良和牛养殖规模得到壮大。2012年以来，克东县坚持与龙江元盛肉业公司的合作，利用该公司和牛改良冻精对牧场奶牛进行冻配，产下和牛改良牛犊近2 000头。2016年末，县政府抓住齐齐哈尔市政府最后一年对和牛冻精补贴政策契机，与龙江元盛公司签订了5 750头龙江和牛冻精合同，共计14 375剂。利用飞鹤乳业3个万头牧场、中小型牧场成年奶牛做母本，进行和牛冻精改良，使全县和牛饲养总量达到3 000头，促进了和牛养殖的发展

（4）"两牛一猪"牧场建设得到加强。2016—2017年，争取项目资金1 400万元，全县新建14个"两牛一猪"肉牛标准化牧场，肉牛场的牛舍、青贮窖等基础设施和附属设施基本建完。新

建肉牛场肉牛陆续入栏，存栏肉牛近3 000头。

（5）安格斯高端肉牛产业初具规模。2016年，克东县开始引导肉牛养殖场引进纯种安格斯肉牛进行规模化养殖，大力发展高端肉牛产业。2017年，全县已有6家牧场购进了安格斯肉牛，数量近1 000头。全县存栏百头以上的标准化规模肉牛场、养殖合作社30余个。2018年全县肉牛存栏达3.2万头，肉牛养殖规模得到发展壮大，使肉牛产业真正成为强县富民的重要产业。

（三）生猪产业快速推进

"十二五"时期，克东县一直把生猪产业作为全县优势产业来抓，通过建基地、育大户、拓市场，促进全县生猪产业向规模化、标准化、市场化发展。截至2017年末，全县生猪饲养量达到10万头以上，年出栏生猪500头以上的生猪养殖场8个，拥有长白、大白、杜洛克等多品种优质种猪。生猪结构由二元杂交正逐步转为三元杂交，生猪品质大大提高。特别是2016年以来，县里抓住国家"两牛一猪"产业政策契机，建成了2个年出栏3 000头生猪标准化牧场。2017年11月，河南省南阳市牧原实业集团百万头生猪产业化建设项目在克东县落地。2018年底前建成6个标准化养殖场、一处年产30万吨的饲料加工厂、一处年可加工5万吨的有机肥场、一处日处理病死猪30吨的无害化处理中心。

第三节　脱贫攻坚实现新突破

"十二五"时期，克东县抢抓国家精准扶贫的机遇，始终坚持以脱贫攻坚统揽全县经济社会发展全局，系统谋划、周密部署，聚焦问题、精准发力，打响了产业带动、医疗救助、保障兜底、公共服务等脱贫攻坚战，脱贫攻坚实现了新突破，为全面建成小康社会和实现全面发展奠定了坚实基础。

一、克东县扶贫开发历程

改革开放后，克东县始终将"消除贫困、改善民生，逐步实现共同富裕"作为头等大事来抓。按照国家和省市扶贫精神，举全县之力，集全县之智，与贫困进行不懈的斗争，取得了前所未有的业绩。克东县扶贫工作经历了1978年至1985年体制改革推动扶贫、1986年至1993年的大规模开发式扶贫、1994年至2000年的"八七"扶贫攻坚、2001年至2013年扶贫综合开发、2014年至今的精准扶贫五个阶段。整个扶贫工作以2001年克东县被纳入省级贫困县，开始步入专业化、正规化。2011年，克东县被国家列入大兴安岭南麓特困片区县，享受与国家级贫困县同等待遇。2012年党的十八大以后，克东县依靠上级专项扶贫、社会扶贫等资金和项目，先后实施了产业开发、转移务工、基础设施建设、教育培训、医疗卫生帮扶、人畜饮水安全等扶贫工程，扶贫效果突显。县乡（镇）村产业发展质效大幅提升，农业等基础设施大为改善，社会公共服务水平明显提高，美丽乡村建设提档升级，全县农村整体面貌发生巨大变化。2014年，经精准识别、精准退出"回头看"和动态管理，全县有贫困村55个，贫困户8 817户，贫困人口19 965人。2014年以来，在县委、县政府的带领下，全县人民上下一心，苦干实干，全力推进扶贫攻坚，贫困人口大幅减少。到2018年末，全县55个贫困村全部出列，脱贫7 580户，17 057人，贫困发生率下降到1.11%。农民人均可支配收入增加到11 660元，与2014年相比增长44.5%；地区生产总值44.7亿元，增长35.1%。已脱贫人口均符合国家脱贫标准，实现了"两不愁、三保障"目标。2019年5月9日，黑龙江省政府正式批准克东县退出贫困县。

二、精准发力，脱贫攻坚成效显著

（一）强化责任，合力攻坚

按照脱贫攻坚省负总责、市县落实、乡（镇）推进的要求，在与省市签订责任状基础上，县乡村逐级签订了《脱贫攻坚责任状》，建立了"县级领导示范抓、各个乡（镇）主责抓、驻村工作队专责抓、村级组织具体抓、扶贫办统筹抓"的脱贫攻坚责任体系，形成了纵向联动、横向配合的脱贫攻坚合力，确保全县上下思想统一、步调一致。

（1）发挥县级领导示范作用。落实了县委、县政府主要领导"双组长"脱贫攻坚责任制。按照分管工作领域，确定了21个专项工作推进组。县里每年都组织召开大型脱贫攻坚推进会，定期召开县委常委会、政府常务会、扶贫开发领导小组会议专题研究部署精准脱贫工作，及时协调解决各类脱贫攻坚问题。县委书记、县长及在职副县级以上领导率先垂范，有29名包乡到村。副县级以上领导每月驻村不少于三天三夜，并经常深入包乡（镇）村和贫困户家中，帮助解决实际困难。

（2）发挥乡镇主体作用。乡（镇）党委、政府承担本地扶贫工作主体责任，乡镇党委书记和乡镇长为"第一责任人"负总责，每个乡（镇）配备1名主管领导和1名扶贫专职干部，确保脱贫攻坚任务的完成。

（3）发挥驻村工作队帮扶作用。实行了国标贫困户"一帮四"干部帮扶行动，2 200余名干部每周开展4次入户定向帮扶工作，与贫困户交朋友、解难题、办实事。2016年，除省市下派10支驻村工作队外，全县派出了88个部门组成驻村工作队，选派211名机关干部蹲点驻村抓扶贫。乡镇党政正职和驻村工作队干部每周驻村不少于5天4夜。工作中做到"三有"：心中有情，把贫困户当作亲人来看待、来相处，把老百姓的难当成自己的苦；脚下有路，脚下沾满泥土，经常走进贫困户家中去，发自内心为百姓干实事、做好事；手中有招，对涉及百姓切身利益的各项政策都烂熟于心，灵活运用，切实帮助群众排忧解难，让群众认可满意。

（4）发挥村级党组织引领作用。县委组织部帮助选好配强村级班子，充分发挥村级党组织的战斗堡垒作用和村书记的"领头雁"作用。在省市下派10名村"第一书记"基础上，全县下派了88名"第一书记"，实现了所有行政村全履盖，为脱贫攻坚提供了组织保障。

（二）落实政策，精准帮扶

党的十八大以来，克东县委按照中央提出的"六个精准""五个一批"的总要求，把精准脱贫作为首要政治任务、一号工程和头等大事来抓。坚持因村制宜、因户施策、因人施法原则，出台政策，完善机制，强化考核，通过实施"1237"工程（"1"是新型经营主体，"2"是特色种养业，"3"是三大主导产业，"7"是七个方面政策保障），做到精准施策、靶向发力，为打赢脱贫攻坚战提供了有力保障和坚强支撑。

（1）抓好措施落实，增强精准脱贫成效。一是制定出台政策措施。按照贫困村"三通三有"和贫困户"两不愁三保障"的要求，认真落实贫困户安全饮水、安全住房、医疗保障等政策。县政府责成10个扶贫行业部门、8个承标单位和2个非承标单位，制定了10个精准扶贫专项实施方案。在省市出台政策的基础上，调整完善了七大扶持保障政策，加大低保政策兜底力度，最大限度提高贫困村和贫困户的政策保障水平，使扶贫措施落到每村每户，确保对户精准、措施精准、成效精准。二是加大宣传帮扶力度。通过乡村两级组织、驻村工作队和帮扶干部，深入开展"五送五让"活动，做好对贫困户的扶贫政策的宣传解释工作。利用电视、报刊、"村村响"大喇叭、宣传栏、条幅、宣传单等多种形式，加强对扶贫政策、帮扶措施、脱贫进展等方面的宣传，做到家喻户晓，人人皆知，切实提高农村群众的知晓率和满意度，保证扶贫质量和效果。三是加强基础设施建设。全县整合行业部门资金1.3亿元，用于贫困村产业配套、基础设施和社会事业建设。全面改造98个村280个自然屯饮水设施，新打和维修水源井50眼，改造供水管线200公里，安装净水设施120处。维修改造贫困户C、D级危房1 693户，解决了无房租赁户500户的住房问题。改造通村通屯路70公里，修建桥涵60处。全县98个行政村文化活动室、广场、卫生室及电视网络实现全覆盖，全部达到或超过省定标准。四是抓好教育扶贫。调整教育扶贫政策，对学前教育、义务教育、高中教育、职业教育、高等教育等各阶段建档立卡，对贫困生给予不同标准的补助，保障贫困学生顺利完成学业。同时，利用县人社局就业培训契机，借助县职教中心培训基地和满艺公司载体，加强劳转就业培训、农村贫困人口职业技能培训和农村贫困妇女培训，引导和扶持贫困户在本地创业、到县内外企业及合作社务工，增加贫困户收益和工资性收入。全县培训农村贫困人口3 000多人，就地务工和向外输出400余人；通过满绣技能、电商实战和创业月嫂培训农村贫困妇女1 162人，带动210户贫困户创收，户均增收400元。县委组织部依托一联科技开辟"众创空间"创业孵化基地，扶持返乡大学生自主创业，取得了显著成果，涌现出北辰食品有限公司、物流配送中心等一批创业典型。五是发动社会力量扶贫。为构建全社会共同支持参与的大扶贫格局，县里筹划成立了扶贫基金会，引导动员全县财政供养人员、县内骨干企业、社会团体等踊跃参与扶贫。同时，飞鹤乳业集团成立了助学基金会，多次向县医疗、教育等领域捐赠钱物，对扶贫给予很大帮助。县里还设立了"脱贫攻坚基金"，组织动员全社会募捐资金271万元，全部用于扶贫奖励，为脱贫攻坚提供了有力支持。

（2）抓好产业扶贫，增强脱贫内生动力。一是新型经营主体引领脱贫。发挥313个农业经营主体的带动作用，通过土地流转、股份合作、参与经营、项目托管等方式，实现土地规模经营，带动贫困户脱贫。全县流转土地160万亩，规模经营土地130万亩，农民带地入社、入股分红带动贫困户3 100户，户均年增收2 200元。二是依托主导产业就业脱贫。全力抓好"现代畜牧业、大豆、天然苏打水"三个主导产业溢出、裂变、升级工作。引进战略投资者，建成更多项目，提升主导产业支撑发展和对贫困人口就业安置能力。通过"乳、豆、水"三大主导产业拉动就业，增加贫困户工资性收入，带动500户贫困户，户均年增收2万元。三是种养特色产业带动脱贫。全县以15个果蔬合作社和968栋70万平方米温室、大棚为依托，通过扶贫项目资金支持，推动蔬菜、食用菌、黑木耳等特色种植业逐渐扩大规模，引导贫困户参与棚室生产，进入合作社务工增加工资性收入，带动贫困户1 047户，户均年增收3 000~5 000元。同时，以全县35个养殖合作社和牧原集团生猪养殖为载体，带动贫困户6 916户参与奶牛、肉牛、生猪养殖，户均年增收2 000~5 000元。四是发展光伏产业实现脱贫。采取政府全额投资、集体统一经营、贫困人口受益的模式，大力发展光伏产业，有效地解决了贫困村缺少脱贫载体的问题。投资2.5亿元，建成96座光伏电站实现全县98个村全覆盖，并网后累计发电2 917万度，仅电网结算标杆电价收入就达1 091万元，带动贫困户5 116户，户均年增收2 100元以上。重点向失能和部分失能贫困户倾斜，为精准脱贫提供有力支持。五是借助电商增加收益脱贫。以"我有半亩园"电商平台、农特产品展、"兢山馆"为载体，网上销售贫困户自家蔬菜、提子、干菜等，使900户贫困户受益，户均增收600元。六是通过金融利益链接帮扶脱贫。发挥金融扶贫政策作用。县财政出资1 000万元作为风险补偿金，对1 078户贫困户小额贷款全额贴息，发放"户贷企用"贷款5 390万元，户均年增收1 700元；县财政出资2 560万元作为风险保证金，发放"社贷企用"贷款1.04亿元，带动贫困户3 000户，户均年增收1 000元。七是激发精神动力支持脱贫。开展"孝亲敬老"促脱贫活动，督促子女履行赡养义务，给付赡养费3 900户370万元，户均960元。开展"文明和谐、苦干实干、诚实守信"三好家庭评选活动，为1 750户贫困户发放奖金，每户奖励500元。同时开展扶志强心、移风易俗、美丽乡村建设等工作，增强了群众的内生动力。

　　附：脱贫攻坚，改变贫困落后面貌发生巨大变化的典型老区村

沧桑巨变，老区村走上幸福路
——脱贫致富的克东县乾丰镇宏升村

　　宏升村位于克东县乾丰镇北部，解放前原名张信屯，有着光荣的革命传统，这里曾发生过东北抗联与人民群众共同抗击日本侵略者的激烈战斗，给日寇以沉重打击，为抗日斗争做出了贡献。新中国成立后，尤其是改革开放以来，在省市县的帮扶下，经过艰苦奋斗，自力更生，宏升村改变了贫困落后面貌，发生了巨大变迁。2008年被评为齐齐哈尔市老区工作先进单位和关心下一代工作先进集体、县"五个好"先进党支部，2009年被确定为社会主义新农村建设试点村。

　　一、打破传统，特色农业开出一片新天地

　　昔日的宏升村发展缓慢，是全县有名的贫困村。几年前，

村里杂乱无章，房屋破旧，道路泥泞。要想改变面貌只有艰苦创业。2009年，在县里的支持下，村党支部书记带领一班人率先投身创业大潮之中。他们瞄准了特色种植业，建起了提子观光园和提子棚室生产园。提子品质优良、香甜可口，深受顾客青睐，十分畅销。

提子的种植成功，给全村带来了可观的经济效益。宏升人尝到了甜头，沿着特色农业这条路，又开始了新的创业。经过不断摸索，2014年开始食用菌种植。通过几年的实践，市场考察，食用菌前景看好。现年生产食用菌20万棒，年产鲜品250吨，这些经腌制后的产品，除畅销于国内，还出口到法国、意大利、德国、西班牙等欧洲国家的一线城市。经营成果逐渐扩大，效益不断攀升。宏升村的食用菌产业正在稳步升级，2018年建成年产量1 500吨食用菌产品深加工生产线一条，同时引进乾丰镇速冻黏玉米企业来本村种植黏玉米，为以后的发展积攒了后劲。

二、规模经营，农民专业合作社推动产业发展

找准了脱贫致富路，这只是迈出了第一步。分散的种植，只能是小农经济，还是传统农业的模式。为使提子、食用菌、蔬菜等特色产品形成规模，必须走产业化的道路。2013年，两名大学生放弃大城市优越的生活，毅然返乡创业，带头组建了克东县北辰果菜种植农民专业合作社。经过几年的发展壮大，合作社现已有温室12栋、吊袋食用菌棚室10栋、日光大棚54栋、600平方米生产车间一栋、保鲜库200平方米、腌渍池120平方米。年种植滑子蘑50万棒，年生产滑子蘑腌制品300吨、速冻品300吨、罐制品加工1 000吨。年可实现销售收入500万元，带动用工100人。现入社成员673户，已带动66户贫困户入社脱贫。2017年带动新识别贫困户654户，2018年实现全部脱贫。

合作社注册了自己的公司品牌——"兢串蔬"，加盟移动端

黑龙江诚信证书和两化融合省绿色食品平台，所产的提子和豆角已获得绿色食品认证，并完成整个园区物联网建设。2016年合作社建成为黑龙江省互联网＋农业提子、豆角高标准示范基地。合作社生产的豆角、平菇等品种不但满足了当地市场需求，还打入了哈尔滨、五大连池、黑河等各大果蔬市场，并与之建立了良好的合作关系。为使合作社生产企业化，更具发展动能，2018年宏升村将北辰合作社提档升级为公司，成立了黑龙江省宗秋食品有限公司，把产品定位在食用菌速冻、腌制、罐制品加工，种植基地＋产品加工＋产品销售一体化经营。增加了产品附加值，扩大了企业带动效应和范围。

宏升村特色种植业的发展，影响了一批人，带动致富一村人，走在全县前列，创造了很多可借鉴的好经验、好做法。现宏升村正坚持把棚室产业作为结构调整的重头戏来抓，多方面推动棚室结构和功能全面升级，争当全县现代农业建设的排头兵。

三、全面发展，乡村建设展现新风貌

脱贫攻坚，改变面貌万象新。走进宏升村，只见一条条白色水泥路面，一幢幢漂亮的红砖瓦房，一栋栋气派的果蔬大棚，到处绿树成荫，与绿色田野交织，构成了一幅美丽新农村的画图。

（一）基础设施全面升级，人居环境空前改善

路变宽了。宏升村先后在县交通局、县扶贫办等部门支持下投资315万元，修建了通村水泥公路和村屯水泥路11公里，所有硬化路路面宽度不少于3.5米，实现了全村各屯主要道路全部水泥化。客运班车通进村，村民出行方便快捷。

水变清了。宏升村实施了安全饮水项目，县水务局出资铺设地下饮水管道2.4万米，使宏升村家家户户全部吃上了自来水。经水质化验，所有取水点水质全部达标。

路灯亮了。宏升村电网几经改造，现已有10台共计600千瓦

变压器，确保宏升村日常生活和生产加工用电需要。2009年又投资17万元，安装了52盏高杆照明灯。夜晚路灯通明，与农房灯光交相辉映，同城镇没有太大差别。

电视升级了。宏升村几年前就安装了有线电视，经过更新改造升级，完善了基本公共服务体系，实现了广播电视户户通，电视收视节目不少于25套。2017年县委宣传部牵头率先在宏升村安装了大喇叭，不仅丰富了文化生活，党的方针政策也能及时传播到广大人民群众中去。

房屋砖瓦化了。泥草房改造全部完成，全村房屋基本实现砖瓦化，还建设了别墅住宅小区。房屋规格都很高，宽敞明亮，舒适宜居，人均住房面积达26.54平方米。

环境更美了。经过几次集中整治，"脏、乱、差"状况得到了彻底改变，村容村貌焕然一新。水泥路边沟整洁规范，路旁栅栏整齐美观，中心屯及公路两侧几十个垃圾箱更具城镇品位。还配备护林员8名、公益性岗位服务人员28名，形成了长效保洁机制。建立健全了村规民约，人居环境极大改善。

相关设施配备更齐全了。村内硬化了700平方米的健身广场并安装了健身器材，建设了120平方米的综合性文化服务中心，活动广场、活动室、简易戏台、宣传栏、文化器材、广播器材、体育器材等各项设施全部升档达标。还组建了村秧歌队，形成了浓厚的文化和休闲娱乐氛围。

（二）生活质量明显提升，人们的精神面貌发生了深刻变化

脱贫攻坚促进了农村经济发展，贫困状况从根本上得到改善。宏升村农民收入持续增长，尤其是在脱贫攻坚的带动下，大力发展特色农业，让贫困群众找到了增收的路子，生活像芝麻开花节节高。人心向上，人心思进，不断追求更高的生活品位。蹲墙根、扯闲白及赌博陋习逐渐消失，垃圾乱扔、污水乱倒等现象

大有改观。生活更加丰富多彩，唱歌、跳舞、扭秧歌占用了休闲空间，农民的获得感和幸福感不断增强。同时，激发了他们自力更生、自强不息的内生动力，让他们坚定了信心，看到了希望，向着美好的未来不懈奋斗。

第四节　商贸物流取得新发展

进入"十二五"时期，克东县商贸物流发展到了一个崭新阶段，形成了"电子商务运营基础支撑""物流配送""电子商务销售""企业产品溯源与诚信"四大体系为核心的克东电子商务运营模式，特别是运用电子商务方式助推精准扶贫，扎实推进"六大体系""五大平台"建设，走出了农村电商助力脱贫攻坚的新路子。

一、构建完善电商产业体系

（一）建立电子商务运营基础支撑体系

2015年6月，克东县被评为全国省第二批电子商务进农村综合示范县。7月上旬，克东县与安徽神州买卖提电子商务有限公司达成协议，由该公司负责建立克东县的县、乡、村三级电子商务运营服务体系。在天猫、1号店、京东搭建中国克东（苏打水）特色馆。2016年1月末，培育年销售额达到5 000万元的本地电子苏打水企业1家，培育5个苏打水系列产品的品牌，建立了苏打水县级电子商务平台，增加电子商务销售额3 000万元。2016年建设完成电子商务运营中心，建设乡村网点100个，并与县职教中心开展合作，进行了村站、创业等电商普及培训，指导开设网络店铺107个。

（二）建立物流配送体系

克东县物流配送体系的建设充分发挥本地邮政系统、快递企业、第三方物流的优势，利用已有房屋，装修改造面积200平方米，建成了包括办公区、库房、分拣车间、信息平台等设施，实现了集货物的储存、包装、配送一体化。同时，建设完成了物流仓储信息管理体系，使物流体系高效运转。

（三）建立电子商务销售体系

为使克东特产实现全网络营销，商业部门在产品品牌培育、宣传推广、当地网购平台建设等方面做出了很大努力，助推了农货进城、网货下乡。一是促进合作。世罕泉、九都宝源、威湃、水易方、克东腐乳、宝泉酒业、沃瑞祥等11家企业与神州买卖提公司达成合作协议，整合产品60余个，面向省内外销售。二是加大推广。通过引进神州买卖提公司在神买商城、淘宝、苏宁、京东等平台开设地方馆，进行全网络营销，并通过神买销售网络，拓宽农特产品的销售渠道。2016年，依托神州买卖提公司实现克东产品卖向全国，主要销售苏打水、腐乳、大豆等，交易额达450万元。

二、精准对接，全面推进电商扶贫

（一）抓顶层设计，构筑电商扶贫推进体系

2015年，先后制发了《克东县电商扶贫三年规划》《克东县电商扶贫实施方案》等指导性文件，调整电商扶贫工作领导小组，由县党政主要领导任组长，责成县纪委书记和一名政府副县长专职专责抓电商扶贫，构建了完善的领导体系和推进机制。

（二）抓理念转变，构建电商扶贫思想体系

克东县把增强党员干部电商扶贫理念作为突破口，大力构建全县电商扶贫思想体系，彻底破除以往就电商抓电商的观念，

在全县上下树立"互联网+农户""电商+扶贫"的理念，补齐电商理论短板。分别邀请新农人联合会会长毕慧芳、国务院扶贫办电商扶贫专家王盛、网策电商集团创始人徐大地等来克东，就电商理论、电商扶贫作专题报告等培训14期，累计培训2 308人（次），使各级干部和从业者的思维迅速与先进电商理论接轨。

（三）抓定制服务，创立产品上行销售体系

在习近平总书记作出"发展庭院经济"重要指示后，克东县借助神买优品平台，推出"互联网+订单农业"模式，启动我有"半亩园"等活动。通过扫描二维码认筹，贫困户庭院蔬菜就可现采现摘现场结算，由邮政快递及神州买卖提物流直接配送到消费者家中，贫困户足不出户就可销售自产蔬菜，认筹人坐在家中即可吃到农村绿色有机蔬菜。此项活动已覆盖全县全部55个贫困村，受益贫困户占全县贫困户的35%，户均增收600元左右。

（四）抓品牌设计，完善农特产品供应体系

以"党旗引领幸福路、电商助力小康梦"为主题，举办了电商扶贫农特产品体验展暨首届提子节展览会，共组织全县贫困户种植生产的5大类23个农特品种入场展示，组委会对全部农特产品进行了品牌设计和外部包装。为农村贫困户拓宽了农特产品的上行销售通道，健全了全县农特产品供应体系。展览活动期间，提子销售总额突破70万元，带动19户贫困户脱贫。还量身打造了电商扶贫爱心专区，观众通过扫取各乡镇二维码，每购买1斤当地特色产品，就能为电商扶贫爱心基金捐赠1元钱。

（五）抓正向引领，强化农村网店服务体系

根据村站实际情况，县政府制定了《克东县电商扶贫爱心超市运营方案》，围绕村级站点功能升级，不断提升村站服务水平。以"爱心扶贫、引领风尚"为目标，在全县55个贫困村设立电商扶贫爱心超市，以贫困户孝亲敬老、励志自强、移风易俗、

村务管理、见义勇为、助人为乐六大主旨为核心，通过贫困人口自主发展、自我约束、自求提升的实际行动换取积分，兑换米面粮油等生活必需品。激励贫困户培养树立"人穷志不穷"理念，消除等靠要思想，增强自主脱贫内生动力，形成人心思进、人心思富的良好氛围，进而影响并带动贫困户通过自身努力脱贫致富。

（六）抓渠道资源，建立全民电商参与体系

为探索扶贫工作的新模式和新途径，实现全民参与电商扶贫目标，克东县借鉴绥芬河迈克西盟公司俄罗斯产品销售经验，组建了由贫困户276人组成的俄罗斯产品销售微商团队，其中建档立卡贫困户139人，有效带动贫困户通过线上销售俄罗斯商品增收。同时，重视发挥社区营销作用，借助城镇社区完整的网格化管理机制，在克东镇打造社区服务中心一处，引导县内农特产品集中进入，由社区工作人员开微店销售本地产品。依托县满艺公司培训基地，举办了满绣手工技能培训班27期，使农村妇女掌握一技之长，并通过"公司+实体营销+订单+互联网+展会宣传"的模式，开展线上销售，拓展满绣产品销售渠道，增加农村妇女收入。

2017年末，克东县建成电商服务中心1处、乡村服务站15个，开办各类网店24家、电商企业140家，拥有电商平台9个、物流快递企业7家，建成了县、乡、村三级物流体系。组织引导18户企业开通官网，建设网店，发展淘宝商店87户，交易额超过1亿元。建设物流项目2个，总投资规模3.6亿元，储存运输能力360万吨，主营业务收入达2亿元。2018年，全县网络零售额11.16亿元，农产品销售额1 031万元。拥有各类网店40家，电商企业达181家，升级整合电商平台7个、快递企业14家、乡（镇）村级电商服务站点94家，全县应用电商企业达37家，参

与电商人数突破1 000人。组织电商人员培训14次，参训人员达2 308人（次）。建立电商创业园一处，入驻企业13家。网络自建平台一个——"兢山馆"。克东县作为国家第二批电子商务进农村示范县，2018年双11全网零售额成绩斐然，荣获百强示范县TOP第9名和全国百强县第61名。克东县电商产业已步入良性发展快车道，对促进脱贫攻坚和克东经济的快速发展起到了十分重要的作用。

第五节　城乡建设展现新面貌

党的十八大以来，县委、县政府以改善民生为出发点，以完善城乡基础设施建设为切入点，多方筹措资金，加快城乡建设步伐，城乡面貌发生了巨大变化。

一、城市建设水平全面升级

（一）塑造现代新城镇，基础设施建设又上新台阶

（1）城镇道路规格快速升级。2012年至2018年，累计投入基础设施建设资金1.67亿元，先后改造主次干道30条，面积30.9万平方米，铺装改造人行道11.8万平方米。初步形成了"七横十纵"（东西7条、南北10条）主次干道的城市交通路网体系。

（2）供水排水供热系统更加完善。建成了日处理1万吨的污水处理厂，城市污水处理率达到90%以上。2017年在县供水公司新建县级化验室一处，实现了按新标准进行水质化验。2012年至2017年累计投入资金1.2亿元，建设了克东镇城区供热工程。2017年集中供热面积已达到250.5万平方米，集中供热普及率达到

83.5%。共建换热站17座，供热管网34公里。2018年集中供热面积达270万平方米，新建换热站3座、供热管网38公里，城区楼房集中供热率达100%。

（3）休闲广场品位不断提升。为丰富广场文化，增加城市的动感与色彩，投资190万元，把城南脏乱差的石坑建设成了宽敞美丽的兢山休闲广场，总面积2.1万平方米，硬化面积1万平方米。投资650万元，在新区建设了规格高的飞鹤广场，总面积达2.4万平方米，硬化面积1.2万平方米。

（二）创造宜居新环境，民生保障跃上新高度

（1）棚户区改造、廉租房建设、房地产开发惠及千万家。2012年至2017年间共完成棚户区改造1 404户，面积8.42万平方米。建设廉租房、公租房1 272套，面积6.31万平方米。实施房地产开发16项，建设商品房61.83万平方米。大大改善了居民的住房条件和居住环境。

（2）低温楼改造旧貌换新颜。为使群众屋暖更暖心，让旧楼穿上"新衣"，克东县从2013年开始加快了低温楼的改造，累计投入资金7 155万元，共改造低温楼75栋，改造面积近37.3万平方米，4 234户居民受益。低温楼通过改造室内温度提升了3℃~5℃，楼房面貌焕然一新，城市形象得到大幅度提升。

二、新农村建设扎实推进

党的十八大以来，克东县紧紧围绕脱贫攻坚，整合各类资源，加快了新农村建设步伐，农村发生了巨大变化。基础设施和服务体系完善。人居环境更加优化，美丽乡村风貌基本显现。出现了各业兴旺，生活富足，文明和谐的繁荣景象。

（一）人居环境不断优化

基础设施日趋完善。新建农村客运站7个，修筑农村道路12

条，对55个行政村、77个自然屯、5个农林牧场道路硬化加宽，硬化加宽村内道路61公里，修整村屯破损路面82公里，乡村道路普遍升级。完成改造危（泥草）房1.27万户，其中贫困户改造1 716户，农民住房条件明显改善。提升196个村屯饮水质量，新建饮水安全工程137处，受益人口9万人。建设村级文化活动广场83个，建成农家书屋98个。农民文化生活更加丰富。

村容村貌焕然一新。大力改善乡村环境，硬化村屯路边沟11.8万米，新建村屯栅栏11.1万米、过户桥4 585个、大门4 231个，改造C、D级危房3 100户，对3 980户长期无人居住和严重损毁房进行灭迹，绿化达标村25个。积极发展庭院经济，5 129户农户种植果蔬3 536亩，安装村屯街道路灯220盏。美丽乡村建设成效突显。

环境污染有效遏制。投入资金1.36亿元，新建4处乡村垃圾闪蒸矿化处理站；落实农户改灶150户；完成室内水冲式厕所改造1 500户；设置村屯垃圾箱2 882个、垃圾车184台；落实秸秆压块站9处，购置秸秆打包回收设备57台套，全县秸秆综合利用量达到55万吨，占秸秆可利用量的62%。农业生态环境大为改善。

（二）集体经济逐步壮大

近年来，县委、县政府以脱贫攻坚为引擎，积极探索壮大集体经济产业的路径，增加集体积累，促进农民特别是贫困户增收。一是招商引资增收。以实施"彩凤还巢"计划为载体，通过请农村在外经商成功人士回村投资创业，有偿利用当地资源优势，发展农产品加工项目，走"一村一品"之路，为集体创造收入。二是承包租赁增收。充分利用村集体资产温室大棚、冷库等设施，承包租赁给合作社或村民经营，以增加村集体经济收入，实现集体收益最大化。三是利用电商平台增收。鼓励村集体借助县电商产业发展的平台，采取线上线下交易方式，拓宽农副产品、农用物资交易渠道，提取服务费等带动集体经济增长。四是产业经营增收。通过建设光伏电站发展村级集体经济，按国家有关规定全额收购上网电量，收益用于扶贫及村基础设施建设。通过光伏产业全县带动贫困户5 116户，户均增收2 500元左右。五是利用牧原"5+"扶贫项目增收。"5+"：即政府+银行+企业+合作社+贫困户。该集团租赁合作社所建猪舍，按投资额6%给付租金，合作社用租金给入社贫困户分红，已有5 270户入社，每年户均分红2 400元，带动贫困户298户，同时增加了集体收入。

三、生态环境日见改观

随着社会经济的发展，保护自然环境，减轻环境污染，促进经济社会与环境协调发展和可持续发展，是政府面临的重要而又艰巨的任务。党的十八大以来，克东县建立了各级政府一把手负总责制度和各部门齐抓共管责任制及公众参与制度，充分发挥了职能部门监督、指导、服务和管理作用。通过不断治理，生态恶化趋势得到遏制，万元地区生产总值主要污染排放总量得到有效控制，完成了主要污染物总量减排目标，森林绿化面积不断扩大，城乡环境质量明显改善，出现了碧水蓝天的景象。

（一）环保设施建设日趋完善

（1）克东县污水处理厂稳定运行。该厂于2013年建成试运行，2014年6月13日通过环保验收。污水处理厂采用cast工艺，出水水质达到国标一级B标准，2018年底改造升级为一级A标准。

（2）克东镇生活垃圾处理场建成使用。该厂于2016年11月2日通过验收并投入运行。该项目为城镇生活垃圾无害化处理工程，符合国家产业政策和清洁生产要求，日处理生活垃圾11吨。

（3）克东县环境空气自动监测站投入使用。该站于2017年

4月建成投入试运行，并与齐齐哈尔市环境保护局空气质量数据平台联网，时时上传，实时掌握全县环境空气质量状况及发展趋势，能够为环境管理人员及相关部门研判城区空气环境质量变化情况提供科学参考。2018年有效监测天数为310天，达到二级以上天数占全年监测天数的88.7%。

（4）集中供热减排治污设施更加完备。除尘采用先进的脉冲袋式除尘器，脱硫采用氧化镁塔式喷淋脱硫法，脱硝采用SNCR尿素法脱硝，能够达到《锅炉大气污染物排放标准》（GB13271–2014）。克东县海阳热力集中供热公司完成了3台80蒸吨燃煤锅炉的脱硫脱硝改造和在线监控系统的安装调试。其污染治理设施齐全，方法先进，使大气治理效果明显提高。

（二）生态县建设成效显著

克东县自2011年开展省级生态县创建以来，高起点编制了《克东县省级生态县建设规划》，经过实施，取得显著成效。在生态城市建设上，完成了6.7公里城区主干道污水管网铺设及污水处理厂和垃圾处理场等环保基础设施建设。全面实施县城重点区域景观整治改造，县城区各主干道绿化美化亮化工程建设不断升级。2015年9月21日通过省级生态县考核验收。在生态乡镇建设上，按照创建省级生态乡镇的标准，全县各乡镇积极做好申报省级生态乡镇工作，克东县有6个乡镇已通过省级生态乡镇的考核验收，获得"省级生态乡镇"称号。在生态村建设上，坚持把新农村建设与生态村建设有机结合起来，以建设美丽村屯为目标，加大生态村的创建力度。全县有86个行政村已通过省级生态村的考核验收，获得"省级生态村"称号。

（三）环境保护治理扎实推进

（1）绿盾行动持续开展。在"绿盾2017"专项行动的基础上，认真贯彻落实生态环境部《关于开展"绿盾2018"自然保护区监督检查专项行动的通知》，全面排查保护区的整体情况。一是落实保护措施。聘请东北林业大学编写鹿角湖梅花鹿省级自然保护区调整的总规、科考、申报书等项工作。二是开展宣传教育活动。向当地百姓讲解保护区管理的相关规定及生态保护的重要性，杜绝附近村民进入保护区进行采摘等活动。三是开展"三减活动"。即减少化肥、农药、除草剂的使用量，引导农业向绿色有机方向发展，进一步减轻人类活动对保护区的影响。四是进行执法检查。多次组织环保、农业、林业、国土等有关部门，对照省级以上自然保护区整改台帐中的问题清单，到保护区进行联合执法检查，并对卫星遥感监测的点位进行实地察看。五是划定生态红线。根据省、市生态红线划定相关文件要求，制定了《克东县生态红线划定方案》。经多次与国家环科院等相关部门沟通，克东县涉及流域、公益林生态红线划定已初步确定。

（2）水污染防治成效突出。一是严格监管企业。加大涉水企业监管频次，对不达标企业进行约谈，督促企业落实水污染防治措施。按要求重点排污单位都安装了自动监控设施。二是污水处理达标排放。对污水处理厂进行全方位、立体化、在线监控，实现了城镇污水处理厂的稳定运行和达标排放。三是全面加强水源地建设。加强县乡两级水源地日常监管，完成了12个村级集中式水源地划分工作。全县居民饮用水水质达标率达到100%。

（3）大气污染防治效果明显。按照中央环保督察整改要求完成了全县燃煤锅炉淘汰和改造工作；秸秆春季打包工作正式启动，全县秸秆禁烧工作成效显著；协助垃圾处理厂完成了化验室建设、渗滤液处理等工作；协调相关部门帮助5家县级医院实行了医疗垃圾规范化处理；指导飞鹤乳业3家牧场及有关企业实现了工业危险废物规范化处理。

第六节　社会事业迈上新台阶

党的十八大以来，县委、县政府在加快经济建设的同时，高度重视社会事业的发展，坚持以人为本，加大投入，深化改革，推动各项社会事业全面发展，呈现出经济与社会协调发展的良好态势。

一、教育事业不断发展

党的十八大以来，克东县坚持以全面提升教育教学质量为中心，加强教师队伍建设，完善教育管理机制，教育水平进一步提高，学校特色进一步彰显，办学条件进一步改善，教育形象进一步提升，全县教育继续保持均衡、健康发展。

（一）教育投入逐年加大，基础设施建设更加完善

克东县始终坚持教育优先发展的战略原则，做到义务教育经费在财政预算中单列，确保教育"三个增长"。2014年至2016年，全县生均预算内教育事业费小学由10 933元增长到18 325元，初中由7 846元增长到13 842元；生均预算内公用经费小学由2 477元增长到4 616元，初中由2 647元增长到5 848元；教职工年人均工资由41 232元增长到62 956元。为加强基础设施建设，2012年至2016年全县累计投入近2亿元，新建校舍16栋，改建维修校舍21栋，新建面积达5.8万平方米，改扩建面积达3万平方米。投入资金500万元，实施了城乡学校"三通工程"，20所学校实现了"校校通"，16所学校实现"班班通"。2014年至2015年，县财政追加基本办学条件专项经费1 000多万元，配备和更新教学仪器1 800余件（套），所有学校的教学仪器达到省二类及以

上配备标准。投资990万元将特教学校迁到新校址，全面改善了特教学校办学条件。2012年至2018年，累计投入5 500万元，实施了学生饮奶工程；每年投入150万元，开通了全省首家学生免费乘车工程，赢得了家长及社会的好评。

（二）优化教师队伍，提升师资整体水平

为提高教师的整体素质，优化教师队伍，县教育主管部门建立了长效运行机制。一是建立教师补充机制。本着"自然减员、随时补充"的原则，定期面向社会公开招聘教师，开辟绿色通道引进优秀人才。2015年至2018年，全县共公开招聘中小学教师104名、特岗教师70名，全部充实到农村薄弱学校任教，进一步优化了师资结构。二是建立教师培训机制。2014年至2018年，通过校长助力工程、国培计划等累计培训中小学教师3 300多人（次），完成培训项目18个，有效提高了教师素质。三是建立教师交流机制。2015年制定了《克东县乡村教师支持计划（2015—2020年）实施办法》，积极开展城乡学校结对、教师轮岗交流、团队交流、送课下乡等活动。每年从县城学校选送一批骨干教师到农村学校任教，有效解决了教学点师资短缺问题。2015年至2017年，全县共交流校长和教师147人次。四是建立稳定农村教师队伍保障机制。2015年至2017年县财政每年出资160万元，用于乡村教师生活补贴，切实提高了农村教师生活待遇。并新建农村教师周转宿舍5栋2 450平方米，有效解决了教师在校期间午休的问题，使农村教师更加爱岗敬业。

（三）优化资源，促进教育均衡发展

"十二五"时期，县委、县政府从讲政治、讲大局、讲执行的高度，把教育均衡发展作为最大的公平，把发展教育作为最大的民生，实施了县、乡、村三个层面的一元化配置，形成了城乡教育规划的"全县覆盖"、教育资源的"全县统筹"、管理体

制的"全县统一"的格局，推进了教育均衡发展。县义务教育阶段学校全部通过省标准化学校验收。2016年小学8项指标综合差异系数为0.498（小于0.65），初中8项指标综合差异系数为0.309（小于0.55），三残儿童入学率94.5%。2017年10月，克东县高标准通过国家义务教育发展基本均衡县专家督导组考评验收。

（四）综合改革激发活力，促进教育质量提升

为提高教育教学质量，从2011年开始，对全县中小学进行了全方位改革。一是规范办学行为。从2011年开始，全县中小学起始年级新生全部实行阳光分班，公开分班过程，严密每个程序，纪检、教育部门及广大家长现场全程监督，实现了有效控制大额班的历史性突破。二是深化课程改革。以全面提高学生素质为目标，构建了国家、地方、学校有机结合的三级课程体系。教育部门编印了以社会主义核心价值观为主要内容的地方教材《与文明携手、与礼仪同行》一书；各学校也分别编印了以"热爱家乡"为题材的系列校本教材，形成了具有区域特色的课程文化品牌。三是优化课堂教学。以打造高效课堂为目标，形成了"先学后教，当堂训练"和"先学后导，自主高效"等课堂教学模式，灵活的教学方法，提高了学生的自学能力。四是开展课题研究。"十二五"期间，全县共完成国家级课题12项、省级课题18项、市级课题143项，7所学校获国家级课题研究先进实验校称号。

通过改革，为教育教学水平的全面提高奠定了基础，全县教育质量逐年攀升。小学、初中毕业生合格率达100%。2013年高考重点大学进段人数102人，进段率10.7%；2014年高考重点大学进段人数106人，进段率11.2%；2015年高考重点大学进段121人，进段率13.5%；2016年高考重点大学进段人数127人，进段率15.9%；2017年高考重点本科进段166人，进段率17.5%；2018年高考重点本科进段率16.5%，二表进段率53%，600分以上19人。

继2014年1人考入清华大学、2015年2人考入清华大学、2016年1人考入清华大学、2017年2人分别考入清华大学和北京大学、2018年1人考入清华大学，多名学生考入复旦大学、浙江大学、人民大学、北京师范大学、哈尔滨工业大学等名牌大学。

二、文体事业更加进步

党的十八大以来，克东县以"唱响蟑山文化品牌、彰显克东发展魅力"为主线，以全国文化先进县向全国文化强县迈进为目标，不断完善阵地建设，丰富群众文化体育生活，加强文物保护，文体工作呈现繁荣景象，为推动全县经济和社会全面进步提供了文化支撑。

（一）文化阵地建设日益完善

为改善文化活动环境，县政府不断加大投入。建成了综合性青少年活动中心；建成了二克山文化主题公园休闲广场、飞鹤广场、蟑山广场、蒲峪憩园等文化休闲广场；镇的综合文化站；建成了"蟑山人之家"老年活动中心。利用县青少年活动中心闲置房舍，建设羽毛球活动室1个、乒乓球活动室3个。为完善县、乡、村文化基础设施，建成了全县七个乡利用国家政策扶持，采取市场化运作，建成了1个数字影院，成立了5支数字电影放映队，每年免费为农民送电影下乡千余场。建成了全县文化信息资源共享工程县级支中心和7个乡镇及98个行政村文化信息资源共享服务站点，建设完成乡村休闲广场98个，建成11个城乡社区文化活动室，建成95个标准化农家书屋、25个文化大院，扶持成型文化专业户42个。县乡村户四级文化服务网络进一步完善。

（二）各种文体活动亮点彰显

文体活动在各个层面广泛开展，促进了文化繁荣和人们的身心健康。文体项目参赛交流成果更加丰硕。2013年，县文化馆、剧团、满艺公司参加了齐齐哈尔市电视台周末会客厅"克东文化"专题节目录制；艺人刘树斌参加中央电视台黄金100秒节目，大手绢表演挑战成功。2015年，蓓蕾舞蹈培训学校参加黑龙江选区全国蒲公英大赛，集体舞倍爽获A组金奖、筷子舞获B组金奖；克东县政府协助有关部门在克东拍摄了由著名演员王璐瑶参演的电影《护工》；克东县"舞动兢山"健身操代表队，在齐齐哈尔市"鹤城鹤舞"暨全国健美操选拔比赛中，取得了第一名的优异成绩，获得舞动龙江快乐舞步黑河赛区争霸赛第一名，夺得了第四届全国全民健身操舞辽宁分站赛和青岛2015世界休闲体育大会第四届全国全民健身操舞大赛总决赛中年组第一名。2017年，克东广场舞表演队参加齐齐哈尔市首届春舞鹤城广场舞大赛表演作品《二克山母亲山》获得翔鹤奖（金奖），参加齐齐哈尔市举办的全市大型活动"共祝国庆、喜迎十九大""万达杯"中老年舞蹈大赛，荣获金奖。县文化馆退休干部曾凡廷有12幅摄影作品在国际摄影比赛中入选。县乒协参加黑龙江省第三届全民健身运动会垦区赛区格球山农场第三届"阳光杯"乒乓球邀请赛，获团体赛第四名。2017年，参加齐齐哈尔市业余速度滑冰嘉年华比赛，克东县获青年组500米第三名、1 000米第三名；参加北安市周边县市象棋比赛，克东县获团体赛第二名，克东参赛选手石向阳获个人赛第二名。2018年，农民歌手1人参加全省农民艺术节，演出《世纪春雨》歌舞受到了省文化厅的好评；克东县"舞动兢山"代表队在齐齐哈尔市"春舞鹤城"比赛中获得冠军。举办了文化惠民助力脱贫"激情夏日"广场演出40余场，开展了各乡镇贫困村文艺演出选拔赛，参与演出人员近千人，观众累计达5万多人次。文体活动以城带乡的开展，丰富了城乡广大群众文体生活，提升了全民健康水平。

（三）文物遗产传承利用成绩斐然

"十二五"期间，按照国家省市工作部署，因地制宜，普查登记国有单位文物收藏情况219个。争取资金850万元，完成了金代蒲峪路故城遗址保护工程和蒲峪路故城博物馆建设项目。在昌盛乡安全村、蒲峪路镇卫星村等地发掘出形成于1亿年前的树化石2吨，还挖掘出猛玛象牙2根。为抢救和传承克东历史文化，聘请市社科院、国家高校及社会上有较高名望的专家学者，深入挖掘克东地域历史文化，编辑出版了《蒲峪论谈》《克东印象》《克东民俗文化》3本书。这些成绩的取得，为弘扬克东历史文化做出了贡献。2014年5月，克东满绣被列入第四批国家级非物质文化遗产名录。同年11月在北京APEC会议期间，满艺公司设计制作的绣花手包、丝巾、手帕被习近平总书记选定为国礼，赠送给各国政要夫人。

（四）旅游市场前景看好

克东县有较丰富的旅游资源，"十五""十一五"时期就开始开发利用。2015年，克东县二克山风景区、蒲峪路故城遗址被纳入哈尔滨、齐齐哈尔、五大连池、黑河游的省级旅游线路规划中，二克山、飞鹤牧场两个AA级国家风景区档次大幅提升。此外，誉满全国的飞鹤奶粉、克东腐乳、天然苏打水、满绣等代表克东名片的产品也扩大了宣传面，增强了克东县对外影响力和吸引力。为进一步加大克东旅游资源宣传推介力度，2017年聘请旅游规划专家编制了《克东县全域旅游发展规划》，制作了《克东旅游画册》和"克东旅游宣传片"。同年8月，齐齐哈尔市举办了首届克东旅游推介会，市委宣传部、市旅游委、市旅行社、新华社、人民网、中新网、央广网等50多家中央、省、市及社会团体代表出席了本次会议。9月举办了克东县旅游扶贫发展宣传会，这次大会有力地推动了克东旅游扶贫事业的发展，拓宽了克东旅游市场。同时成立了克东县旅游行业协会，设立了克东县首家国内旅行社。另外，乡村旅游也开始起步。生态游览、农业观光吸引了许多游客。2018年，克东接待省内外旅游团队14个500余人，全年共接待游客27.8万人次，旅游总收入突破千万元。

三、卫生事业全面加强

党的十八大以来，克东县以建设健康克东为目标，牢固树立民生理念，继续深化医药卫生体制改革，积极推进卫生服务体系建设，发挥了卫生行业在改善民生、推动经济社会协调发展方面的重要作用。

（一）医改和行风治理彰显活力，群众就医保障进一步加强

（1）公立医院体制改革产生新动力。按照国家、省、市对公立医院改革任务工作部署，2012年以来，克东县实施了医药卫生体制改革。一是基本药物制度全面落实。公立医院全面取消药品加成，实行药品零差率销售；全县专业卫生公共机构也于2018年5月取消药品加成。二是落实医改核心指标，控制公立医院医疗费用不合理增长。截至2018年12月底，全县药品占比23.92%，百元医疗收入消耗的卫生材料19.98元，医疗服务收入占业务收入比重为39.44%，医疗费用增幅-6.81%，医改核心指标全部达标。三是实行药品阳光采购制度。从2017年9月1日起，全县公立医疗机构全面执行"两票制"和高值医用耗材网上采购。进一步规范辅助性、高回扣药品的临床应用，并加入全市组建的联合采购体，进行药品、耗材带量采购。四是深化医院管理改革。深入推进现代医院管理制度建设，推进临床路径管理，巩固提高医联体建设水平。建立符合行业特点的人事薪酬制度，医务人员积极性得到有效调动。通过创新改革，强化了监管，增加了医疗透明度，减轻了患者负担，调动了医务

人员积极性，医疗卫生局面大有改观。

（2）"医德医风"专项治理效果明显。为改善医疗服务质量，增强群众就医满意度，县卫生主管部门认真贯彻国家卫计委"九不准"和市医务人员"十条禁令"要求，从"医德医风"治理入手，强化对医院管理和对医务人员教育。自2014年开始，在县3家二级医疗机构开展了预防职务业务违纪综合治理活动。建立医生与住院患者入院时签订不收不送红包协议，医院与科室、科室与医护人员签订医疗责任追究合同等规章制度，彻底整治医务人员索要、收受患者钱物等行为。

"医德医风"的治理收效极大，增强了医务人员的责任感与职业道德意识；改善了医患关系，服务态度明显改变；减少了医疗事故与医疗纠纷的发生，服务质量明显提升；收受红包现象基本杜绝，医疗腐败行为得以遏制。医疗风气的好转，受到社会各界的认可，群众看病难的状况基本转变。

（二）公共卫生服务成果显著，重大疾病得到有效防控

全县健康教育逐渐普及，疾病防治水平不断提高。一是公共卫生服务得到加强。居民健康档案记录、孕产妇系统管理高效进行；高血压、糖尿病和重性精神疾病患者纳入慢性病规范管理治疗效果明显；65岁以上老人健康体检、"两癌"（乳腺癌和宫颈癌）筛查每年开展，并跟踪治疗。二是传染病得到预防。计划免疫、预防接种收到实效，多发病、传染病得到有效预防，无重大疫情发生。三是地方病、布鲁氏菌病、结核病得到防治。在做好常规监测的同时，开展了大骨节病项目临床和X线检查工作。对布鲁氏菌病加强监测防治，按照《布鲁氏菌病高危人群筛查方案》，每年都对全县养殖牧场、养殖专业户等进行筛检，经过防治全县布鲁氏菌病发病率有所下降。对结核病的防治采取了疾控机构负责规划管理，定点医疗机构负责诊治，基层医疗机构负责

随访的方式进行，结核病发病人数逐年减少。四是妇幼保健得到加强。住院分娩率达100%，新生儿疾病筛查率达99.96%，婚前检查、孕前优生、叶酸增补等项目全面落实。妇幼保健的社会效益和经济效益不断提升。

（三）农村医疗服务全面加强，健康扶贫扎实推进

（1）医疗体系逐步健全。一是加强村医队伍建设。全县96个村卫生室的180名村医，全部具备执业资格，村医配备率达100%，村医待遇得以落实。2015年至2018年为乡镇卫生院招录医学院校毕业生20名，进一步提升了县乡医疗卫生综合服务能力和医技水平。二是强化乡村卫生院室建设管理。实施乡村医疗机构设置、行政、人员、业务、药械、财务和绩效七个方面一体化管理，充分发挥基层网底预防和治疗作用。三是积极组建县域医共体。为实现乡村一体化，县政府办制定下发了《克东县开展县域医疗共同体建设实施方案（试行）》，实施分级诊疗服务模式，推行双向转诊制度。县人民医院、中医院与各乡镇卫生院建立了县域内医共体，提高了全县农村医疗机构诊疗水平。

（2）健康扶贫取得显著成效。全县建档立卡贫困人口19 965人，8 813户。其中因病致贫人数10 212人，4 580户，占比51%。针对因病致贫占比较高的实际，县里出台了《克东县脱贫攻坚有关工作方案》等一系列有针对性的政策措施。一是提高贫困人口参合报销比率。2017年建档立卡贫困人口参合率100%，县域内住院3 717人次，就诊率达90%，累计报销2 700万元，实际报销比81%，切实减轻了贫困人口看病就医负担。二是落实健康扶贫政策。建立了基本医保、大病保险、兜底保险、民政救助、补充报销5条保障线。实施九种大病专项救治，救治率达97%。三是开展光明扶贫工程和扩大慢性病待遇覆盖面。免费救治贫困白内障患者84名。实现常住贫困人口慢性病签约全覆盖，在市定11种慢性

病基础上，又增加13种慢性病，鉴定合格5 850人，按政策享受就医购药补贴待遇。四是实施"一站式"便民机制。采取先诊疗后付费、制发家庭签约服务包、发放住院结算明白卡等方式，最大限度方便贫困群众。健康扶贫的实施，切实减轻了贫困人口看病就医负担，增强了他们的获得感和幸福感。

（四）基础设施建设更加完善，诊疗设备不断更新

为进一步改善医疗条件，县政府加大了基础设施建设的投资力度。在乡村卫生院（室）建设上，2013年至2017年投资1 090万元，扩建和新建四个乡镇卫生院，新建和改造96所村卫生室。在县级卫生机构建设上，2016年至2017年投资3 173万元，改建扩建了县中医院门诊综合楼，扩建了县医院门诊综合楼，扩建了疾病预防控制中心业务用房。在诊疗设备更新换代上，2012年至2015年先后投入资金4 116.1万元，为县医院购入透析机、消毒机、全自动尿液分析仪、彩超、监护仪、64排飞利浦CT和1.5T超导核磁等医疗设备90件。为县中医院购入胃镜吸引器、电解分析仪、定向颅钻、注射泵心电机、内窥镜摄像系统、宫腔镜、大生化等医疗设备。妇幼保健院争取省卫计委300万元资金购入钼靶、DR等设备。疾控中心向上争取55万元医疗设备。全县每个村卫生室配备了6 000元左右的诊疗设备。基础设施的夯实和先进医疗设备的配置，扩大了医院规模，缩小了城乡之间医疗条件的差距，提升了全县各级医院的医疗水平。

四、民生保障得到新加强

党的十八大以来，县委、县政府紧紧围绕稳增长、保稳定的大局，全面加强社会保障、劳动就业、社会救助等惠及民生的工作，为全县经济社会的持续快速健康发展提供了优质高效的保障服务。

（一）民生为本，社会保障全面加强

（1）养老保险实现城乡全覆盖。2012年以来，克东县加速推进养老保险由制度全覆盖向人群全覆盖转变。建成了"覆盖全民、城乡统筹"的社会保障体系。截止到2018年，城镇企业职工和灵活就业人员参保人数22 388人，年收缴保费1.02亿元，领取养老金人数16 493人，养老金年支出额3.51亿元；城乡居民养老保险参保人数96 704人，年收缴保费1.79亿元，领取养老金人数31 843人，养老金年支出额3 503万元；机关事业养老保险参保人数9 437人，年收缴保费1 784万元，领取养老金人数3 865人，养老金年支出额2 041万元。

随着经济的发展和社会保障体系的逐步健全，企业职工的养老金自2005年至2017年以来已连续14年增长，平均每人每月领取额达到了1 988元。城乡居民的养老金也已经连涨3次，从每人每月70元增长到了每人每月105元。机关事业单位养老金自2015年以来以年均增幅5%的比例实现了"四连涨"。

（2）医疗保险层面不断扩大。2012年以来，全县医疗保险参保人数逐年增加，报销比例逐年提高，受益面逐年扩大。2016年5月，根据省市的总体部署，克东县把农村新型基本合作医疗（简称"新农合"）集中并入到城镇基本医疗保险，实现城镇职工医保、城镇居民医保、新农合"三保合一"。同时，医疗保险在制度优化、基金统筹、保障能力、"三医"联动等方面量效双升，参保人群的待遇公平性和优惠获得感明显增强。到2018年，农村居民、城镇居民、城镇职工医疗保险参保人数分别达到166 724人、26 650人、16 095人，年收缴保费分别为3 389万元、8 667万元、3 398万元，年基金支付额分别为8 394万元、3 241万元、3 144万元。2017年，医疗保险扶贫开始启动，健全了基本医保、大病保险、兜底保险、医疗救助、补充报销的"五条保障

线"，农村建档立卡贫困人口住院费用报销比例达到"乡镇卫生院95%、县城定点医疗机构80%、县外就诊医疗机构70%"的底线水准。尤其是在贫困人口慢病治疗、门诊报销方面，在市定11种慢病的基础上，根据县情实际又增加了13种特殊慢病，可以享受到克东县独有的每年400元、600元、800元的门诊购药优惠。

（3）失业、工伤、生育保险制度全面实施。近年来，全县参加失业保险、工伤保险、生育保险的人数逐年增加，县域内飞鹤乳业、禹王大豆、银行、电业等企业职工踊跃参保。到2018年，参保人数分别为6 700人、8 300人、3 300人，收缴保费分别为183万元、215万元、69万元。生育险在援企稳岗、促进就业、保障安全、兑现待遇等方面发挥了"稳定器""减压阀"的作用。

（二）落实政策，全力促进劳动就业

积极营造就业创业的浓厚氛围，通过政策引领和创造各种条件扶持就业。一是搭建平台助力就业。积极开展公共就业服务系列专项活动，实施点对点定制服务，为企业招聘人才、助推创业、扩增就业。将飞鹤乳业、福瑞达印务、海昌生物等十余家知名企业提供的保安、挤奶工、普工等200余个就业岗位提供给贫困户，供其选择。开展了"大学生创业政策专项宣传服务周"活动，组织30户企业推介了425个技术及管理岗位，与全县600多名未就业大学生进行了对接。开展了"春风行动""助残圆梦""牧原大专以上毕业生招聘会""飞鹤原生态牧业专场招聘会"等12场大型企业招聘会，提供就业创业政策服务5 000余人次。2017年，全县求职登记人数2 042人，单位登记招聘人数1 890人，提供岗位320个。二是强化培训推动就业。以市场导向为基础，确定培训措施。制定了《克东县脱贫攻坚职业培训实施方案》，围绕市场需求和劳动者意愿实施精准培训，确保贫困户中有培训愿望的劳动力全部得到培训。仅2018年就开办23个班次，培训学员1 085人。带动1 029人走出了单一的土地经营，实现了多样化的劳务输出。

（三）共建和谐，社会福利体系日趋完善

多年来，克东县养老场所多是民办的小型老年公寓，养老水平已跟不上时代发展的需要。党的十八大以来，克东县大力发展养老产业。为提高全县现有养老水平和适应未来养老事业发展的需要，2018年7月建成了全省首家县域智慧养老项目——克东县社会福利院养老护理中心。该养老护理中心环境优美，星级标准的设施设备，为老人提供了舒适的居住环境。中心采取公建民营方式管理，引入一联科技公司经营。努力打造"互联网+"模式的配套养老体系，建立覆盖全县所有老年家庭的智能呼叫网络，带动社区服务，社区日间照料，形成机构养老、居家养老、社区照料、医养结合为一体的多层次的社会养老服务体系。同时，拓展特色养老项目，利用二克山风景区、楞严寺寺院等旅游资源，开展候鸟式养老，为全县和周边市县入住老人提供优质的养老服务。

（四）解困济民，困难群体生活水平持续改善

城乡低保实现一体化。2012年以来，克东县全面推进城乡低保工作，实现城乡一体化管理。到2018年城镇低保对象达5 659人，占非农业人口总数的7.5%，人均月补差标准达到了356元，年支出71.3万元。农村低保对象为28 048人，占农村人口总数的13.4%，人均年补差标准为179.8元，年支出355.53万元。并将农村建档立卡贫困户中患重病、体弱多病、丧失劳动能力的997户、1 664人纳入保障范围，基本实现了贫困人口的全覆盖，救助标准达到了省、市的要求。

五保养老力度加强。党的十八大以来，克东县全面加强敬老院基础设施建设，完善了五保供养体系，改善和提高了农村五保、优抚对象的居住条件和生活质量。如，金城敬老院和春光敬

老院建设规模和标准都达到了全市先进水平，供养水平也远远超过了省规定的每人每年8 424元的标准。金城敬老院还荣获国家模范院荣誉称号。2012年新建了3 300平方米的社会救助对象精神病康复疗养院，缓解了患精神病的社会救助对象的家庭负担。该院成为全省唯一一家试点院，并被评为全市民政系统先进单位。

救灾救济有序开展。2012年以来，克东县强化了救灾救济力度，共发放救灾救济款2 300万元，向各乡镇下拨救灾口粮33万吨，发放御寒衣被7 800件，有1.3万名群众得到救助。对灾民的房屋进行了重建和维修，有效地保证了灾民的居住和吃饭等基本生活需求。为完善全县应急避险系统，2014年在县第一中学、第二中学、第三中学修建了灾害应急避难场所，为人民群众应急避难提供了保障。

医疗、福利救助全面实施。为有效发挥医疗救助作用，扩大了慢性病救助范围。仅2018年，全县医疗救助和临时救助6 028人，发放资金1 452.49万元；救助慢性病人8 814人，发放资金556.54万元。福利救助相应落实。2018年救助高龄老人1 923人，发放资金1 177.77万元；救助失能、半失能人员1 108人，发放资金237.57万元。做到福利保障不漏一户、不漏一人。

社会的发展最终体现于人民生活的幸福，改革开放四十年给克东老区带来了前所未有的发展变化，人民生活水平的显著提高，表现在社会生活的方方面面：从居民收入的增加到储蓄存款的增长，从衣、食、住、行的明显改善到公共基础设施的逐渐完善，从休闲旅游到营养保健，从养老保障到医疗保障，从最低生活保障到社会救济，从各种社会服务到各项惠民工程，从五彩缤纷的生活到蒸蒸日上的社会风貌，等等，无不体现着生活方式的转变、生活质量的提高、幸福指数的提升，无不体现着社会物质文明和精神文明的极大进步，无不体现着生活的美好和社会的和谐。

　　党的十九大开启了新的时代，新时代、新担当、新作为。克东县委、县政府以习近平新时代中国特色社会主义思想为指引，站在新的起点上，肩负新使命，迈向新征程。坚持改革创新，充分利用克东资源优势，大力发展三大主导产业和重点产业，实施乡村振兴战略，着力优化发展环境，着力优化产业结构，集中精力培育县乡村三级产业集群和增长动能，推动县域经济转型升级。坚决打赢脱贫攻坚战，实现全脱贫、稳脱贫、不返贫。协调发展社会民生事业，全面提高人民生活水平，确保2020年与全国同步建成小康社会，创建和谐美丽的新克东。

后 记

　　《克东县革命老区发展史》一书，历经两年的笔耕，终于问世。本书是按照中国老区建设促进会"关于编纂全国革命老区县发展史安排意见"的要求而撰写的系列丛书之一。

　　本书大体分老区革命斗争和老区建设发展两大部分，在此基础上分章立节。革命斗争史部分，全面展现了在中国共产党的领导下，克东人民群众和东北抗日联军并肩同日本侵略者及一切反动派殊死斗争的光辉业绩，真实地再现了抗日烽火岁月里的英雄人物和事件，是难得的革命传统教育和爱国主义教育的好教材。老区建设发展部分，以经济建设和社会发展为主线，重在反映新中国成立，特别是改革开放和党的十八大以来，克东老区经济社会的发展成果和巨大变迁，以此总结经验教训，为研究克东历史，探索克东未来发展提供借鉴。

　　本书以《克东县革命老区斗争史》《克东县经济社会发展简史》和有关史料为主要来源，并参阅了相关资料。以历史唯物主义为出发点，以实事求是为原则，在严格考证的基础上，认真梳理整编、挖掘历史、揭示发展动力，力求真实准确地再现历史，使读者对克东老区的革命斗争和发展变化有一个清晰客观的认识。

　　县委、县政府对本书的编纂高度重视，给予全方位保障。市政协副主席、县委书记李柏春同志亲自为此书作序。

　　此书的编纂得到县扶贫办、党史办及有关单位的大力支持和帮助，在此致以诚挚的谢意。

　　由于我们水平有限，加之史料浩繁，在筛选、整理、写作过程中难免有疏漏和不妥之处，敬请各级领导和广大读者给予批评指正。

编　者
2019年3月